河北蓝皮书

BLUE BOOK OF HEBEI

河北经济社会发展报告
（2015）

ECONOMIC AND SOCIAL DEVELOPMENT REPORT OF HEBEI
(2015)

主　编／周文夫
副主编／孙继民　杨思远　彭建强　孟庆凯

社会科学文献出版社
SOCIAL SCIENCES ACADEMIC PRESS（CHINA）

图书在版编目（CIP）数据

河北经济社会发展报告. 2015/周文夫主编.—北京：社会科学
文献出版社，2015.1
（河北蓝皮书）
ISBN 978 - 7 - 5097 - 6853 - 2

Ⅰ.①河… Ⅱ.①周… Ⅲ.①区域经济发展 - 研究报告 - 河北省 -
2015 ②社会发展 - 研究报告 - 河北省 - 2015 Ⅳ.①F127.22

中国版本图书馆 CIP 数据核字（2014）第 279861 号

河北蓝皮书

河北经济社会发展报告（2015）

主　　编／周文夫
副 主 编／孙继民　杨思远　彭建强　孟庆凯

出 版 人／谢寿光
项目统筹／高振华
责任编辑／丁　凡

出　　版／社会科学文献出版社·皮书出版分社 （010）59367127
　　　　　地址：北京市北三环中路甲 29 号院华龙大厦　邮编：100029
　　　　　网址：www.ssap.com.cn
发　　行／市场营销中心 （010）59367081　59367090
　　　　　读者服务中心 （010）59367028
印　　装／北京季蜂印刷有限公司

规　　格／开　本：787mm × 1092mm　1/16
　　　　　印　张：22.25　字　数：337 千字
版　　次／2015 年 1 月第 1 版　2015 年 1 月第 1 次印刷
书　　号／ISBN 978 - 7 - 5097 - 6853 - 2
定　　价／79.00 元

皮书序列号／B - 2014 - 332

河北经济社会发展报告（2015）
编 委 会

主编简介

周文夫　男，1954 年 6 月生，河北省滦南县人，1973 年 2 月参加工作，1975 年 6 月入党，1982 年初毕业于河北大学经济系政治经济学专业，经济学教授职称。现任河北省社会科学院党组书记、院长，中共河北省委讲师团主任、省邓研中心主任，河北省社会科学界联合会第一副主席。第七届、八届中共河北省委委员，政协河北省第十一届委员会常务委员。河北省李大钊研究会会长。

30 多年来，周文夫在理论教学研究和地方领导工作中，对经济和党建理论与实践问题进行了深入研究与探索。他主持的"河北沿海经济社会发展强省建设路径选择""构建河北现代产业体系研究""河北省环首都绿色经济圈建设问题研究""河北沿海地区经济发展问题研究""河北加强和创新社会管理问题研究""中原经济区框架下河北冀南地区经济发展问题研究"等重大课题，受到省委、省政府主要领导和分管领导的批示肯定和采纳，为服务领导决策和全省经济社会发展提供了重要的理论支撑和智力支持。他紧密结合自己地方工作实际，选定邯郸农村基层"一制三化"工作运行机制、推进行政权力公开透明运行等专题，进行了较为深入的研究，对指导实际工作发挥了重要作用，受到党中央和省委、省政府领导同志的批示肯定。其中，中共中央组织部专门发文向全国推广邯郸农村"一制三化"经验，邯郸推进行政权力公开透明运行工作（省试点）在全国引起积极反响。

迄今，周文夫在《人民日报》《光明日报》《求是》《中国改革日报》《中国监察》《新华文摘》《瞭望》及《河北日报》《河北学刊》等国家级或省级学术理论刊物上撰写和发表论文 200 余篇，独著或主编、参编论著 20

余部，公开发表论文和出版专著、教程累计 300 余万字。主要代表作：专著，《基础·运行·调控——社会主义市场经济研究》（1997 年）；论文，《论失业及适度失业在我国社会主义商品经济发展中的意义》（1988 年）、《战略·速度·举措——关于加快我国经济发展若干问题的理论思考》(1997 年)、《西柏坡时期党的群众路线的经验与启示》(2013 年)。1988 年 12 月获全国纪念党的十一届三中全会十周年理论讨论会入选论文奖，应邀赴京出席全国理论讨论会；获得河北省社会科学研究优秀成果一、二、三等奖等多项奖励。1991 年被评为全国优秀教师，应邀赴京参加了全国教师节庆祝表彰活动；1992 年被省政府批准为河北省有突出贡献的中青年专家；1997 年度享受国务院颁发政府特殊津贴。

摘　要

《河北经济社会发展报告（2015）》是河北省社会科学院深入贯彻落实党的十八大和十八届三中、四中全会精神，紧紧围绕河北省委八届五次、六次全会要求，从宏观形势分析入手，就河北经济社会发展的热点和难点问题进行研究的年度报告。全书主要包括总报告、经济篇、社会篇、案例篇四个部分，针对河北省全面改革过程中出现的，社会各界高度关注的经济运行、产业转型、农村改革、环境治理、社会发展、法治建设、区域发展等问题展开了深入研究。在深层分析 2014 年河北经济社会运行态势的基础上，就2015 年的发展形势进行了预测，为河北科学发展、绿色发展、和谐发展提出了对策建议。全书注重研究的前瞻性、原创性、实用性和可操作性，力求提出的发展思路、对策建议能够为各级党委政府决策提供参考，为社会各界提供有价值的信息咨询。

当前，世界经济不确定因素依然较多，我国改革发展面临诸多挑战。党的十八届三中全会、四中全会对我国继续释放改革红利、坚持依法治国、保持经济平稳健康发展做出了一系列重大战略部署。在这种宏观背景下，2014年，河北发展既受到了全国实体经济不景气带来的影响，又体验着自身"壮士断腕"的"阵痛"，两者叠加的困难对河北经济的冲击较为严重。大力治理污染、大规模压缩过剩产能，致使河北省 GDP、财政收入明显下滑。面对复杂的经济和社会形势，河北省委、省政府坚决执行党中央的战略部署，迎难而上，坚持创新驱动，加快产业结构调整和产业升级，经济增长质量明显提高，运行基本平稳，各项社会事业稳步发展。

本书两篇总报告，分别对河北省经济和社会形势进行了整体性分析和预测。总体上看，河北经济发展虽进入了"壮士断腕"的"阵痛期"，河北经

济发展不再以 GDP 增长为纲，而是将结构调整、产业升级、民生福祉作为主攻方向。在这期间也迎来了京津冀协同发展和京张联合申办冬奥会两大千载难逢的历史机遇，极大地拓展了河北的发展空间和维度。报告预测 2015 年河北省经济增长将有可能维持 2014 年的发展速度或略有提高，指出了河北今后发展的新方向、新坐标和新思路。河北经济发展的放缓，虽然影响到了社会建设，但从生态环境和空气质量改善方面所做的努力明显提高了社会生活的质量。通过积极发展现代服务业，就业结构得到改善，就业形势相对稳定。通过大力推动基本公共服务均等化、扶贫攻坚工作的深入开展，社会建设仍然有所加强。预测 2015 年河北仍将推进京津冀协同发展，推进社会体制改革创新，推进法治政府建设，从而推动河北经济社会发展迈上新台阶。

经济篇，主要针对河北省海洋战略性新兴产业培育发展、农村土地制度改革等重点问题展开了系统性研究，指出未来河北海洋战略性新兴产业发展方向和农村土地制度改革思路。同时，本书对如何提高河北省民营经济政策的执行力、大气污染治理对就业的影响等问题给予了重点关注。需要重点指出的是，在河北的经济建设中，应充分利用好京津冀协同发展和联合申办冬奥这两大机遇，发挥好环渤海和环京津两大区位优势，主动对接京津，使之成为疏解京津城市功能和人口负担的"减压阀"以及大都市连绵带的繁荣区，实现跨越发展。

社会篇，围绕河北省委八届六次全会提出的"坚持以改革创新实现绿色崛起"，深入分析了河北法制建设、行政审批制度改革、河北人才发展、京津科技人才引用与青年创业培养、大气环境治理等社会热点问题，相关理论和建议为营造和谐稳定的良好氛围提供了有力支撑。同时，还对大力治理污染、大规模压缩产能情况下河北的就业现状，以及河北城镇化建设中的邻避现象进行了分析并提出了相应的对策建议。此外，还特别关注了河北大气环境治理中社会协同状况，并从政府、社会组织、企业、社会公众等四个主体层面，生态补偿机制、法律法规体系两个制度层面提出了改善对策。

案例篇，重点对韩国文化产业发展和县域特色文化产业转型升级进行了案例剖析，以期从剖析中获得可推广的经验借鉴。在文化产业转型升级中，韩国给河北提供的重要启示是，应该摆正政府职能定位、按市场规律推进产业科学发展并完善相关支撑体系。充分挖掘河北县域特色文化产业，培育壮大新兴文化产业并形成聚集之势，是加快产业结构转型升级的有效路径之一。"理论"和"实践"有机结合的"案例"提供了产业发展的思考样板，在促进相关产业发展和提供具体咨询方面发挥了独特作用。

2015 年是河北经济社会加速转型的关键之年，河北省社会科学院作为省委、省政府的"思想库""智囊团"，将紧紧围绕党的十八大和十八届三中、四中全会和省委八届五次、六次全会提出的新理论、新思想、新思路，加强对全省经济社会发展战略性、全局性、前瞻性问题的研究，为建设"全面小康的河北、富裕殷实的河北、山清水秀的河北"提供思想保障、理论支持和精神动力。

Abstract

Economic and Social Development Report of Hebei (2015) is a yearly report completed by Hebei Academy of Social Sciences by carrying out the spirits of the CPC 18th National Congress, the Third Plenary Session and the Fourth Plenary Session of the CPC 18th Central Committee, closely following requirements of the Fifth Plenary Session and the Sixth Plenary Session of the CPC Eighth Hebei Provincial Committee, starting from the macro-situation analysis, and proceeding to make studies of hot and difficult issues in Hebei's economic and social development. This book falls into the four parts of General Reports, Economic Reports, Social Reports, and Reports of Case Studies, and makes deep studies of the economic operation, the industry transformation, the rural reform, the environmental improvement, the social development, the rule-of-law development, the regional development and the like-all of which are hot issues in the process of Hebei's all-round reform, and receive much public attention. Based on an in-depth analysis of Hebei's economic and social operation situations in 2014, it forecasts the development situations in 2015, and puts forward proposals on Hebei's scientific development, green development, and harmonious development. This book lays stress on these studies being forward-looking, original, practicable, and workable, in order for its development ideas, and proposals to be able to serve as references for decision-making at all levels of CPC committees and governments, and valuable information consultations for other organizations concerned.

At present, many uncertainties still exist in the global economy, and China's reform and development is facing quite a few of challenges. At the Third Plenary Session and the Fourth Plenary Session of the CPC 18th Central Committee, a series of significant strategic arrangements were made for continuing to reap benefits from reform, following the rule of law, and keeping steady and good economic development in China. In this macro-background, Hebei's development is experiencing its throes of "Cutting the Wrists like Brave Warriors" while receiving impacts of the weak performance of China's real economy in 2014, and the two overlapped difficulties have severe impacts on Hebei's economy. Vigorous efforts in pollution control and large-scale reduction of surplus production capacity have resulted in a marked decline of Hebei's GDP and fiscal revenue. Facing the complex economic and social situations, the CPC Hebei Provincial Committee, and Hebei Provincial Government, firmly following strategic arrangements of the CPC Central Committee and forging ahead against hardships, sticks to the innovation-driven mode, and accelerates the industry structure adjustment and the industry upgrading, and as a result, the economic growth quality has been improving markedly, and the economic operation and the overall social development have been steady on the whole.

The two General Reports of this book is respectively an overall analysis and forecast of Hebei's economic and social situations. On the whole, the economic development of Hebei has entered a period of the throes of "Cutting the Wrists like Brave Warriors", in which the economic development of Hebei gives priority to the structural adjustment, the industry upgrading, and the people's livelihood and well-being instead of continuing to take GDP growth as the top priority. Also, this period witnesses the two great historical opportunities of Beijing-Tianjin-Hebei coordinated development and Beijing-Zhangjiakou jointly applying for the right to host the Winter Olympic Games, which greatly extends Hebei's development space and dimension. The report forecasts that the economic growth of Hebei in 2015 will probably remain the same as that in 2014 or be slightly higher than the latter, and puts forward new orientations, coordinates and approaches of Hebei's future development. Though the slowdown in Hebei's economic development have had some impacts on the social development, efforts made in the improvement of ecological environment and air quality has resulted in a marked improvement of social life quality. The employment structure has been improved, and the employment situation has been basically steady by boosting the modern service sector. The social development has been still enhanced somewhat by boosting the equalization of basic public services, and carrying out priority

programs of poverty alleviation in an in-depth way. It forecasts that Hebei will continue to advance Beijing-Tianjin-Hebei coordinated development, the social institutional reform and innovation, and the under-the-rule-of-law government building in 2015, thus boosting the economic and social development of Hebei up to a new level.

Economic Reports focus on systematic studies of such key issues as fostering and promoting Hebei's marine strategic emerging industries, and reforming Hebei's rural land system, and put forward future orientations of developing Hebei's marine strategic emerging industries and approaches to reforming Hebei's rural land system. Moreover, this book pays more attention to such issues as improving the executive ability of Hebei's policies on the private economy, and employment effects of the air pollution control. Of them, an intense focus is on making full use of the two great historical opportunities of Beijing-Tianjin-Hebei coordinated development and Beijing-Zhangjiakou jointly applying for the right to host the Winter Olympic Games, and the two great geographical location advantages of encompassing Beijing and Tianjin, and facing the Bohai Sea in Hebei's economic development, taking the initiative to match itself to the development needs of Beijing and Tianjin, becoming a "decompression valve" for urban functions and population burdens of Beijing and Tianjin and a flourishing area in the extended metropolitan belt, so as to achieve development by leaps and bounds.

Social Reports, centering around "achieving green rising through firm reforms and innovations" established at the Sixth Plenary Session of the CPC Eighth Hebei Provincial Committee, make an in-depth analysis of such hot social issues as the rule-of-law development, the administrative approval system reform, the talents development, attraction for and use of sci-tech talents in Beijing and Tianjin and promotion of youth entrepreneurial intentions, and the air environment improvement in Hebei, and put forward relevant theories and proposals that provide strong support for building a harmonious and steady atmosphere. Moreover, this book conducts an analysis of the employment situation in the background of vigorous efforts in pollution control and large-scale reduction of surplus production capacity in Hebei, and Not-In-My-Back-Yard (NIMBY) occurrences in Hebei's urbanization, and puts forward corresponding proposals. In addition, it also pays special attention to social concerted efforts and in the air environment improvement of Hebei, and puts forward improving approaches from the four perspectives of governments, non-governmental organizations, enterprises, and the public as joint participants, and the two institutional perspectives of ecological compensation mechanisms and systems of laws and statutory regulations.

Reports of Case Studies focus on the Korean cultural industry development, and transformation and upgrading of intra-county distinctive cultural industries so as to acquire extensively applicable experience reference from the case studies. In the transformation and upgrading of cultural industry, Korean important enlightenments for Hebei are to make right positioning of governmental functions, advance the scientific development of the industry according to market rules, and improve related support systems. Fully excavating contents of Hebei's intra-county distinctive cultural industries, fostering growth of emerging cultural industries and building up industrial agglomerations is one of effective paths of accelerating transformation and upgrading of industrial structures. The "cases" well combining "theories" and "practices" provide thinking models for the industry development, and play a distinctive role in promoting development of related industries, and providing specific counseling.

The year 2015 is a crucial year of accelerating the transformation of Hebei's economy and society. Hebei Academy of Social Sciences, as a "Think Tank" and "brain trust" of the CPC Hebei Provincial Committee and Hebei Provincial Government, will closely center around new theories, ideas and approaches established at the CPC 18th National Congress, the Third Plenary Session and the Fourth Plenary Session of the CPC 18th Central Committee, as well as the Fifth Plenary Session and the Sixth Plenary Session of the CPC Eighth Hebei Provincial Committee, and strengthen studies of strategic, overall, and forward-looking issues of Hebei's economic and social development, in an effort to provide ideological guarantees, theoretical support and spiritual driving forces for building the "a moderately prosperous Hebei, a well-off Hebei, and a picturesque Hebei".

目 录

B Ⅲ　社会篇

𝔹 Ⅳ　案例篇

皮书数据库阅读**使用指南**

CONTENTS

B III   Social Reports

BIV Reports of Case Studies

总 报 告

B.1

2014～2015年河北省
经济形势分析与预测

陈 璐　薛维君*

摘　要：　2014年的河北经济发展正如预期所料进入了"壮士断腕"所带来的"阵痛期"。"阵痛期"中河北也迎来了京津冀协同发展和京张联合申办冬奥会两大千载难逢的历史机遇。本报告深入分析了河北经济发展"阵痛期"中的总体表现和特征，预测了2015年河北经济发展走势，指出了在新的历史机遇的催化下，"十三五"乃至"十四五"期间河北发展的新方向、新坐标和新思路。对当前河北发展面临的

* 陈璐，河北省社会科学院农村经济研究所、河北省文化产业研究中心研究员，主要研究区域经济、产业经济、生态经济；薛维君，河北省社会科学院经济研究所、河北省文化产业研究中心研究员，主要研究区域经济。

难点问题进行深入分析，提出了调整河北经济发展航标的新举措。

关键词： 形势分析　有利机遇　突出问题　破解对策

一　"阵痛期"中河北经济的总体表现和特征①

（一）总体走势：河北经济在经历了第三次"大溜车"后呈现低位徘徊的态势，与全国经济走势并不一致，明显地步入"壮士断腕"的"阵痛期"

从 2013 年第四季度到 2014 年第一季度，中央领导先后几次在河北调研并发表重要讲话，针对河北未来发展做出了一系列指示，提出了新的要求。河北省委、省政府坚决贯彻落实中央的指示，打破以往衡量经济发展的惯性思维，在压减过剩和落后产能、治理雾霾方面下重手，敢于"壮士断腕"，取得了显著成效。数据表明，全省规模以上工业能耗降低近 5%，规模以上工业单位增加值能耗同比下降 9.4 个百分点，这是历史上从未有过的。在行政性强力压减产能的背景下，河北经济增长在 2014 年一季度出现了快速、大幅度的下滑，GDP 增长达到 4.2%，比 2013 年 GDP 增速下降了一半，经历了近五年以来的第三次也是最严重的一次"大溜车"。但是，这次经济快速下滑是在强力治污、经济发展不再以 GDP 为纲的大背景下出现的，是符合中央和各方预期的。从河北经济发展的历史以及未来演进看，这次下滑虽然很"痛"，但却能"刮骨疗伤"，对河北经济长远发展具有转折意义。从前三季度河北发展走势看，GDP 增长达到 6.2%，第二、第三季度经济增长有所回升，全年经济增长在低位徘徊的态势已成定

---

① 文中数据来源：《河北省统计局统计月报》2014 年 1～9 月。

局，前三季度暂时在全国排名倒数第 3 位，这与全国经济发展稳定在 7%～8% 的稳健发展态势并不一致。当前的河北发展既受到了全国实体经济不景气带来的影响，又体验着自身"壮士断腕"的"阵痛"，两者叠加对河北经济的冲击较为严重。

（二）结构特点：结构调整步伐进一步加快，以"转型突破"为主并伴随着"升级困难"；低端资源性重化工业表现全面低迷，装备制造产业日渐崛起，战略性新兴产业初见起色，现代服务业和农业发展稳定

伴随着经济低位徘徊的是产业结构的变化。从投资结构看，2014 年前三季度工业投资完成 9639.1 亿元，同比增长 19.2%，占全省投资总额的 50.1%，同比提高 1.3 个百分点。其中装备制造业投资完成 3296.5 亿元，增长 24.2%；占工业投资的 34.2%，同比提高 1.4 个百分点。工业技术改造投资比重提高，2014 年 1～9 月完成投资增长超过 20%，占工业投资总额的比重超过 60%，同比继续提高 1.5 个百分点。高新技术产业投资和城市基础设施投资保持较快增长，同比分别增长 23.2% 和 19.2%，在当前低迷的经济形势下都显示出较强的增长势头。从经济产出结构看，2014 年前三季度，六大高耗能工业完成增加值 3500.7 亿元，同比增长 1.2%；占规模以上工业的 40.7%，同比下降 2.8 个百分点。其中，钢铁、石油加工、炼焦、建材等传统资源型产业全面低迷，增长速度为 -8.1%～2%；装备制造业完成增加值 1687.0 亿元，增长 11.5%，增速比全省工业增速快 6.5 个百分点，占规模以上工业增加值的 19.6%，同比提高 1.7 个百分点。其中通用装备制造、电气机械及器材制造等产业发展迅速，增长在 12.4%～16.6% 之间。与此相对比的是，服务业发展较快，增加值 7646.0 亿元，增长 9.7%，超过全省 GDP 增长率 3.5 个百分点，服务业增加值占生产总值的比重为 35.2%，同比提高 1.7 个百分点。工业 GDP 所占 GDP 总值比重下降 1.7 个百分点。数据表明，河北以新兴产业和新型城市化为引擎拉动经济转型突破的意图明显，但是重化工业在

原有的基础上升级却很困难，面临着资金、技术等关键障碍；战略性新兴产业初见起色；服务业和农业发展比较稳健，并未受到较大影响。

（三）增长动力："三驾马车"表现均不给力，投资产出效率较为低下，"纸上谈兵"式产业投资不少，"真金白银"的投资落地困难；消费增长平稳，但与城乡居民切身感受有差距；出口增长成绩比以往较好，但对经济增长的贡献度仍有进一步提高

从投资看，2014年前三季度，河北固定资产投资总额19242.6亿元，同比增长16.1%，投资增长并不尽如人意。如果按前三季度GDP增长率来计算投资产出效率为38.5%，投资产出效率明显偏低；亿元以上在建项目5514个，同比增加402个，增长7.9%；完成投资11994.1亿元，增长21.1%，增速比前8个月加快0.3个百分点；全省实际利用外资41.6亿美元，同比下降1.7%，上半年实际利用外资下降10.3%，降幅比上半年收窄8.6个百分点，外商直接投资则下降15.7%；全省签订合同外资33.0亿美元，同比增长70.4%，其中合同外资额1000万美元以上的项目签订合同外资30.2亿美元，增长1.0倍。数据表明，河北省第三季度以来全力保增长、抓项目已初见成效，也从侧面反映合同外资数据远远好过实际利用外资情况。由投资数据可以判断：一是受实体经济影响和房地产全国大势不景气的影响，投资增长不如往年，但房地产、基础设施投资在全部投资中仍占主导。二是新兴产业投资和城镇化投资虽然也有不少项目落地，但近两三年的投资大项目建成期长，还未到发力时期，收获的产出较少。三是从总体上看，产业发展"纸上谈兵"式投资项目较多，涉及落地时，土地制约、"融资瓶颈"等都使得"真金白银"的投资落空。

从消费看，前三季度，全省社会消费品零售总额8103.0亿元，同比增长12.4%，增速比上半年加快0.2个百分点。其中，城镇零售额6347.8亿元，增长12.3%；乡村零售额1755.2亿元，增长12.7%。城乡居民消费增长基本与上年持平，显示出消费增长比较平稳，对经济整体增长的贡献依然没有显著变化，说明河北省目前的发展阶段如果没有外部重大刺激因素，很

难靠消费来大幅提升经济增长。从群众切身感受看，消费并不像数据显示的那样增长，反而在"强力反腐，收入不增"的大形势下有所萎缩。

从出口看，2014年前三季度河北省外贸累计进出口450亿美元，比上年同期增长10.2%。其中出口260亿美元，增长13.1%。2014年前三个季度河北省外贸中进出口值分别为838.3亿元、948.6亿元和976.7亿元，分别增长5.9%、8.3%和11.3%，呈现出逐季向好的态势。其中出口值尤为突出，分别为444.6亿元、542.8亿元和611.5亿元，分别增长1.6%、9.4%和22.2%。数据表明，出口对经济增长的贡献达到7.4%，有所提升，但是仍然不能成为经济增长的"支柱"。

（四）区域发展：总体形势良好，沿海地区有了"引擎"的"眉目"，环京津地区投资热情高涨，冀中南地区"悄悄发力""蓄势待发"；县域发展亮点不多，产业园区发展的"土地瓶颈"制约严重

从区域发展的总体形势看，复苏较快的设区市有廊坊、衡水、承德和沧州，相当于环京津、冀中南、京西北和沿海地区发展较快的"领头羊"。从区域亮点看，沿海地区曹妃甸中石化燕山石化公司炼油及石化项目已通过环境影响评价，即将实施最后的"冲刺"，区域性引擎项目如顺利落地，将对冀东经济的发展带来实质性利好。沧州沿海地区的化工集群的发展及装备制造产业的强势崛起，也为全省沿海经济的跨越发展奠定了基础。环京津地区地处京津冀协同发展的前沿，又伴随着京张联合申办冬奥会带来的机遇，廊坊、张家口、保定北部和承德地区引资效果较好，投资热情空前高涨，北京亦庄开发区涿州和永清分园都进入实质性商洽阶段，北京新机场临空经济区的规划和建设又将使保定北部和廊坊地区迎来新一轮的发展良机。冀中南地区在全省竞相发展的高潮中并不落后，衡水借省级"综合配套改革实验区"之名，近几年来已从全省的"拖累"变成了全省经济增长的第一名，邢台、邯郸等地吸引京津项目也不甘落后，冀南新区的发展较快，势头很好。从县域经济看，全省县域经济的亮点并不多，呈现出维持现状的局面。产业园区的发展受土地制约较为严重，

这与天津市各县区相比，有很大的劣势。河北省的产业园区招商引资往往是请来客商洽谈项目，承诺尽快列入规划，并上报省重点项目计划，然后才能有土地指标，才能谈土地的事，等到土地批下来再做基础设施配套，而天津各县区已经在产业园区的土地储备、流转方面做足了文章，大多园区都保存有现成的七通一平的空地，等待好的商家来入驻。有很多好的项目等不了漫长的土地指标和报批手续，纷纷流向天津。"土地瓶颈"制约已经成为河北产业园区发展的第一制约要素。如不想方设法破解，将无法承接京津高端项目转移，也无法打造对接京津高端产业的项目集群。

（五）市场主体：大而不强依旧，结构矛盾突出，总体上未受全国借贷危机冲击

从全省百强企业评选的情况看，100 强企业分布在 25 个大类中，行业门类仍以制造业为主，第三产业只有 16 家。钢铁行业依然强势，入围 34 家企业，营业收入占百强的 41.15%；建筑业入围 10 家企业，营业收入占百强的 6.12%；石化行业入围 10 家企业，营业收入占百强的 4.49%。传统行业仍然占据主导地位，表明结构矛盾仍比较突出。百强企业中多数企业只是营业收入总量增加，利润率并未提高，其中半数企业资本利润率远远低于银行长期存款利率，利润总额的增加多是靠营业收入总量规模扩张而实现，资产运营的效率基本没有提高，同比还有下降。入百强的 38 家国有企业营业收入利润率为 1.67%，进入世界 500 强的河北省两大国企河北钢铁和冀中能源，前者为负利润，后者利润率仅为 0.7%，这些都表明河北的市场主体大而不强的特点。从中小型市场主体的情况看，2014 年除服务业中小企业发展较稳定以外，制造业中小企业都普遍存在着多种困难，但由于河北中小企业并不像长三角、珠三角的企业出现层层借贷担保圈，所以此次全国出现的借贷担保危机对河北中小企业影响不大。融资乱象、影子银行、民间高利贷、非法集资跑路等现象在河北也有出现，邯郸、廊坊等部分地区较为严重。

二 2015年河北经济形势分析与预测

(一)面临的形势

1. 中央着力布局"京津冀协同发展"重大国家战略,为河北省带来千载难逢的历史机遇

党的十八大以来,中央高度重视京津冀协同发展。2014 年 2 月习总书记专题听取京津冀协同发展工作汇报时强调,实现京津冀协同发展,是面向未来打造新的首都经济圈、推进区域发展体制机制创新的需要;是探索完善城市群布局和形态、为优化开发区域发展提供示范和样板的需要;是探索生态文明建设有效路径、促进人口经济资源环境相协调的需要;是实现京津冀优势互补、促进环渤海经济区发展、带动北方腹地发展的需要;是一个重大国家战略,要坚持优势互补、互利共赢、扎实推进,加快走出一条科学持续的协同发展路子来,并对京津冀一体化发展提出了七项要求。这充分体现了中央对京津冀城市协同发展的空前高度重视,"重大国家战略"的提法首次在区域经济发展规划领域出现。这无疑为河北省破解与京津区域合作难题、推进京津冀协同共建城市群带来了千载难逢的历史机遇。

2. 京津冀协同发展规划的编制与出台将为河北省经济社会发展带来难得的有利机遇

按照中央领导的指示,"京津冀协同发展规划"将正式编制出台。规划将进一步明确三地功能定位、产业分工、城市布局、设施配套、综合交通体系、生态环保等重大问题,并从财政政策、投资政策、项目安排等方面形成具体支持措施。这将对于河北省推进城镇体系建设、完善与周边地区互联互通的综合交通网络带来实实在在的利益,同时将会推动三地之间在城市建设、产业协同、生产环境共建、民生资源共享、政策体制对接等方面有实质性的合作,有利于河北省利用北京的人才、资金和技术,促进全省全面快速发展,也有利于加大对河北省发展的政策支持力度和规划项目倾斜。

3. 申办和承办冬奥会以及后奥运时期所带来的各种利好影响将为河北大发展带来诸多的现实机遇

以往奥运会举办的经验表明，从申办、筹办到举办，对申办地的人居环境、经济结构、城市建设、社会进步、都市文明等得到大幅提升的预期将促使文化旅游、文化商贸、文化投资项目的爆发式增长，进而带动人才落户、外来消费、就业水平和人民生活水平的快速提升，这种提升带来的社会财富膨胀是十分惊人的，带来的社会效益也是无法估量的。与此同时，冬奥会所带来的城市知名度的跃升、各种附带活动的举办以及奥运后对城市经济、管理水平的后续影响、潜在的政策红利、消费需求、投资倾向等一系列放大效应，都将为河北省各方面的发展注足发展动力、改革活力和开放魅力，都将成为建设沿海强省的宝贵契机。

（二）2015年河北省经济发展预测

2015年是河北经济"壮士断腕"所承受的"阵痛期"的关键一年，贯彻中央领导的指示精神和京津冀三地群众治理雾霾的压力将促使河北经济发展不再以GDP增长为纲，将结构调整、产业升级、民生福祉作为主攻方向，而全国经济形势的影响、实体经济的恢复程度、宏观经济管理体制及政策体系的变革等都将直接影响到河北经济基本面的走势。根据课题组所做的研究与分析判断，2015年将会出现的可能的走势如下：第一，在强力压减过剩产能的背景下，2015年经济增长将最有可能维持2014年的发展速度基本不变或略有上调，全年将达到6%～7%的增长水平。固定资产投资增长水平将达到18%～26%，规上工业增加值增长将达到9%～18%，规上工业亏损面大幅缩小，工业利润实现10%以内的增长。第二，考虑到京津冀协同发展的破题举措和顶层设计出台，国家进一步放松宏观调控和房地产松绑，国内货币政策进一步松动，财税制度进行调整，河北全力抓项目保增长措施陆续到位等等，河北经济增长将达到7%～8.5%的水平，极端情况下达到9%的高限。

三 当前河北发展面临的突出难题

（一）行政命令式的"压减产能"造成就业和人员安置以及一系列后续问题解决困难的同时，对压减名单中的一般企业和较好企业也带来较大影响

当前，河北省在短时间内强力推动"压减产能"的任务，无法通过市场力量自然淘汰和压减过剩产能，只能寻求一种行政命令手段加政策引导的方式破解产能过剩难题。由此造成的损害是失业人员短时间内大量涌现，由于行政命令导致的企业关、停、并、转行为，必然产生一系列的人员安置问题。由于企业大量关闭和停产导致的财政拮据又难以承受人员安置所需的费用，由此产生较为激烈的矛盾。更为可怕的是，压减产能名单中的企业有的只是压减一小部分产能，企业经营较好而且盈利，但由于上了压减"黑名单"，银行出于自身利益的考虑，对其采取了抽贷、断贷、停贷的行为，这无疑给未被关停的经营较好的企业带来致命的影响。目前，在河北，这种情况并不少见。

（二）全国性联保信贷危机导致的实体经济困难，倒逼全国各地放松房地产调控政策，资金涌入房地产使得调整产业结构的努力面临"前功尽弃"的风险。由于河北的重化产业结构更适应房地产需求，市场需求重新强化传统产业结构的风险加大

课题组于2014年上半年在全国主要经济大区进行实体经济的摸底调查，发现了与政府部门调研并不相同的情况：第一，全国主要经济大区的"联保信贷危机"所造成的危害远远超出宏观经济运行指标和金融系统"表内数据"显示出的危害，并且正在以"多米诺骨牌"的方式迅速传导；第二，上半年以来，"联保信贷危机"已悄然从"珠三角"和"长三角"传导至山东"黄三角"、成渝经济区与京津冀地区的众多开发区，民营企业的联保信贷危机正由点及面地向纵深蔓延，只要有联保的企业群，就一定是"灾

区"；第三，联保信贷危机波及的行业原来只限于中低端传统制造业，但是目前发展的趋势已开始向民营高科技企业群传导。由此预测：一是下半年"实质性"经济数据（比如，发电量及用电量、银行信贷额等）将迅速走"坏"，并警告如果任由"信贷危机"传导下去，金融系统"表内数据"将会突然转"坏"，由此将不可避免地出现中国式"金融危机"。二是下半年实体经济的"寒冬"将促使全国各地进一步放松对房地产的调控，一步步放松"微刺激"，重回"中刺激"和"大刺激"，将进一步破坏已有的经济结构调整的成果。三是如果不采取金融行政干预行为切断"多米诺骨牌"传导链条，将存在"千里之堤，溃于蚁穴"的动摇全国实体经济基础的风险。课题组的调查报告7月初已通过相关部门报送党和国家领导人。从下半年的走势看，确实出现了课题组预测的实质性经济数据"走坏"情况，也出现了国家进一步放松对房地产调控政策的情况。7月28日，银监会下发《关于加强企业担保圈贷款风险防范和化解工作的通知》，以行政方式约束各地银行切断危机传导链条的同时，要求各金融机构必须保证不对企业进行抽贷、停贷行为。8月5日，国务院办公厅下发《关于多措并举着力缓解企业融资成本高问题的指导意见》，9月30日央行下发《关于进一步做好住房金融服务工作的通知》，这些都体现了国家高层开始重视并着手解决以前忽略的重大问题。现在河北的问题是，国家放松对房地产调控的同时，河北又面临京津冀协同发展的大背景，房地产的繁荣将会使河北已有的重化工业低端产能得以消化，是否又会进一步推动投资进入低端产业扩张落后产能，并重新强化已有的传统产业结构。这种风险的确是存在的。

（三）国家有关"京津冀协同发展"的顶层设计迟迟未能出台，"务虚讨论"和"做姿态"成为当前三地协同发展工作的主流，但京津两地务实合作的推进远比京冀、津冀务实合作的推进快得多，暴露出河北在推进务实合作中"意愿强烈、准备不足"的问题

当前，国务院有关"京津冀协同发展总体规划"及交通、环保、产业专项规划等涉及顶层设计的文件均未出台，三地目前都处于"做姿态"阶

段，三地对口的政府职能部门、机关事业单位都进行了友好交流和务虚讨论，三地的专家学者、媒体等都在研讨和发表"务虚性"观点与意见，三地的市、县（区）等也都开始接触并探讨一些具体项目和协同工作任务。总的看来，似乎三地协同发展推进得红红火火、热热闹闹，其实，三地协同的重大抓手、工程和平台载体等都未开展实质性推进，"三地观望中央"成为当前三地协同发展的一致动作。然而，三地之中，河北期望协同推进务实事务的积极性远远大于京津两地，但在与京津商洽务实项目时却总被"泼冷水"，与京津务实合作的具体事项在推进中基本都被搁置。而京津两地在务实深化合作的具体事项和重大平台建设方面却有了实质性的突破，2014年8月6日，京津两市率先签署了《贯彻落实京津冀协同发展重大国家战略推进实施重点工作协议》和《交通一体化合作备忘录》《进一步加强环境保护合作框架协议》《共同推进天津未来科技城合作示范区建设框架协议》《共建滨海—中关村科技园合作框架协议》《加快推进市场一体化进程合作框架协议》等一系列深化务实合作的文件，这些文件围绕9个方面30个重点领域5个重大合作载体平台（未来科技城、滨海—中关村科技园、平谷国际陆港、自由贸易试验区、京东旅游合作示范区）详细提出双方合作的内容、政策、方向和下一步共同任务。相比之下，河北只与北京签署了一个协同发展的笼统性、方向性的总协议。其中原因，一方面是京津两市一些重大平台载体早已推出，相对比较成熟，共建与协作、相互支持较易操作。而河北还未有较为成熟、易于协同共建的重大平台载体。另一方面，河北谋划的重大的共建载体与合作平台不仅极少，而且河北省内市县之间还处于意见不统一、"打内战"的阶段，各自为政，各持己见，没有一个统一的立场与京津商谈，准备不足、考虑不周、动作不快、立场不定、方法不灵导致无法获得京津有效的呼应和支持。比如，北京第二机场临空经济区建设问题，习总书记做出了"北京新机场临空经济区不要在北京方向鼓起来，要在河北方向鼓起来"的重要指示，这个京冀共建的重大合作载体，河北方面直接涉及廊坊3个县（区）、保定1个县级市，却都以"自身一亩三分地"的思维聘请国内外"大腕"做了各自的临空经济区规划或空间开发研究，全省

并没有实现统筹规划"一张蓝图"。我们认为,在等待国家有关部门确定北京新机场临空经济区最终边界的时段内,河北完全应该先行拿出一个纲领性、框架性的共建协作推进新机场的意见和初步规划,与北京方面共同向国务院申请全国跨区域临空经济合作示范区。只有这样,才能在涉及协同发展的重大平台载体和抓手方面,加快与北京务实性的合作,尽快推进关系全局的重大务实性工程和载体建设。

(四)产业转型升级的关键在于产业技术创新能力的提升,而河北多年来产业技术创新能力低下,科技创新与经济发展相脱节,暴露出体制机制和研发创新服务方面的诸多问题

产业技术创新能力包含了企业、行业领域和产业集群(基地)技术创新能力三个方面。抓好企业、产业基地和行业层面的技术创新能力的提升,对于河北省工业转型升级、现代农业科技应用推广、部分服务业创新发展可以起到"立竿见影"的推动作用;对于破解长期以来河北省传统资源型工业调整不动、传统农业的技术和品牌突破无起色、传统服务业换代升级缓慢等"老大难"问题具有重要现实意义。然而,多年来,河北省科技创新不尽如人意。回顾河北省科技领域的发展历程,审视当前发展现状,可以概括出以下几个特点:第一,在平静中逐步"衰弱",科技创新的绝大多数指标长期徘徊在全国中下游的位次,并且,近年来有继续后退的趋势。第二,河北省的经济社会发展始终没有形成"依靠科技创新支撑"的局面,科技创新对经济发展的贡献度较低,直至目前还没有真正尝到科技创新所带来的足以立省、立市的"大果实"。第三,全省上下已经逐渐适应了"科技创新与经济发展脱节"的现象,科技工作"末位意识"和"有没有科技支撑无所谓"的观念深入人心,"口头上重视、思想上忽视、行动上无视"已成为绝大多数领导干部的共识。第四,推动科技创新工作似乎只依靠"科技管理部门",抓科技创新的方式局限于"会议传达、文件落实、要足经费、立项评审"。

上述现象暴露出河北在推动科技创新工作中存在的体制机制和创新支撑及服务方面的诸多问题。

第一，体制机制障碍方面的问题。我们常说，中国人宁可把聪明才智用在制造假冒伪劣产品上，也不愿发明创造新技术、新产品和新工艺。这其中，一方面有造假的综合成本过低、容易获利的原因，另一方面就是我国目前在企事业财务、税收、知识产权保护等诸多制度设计上是不鼓励技术创新和研发的，这也成为全世界绝无仅有的中国"特色"。比如，世界各国尤其是发达国家对科研人员的发明创新和科研活动，都规定了在日常工资以外取得额外报酬的权利，反映在财务管理制度上就是研发经费的预算和支出首先规定了对研发人员极高的劳务报酬及津贴补助，其次才是课题研发过程中的活动支出和采购支出。而我国的国有企业和国有科研单位的研发、技术创新等行为，其科研经费支出并没有按照科研创新的职业特点来设计，而是泛泛地将这些研发支出等同于行政机关、一般事业单位的财务支出，其规定不允许科研人员及其科技创新行为获得工资以外的劳务报酬，只能待科研成果获奖后，才能给予获奖成果支付极少的、象征性的奖金给予鼓励。这种不承认发明创造需要得到工资以外报酬的财务管理制度极大地挫伤了国有单位科技创新的积极性，至今仍未得到纠正和改进，从而导致我国培养出来的创新型人才绝大多数流失到了国外，为发达国家技术创新效力，或流失到国内的外资企业，为外国公司技术创新增添发明专利。河北省在执行国家约束性制度时往往比其他省份更加"尽心尽力"，从而导致河北很难集聚高层次创新人才，提升产业创新能力。

第二，研发创新的支持与服务方面的问题。河北省的自主创新能力之所以不强，产业发展处于知识链低端的状况没有根本改变，其关键原因在于没有很好地解决共性技术创新问题，无法实现从"知其然"到"知其所以然"的跨越，因而难以支撑产业升级发展。而共性技术基本上是无法引进和买来的，河北省要想实现创新驱动和产业升级，只强调基础研究和产业化是不够的，产业共性技术研究的缺失和薄弱将会导致产业核心竞争力不足，要推进产业升级和转型发展，共性技术必须"落地"。然而，共性技术单靠企业独自开发难度极大，比如，河北省新奥集团正在攻关的泛能网技术和"地下煤变气制新能源"技术、保定英利集团正在开发的"磁悬浮机械储能技术"

都属于产业共性技术，一旦研发成功将足以改变现有产业竞争态势，而发达国家在共性技术上是以几个大公司为主，政府、大学、国家实验室及一些专门共性技术研发机构共同研发的平台系统在做，比如，日本三菱和日立联手诸多大学和科研机构组建的技术开发创新共同体与河北省英利同步竞争的"磁悬浮机械储能技术"就是如此。如果河北省能够举一省之力动员国内外各种研发力量组建产业技术开发共同体，帮助和辅助企业在某些领域的共性技术研发上取得成功，将极大地改变河北省工业结构，迅速推动产业升级转型，因此，从政府层面看，应该建立一套有助于共性技术研发的服务体系，来帮助实现共性技术的突破。

（五）河北各级职能部门普遍存在的"中梗阻"现象仍然十分严重，工作作风、干事状态难以适应京津冀协同发展要求和转型发展需要

从课题组调研中观察、了解和亲身经历所得出的结论是：省、市、县一些职能部门表现出来的思想保守、思路僵化、作风平庸的问题非但没有减轻，反而更加严重。比如，部门总跟不上领导思路，总得让领导给解放思想、推着向前走；干事热情不高，工作中总是从"形式"出发而不是从"内容"出发，"舍本逐末"的"形式主义"渗透到了"骨髓"，思想意识中总认为必须要符合以前传统的工作"形式"才能开始行动，尤其是表现在行文、起草领导讲话、撰写汇报材料、上报重要的调研报告、编制和审批规划等方面，如果不符合多年来形成的所谓的"八股文式"的行文方式、字数要求和语言风格，就不能向上申报、采用或通过，为了满足形式上的需要必须要改内容，可以将重要的或精彩的内容去掉以适应"形式"的需要等，这些陋习的保持难以适应习总书记给河北提出的"大胆先行先试"的要求，也难以形成京津冀协同发展过程中纷繁复杂的合作事务所要求的善于协调、敢于创新的工作作风。当前，迫切需要采取有力的措施扭转当前职能部门慵懒无为的工作状态，建议先从"扭转文风"开始，以破除"形式主义"为抓手扭转工作作风，将思想和精力集中到"谋划事、推动事、干成事"的状态上来，而不是将"形式"走好。

四 新希望、新思路与新对策

（一）抢抓两大历史机遇，河北应尽快推进"与京津共同启动高水平合作示范重大项目"的工作，以"共建京津冀重大合作示范平台"为抓手，推动与京津全面深化务实合作

用好京津冀协同发展和联合申办冬奥会这两大机遇，是河北未来科学发展的希望所在。当前，河北应虚心向天津学习，在推进三地务实合作方面，梳理和谋划一批能够推进共建的重大载体，并以载体的合作为推进抓手，围绕载体建设开展区域协作工作。我们认为，应着重抓好北京新机场临空经济区、京津冀自由贸易试验区、京冀智慧旅游合作示范工程、京冀亦庄高新技术协同发展示范区等重大合作载体的务实推进工作。一是河北应分别组建重大共建载体推进工作小组，分别明确一名省领导牵头负责，落实责任和分工。二是在国家有关京津冀协同发展的顶层设计未出台之前，河北不应坐等围观。省级层面应分别围绕四大载体率先拿出发展建设及与北京共建的纲领性文件或概念性规划，并统筹做好载体共建、与北京联合向国家申报等具体工作方案，不能将规划、具体安排等事项下发到各市县自行推进，否则只会是"一盘散沙""各说各话"，不仅浪费时间和财力，而且也无法与北京在推进工作上务实对接。三是发挥冬奥申报效应，谋划在旅游、文体产业、职业教育、医疗服务、环境保护等冬奥直接相关的领域与北京共建一批示范性重点工程、行动或项目，在这些领域加快突破不仅较易操作，而且容易成功。

（二）加快推进全省新一轮市县管理体制改革，尤其是通过部分地级市所辖县"撤县设区"的改革为河北产业发展和新型城镇化建设留下充足的土地空间，切实提高河北招商引资的竞争力

推进全省新一轮市县管理体制改革，应是河北自身释放改革红利、激活体制机制的一项重要工作。当前，河北无论自身推进发展还是推进与京津协同方面都面临着一个非常严重的障碍——有地不能用。这其中最主要的原因

是河北城市化水平太低，设区市太少而且规模极小，省会石家庄只是全国三线城市。河北如果不进一步做大城区，在土地空间上都无法承接京津投资项目，所有共建园区、平台、载体和项目，都成为"纸上谈兵"。但是，做大城区，提高城镇化水平，又面临行政区划的体制和制度制约，因此，必须敢于在省域内开启市县管理体制改革，加快对行政区划的变革和调整，才能从根本上解决土地空间的问题。比如，秦皇岛经济技术开发区近年来承接了中科院、高科技央企的很多好项目、大项目，可土地供应受限，虽然近年来省里同意其扩区，但扩区的大部分土地都在城市建设区之外，土地调规之前根本无法使用，而土地供应面临着国家"土地利用规划"的硬性约束，省内操作空间极其有限，这也就造成了招商引资"纸上谈兵"的后果。因此，必须通过行政区划和管理体制的改革扩大市辖区的数量和规模，释放土地空间潜力。建议一是尽快推动全省可实现的"县改区"工作的报批，特别是比较成熟易批的设区市，比如，秦皇岛市可将抚宁和昌黎两县撤县改区，这样就能按照城区标准重新调整土地规划，腾出大量建设和工业用地，并为秦皇岛经济技术开发区实质性扩区奠定基础。二是进一步推动有条件的县级市升为"地级市""设区市"，使之形成带动附近地区发展的"城市引擎"。

（三）充分抓住有利契机，尽可能地争取到中央政策支持，借力借势置换高排放产业，开启"吃饱饭、吃好饭"的"新灶"

河北应利用强力治理雾霾和京津冀协同发展的有利契机，向中央申请一系列实实在在的政策支持，借力调整产业结构，扎实推进转型升级。由此提出以下建议。

第一，向中央申请在"鼓励应用太阳能光伏发电替换燃煤"方面给予河北叠加补贴。治理大气污染的关键在于压减燃煤，中央给河北省分配的压减燃煤目标是4000万吨，任务非常艰巨，必须以新能源来替换，在风电能力有限和天然气极其缺乏的河北省，只有成本较高的太阳能光伏发电是可以用来部分替换燃煤的新能源。是否能顺利地让成本较高的太阳能光伏发电在生产和生活领域推展开，很多人都有疑虑，一是成本问题，二是并网问题。

但是从安徽等地大面积推广"金太阳工程"的成功经验看，只要稍加补贴，农村居民、企业厂房、城区符合条件的楼宇都可顺利应用光伏发电替换煤电并从中获利，效果好得出乎意料。分布式发电的并网技术、设备等问题目前已迎刃而解。河北省若能在较大范围内铺开太阳能光伏发电能力，将极大地减少煤炭消耗，同时带动太阳能光伏电池、发电装置及设备、电力供热系统及其入户装备、电力锅炉及相关配套产业爆发式增长。尤其是目前非硅基半导体太阳能薄膜电池技术已获突破，汉能公司的CIGS项目已在曹妃甸大规模布局，未来3年将会大幅度降低光伏发电的成本并提高光电转换效率，能否大面积推广成功的关键在于是否获得政府补贴。为此，建议河北省向国务院申请启动"国家'金太阳工程'特别推广行动"，将环首都7市列入该行动实施范围，申请中央财政在现有补贴政策（以奖代补）的基础上对冀中南地区布局集中式或分布式光伏发电项目再叠加特殊补贴，全力支持河北迅速铺开太阳能发电能力。河北省也应制定好全省工业集聚地、主要城区和农村地区替换煤炭资源消费的行动计划和时间表，上报有关部委批准。这样做的目的一是可以大规模替换燃煤，治理雾霾；二是就地培育了新能源应用市场，尽可能做大做强河北省太阳能光伏电池生产能力（如英利、新奥硅基太阳能电池），并促成新一代太阳能薄膜项目（如汉能的CIGS、54所聚光砷化镓）继续大规模落户河北省，从而带动新能源和节能环保产业迅速做大，替换传统钢铁、建材等资源型重化工业，成为河北省新的主导产业。

第二，向中央申请加快在河北境内布局建设核电项目，并尽快主动与中核公司商洽"小堆核电站"选址河北试点。全国沿海地区中只有河北省未被确定核电项目选址，其他沿海省份几乎都已确定核电选址，而河北却恰恰是最需要核电来替换煤电的省份。AP100的小堆核电站是当前世界核电领域发展的新主流，由于大型核电站往往建造于远离主电网的偏远地区，所以当前小型堆项目已经成为大电站的必要补充。小型堆是指电功率在30万千瓦以下，采用模块式设计、单堆功率较小的一体化反应堆。"小堆"相对于"大堆"更安全，用途更广，可代替传统的燃煤向城市和工业园区供热，解决"用电荒""用气荒"的问题。目前，世界发达国家都在全力研发和建设

"小堆核电",中核公司小堆 ACP100 项目设计已经完成,是完全自主知识产权,选址开工建设在即。河北省应抓住机会,在中央的支持和帮助下,全力推进这个引领世界核电潮流而又与世界领先水平基本在同一档次的核电项目的引进和建设。与此同时,恳请有关部委积极支持中核公司在河北选址试点地下"小型核反应堆"。

第三,向国务院申请在河北设立全国首家"新能源与节能环保产业投资基金"。这里所说的"新能源与节能环保产业投资基金"与河北省 2013年 11 月刚设立的"省级节能环保产业股权投资基金"不同,它应是私募性质的、需经国务院批准的大型产业投资基金,应由省内战略投资者、大型企业与国内外有实力的投资机构和战略投资者联合共同发起,额度应不低于500 亿元人民币或 60 亿美元,最好是"双币基金"。建议采取"母子基金"的模式运作,在募集额度 500 亿元人民币和 60 亿美元的基础上,将基金按照 5∶5 规模进行分配,50% 用于直接投资,从总规模 500 亿元中拿出一半资金,根据不同的地域、产业、项目,发起设立多个产业子基金,不断扩大融资规模、放大资金杠杆功能。经验表明,这种模式能够放大资金规模 6 倍以上,撬动直接投资 3000 亿元以上。目前全国还没有经国务院批准的全国性"新能源与节能环保产业投资基金",河北省地处治污和节能环保产业发展最前沿,理应向国务院申请此类基金。如成功设立并挂牌,将对国内外新能源公司和节能环保高技术企业落户河北、培育河北省本土的新能源与节能环保"小巨人"企业具有极大的推动作用。

(四)按照总书记的要求大胆地在制度设计上"先行先试",发明出将"破解治污难题与发展接续产业结合起来"的"新招"

第一,建议河北在建立"县级绿色 GDP 核算体系"方面先行先试,在全国率先试行"县级发展绿色 GDP 考核评价体系"。目前,关于"绿色GDP"的核算问题学术界争论较大,国家也未就此出台统一的核算方法。针对河北省目前治污重任和转型压力,必须在各地建立起一种发展绿色 GDP的动力机制,激励和引导地方政府和企业全身心地投入到经济转型和绿色崛起中来。为此，贯彻落实习总书记视察河北省时要求河北省"敢于先行先试"的重要指示，大胆地开展县一级"绿色GDP"核算和评价工作，应提到2015年工作日程上来。虽然河北省拿出的绿色GDP核算方法并不见得是最完美的，但在全国率先建立起这样一种评价考核和引导机制，不仅展示了河北省坚定走绿色崛起之路的决心，也彰显了河北省治污的自信。对于吸引绿色经济入冀发展、进一步扩大招商引资有着积极的影响。建议省统计局先行研究并拿出河北省县级绿色GDP核算初步方法，可先选择一部分县域进行核算试点，试行绿色GDP评价体系，把评价指标纳入到省对县的绩效考核体系中实施考评，经试点完善后再向全省推广。

第二，建议尽快推进在秦皇岛设立"能源矿产现货交易中心"。这是一个事关全省大局、为国家能源安全做贡献的重大工程，理应抓好办成。对于地方经济发展来讲，这也是一个"一本万利""激活能源资源供给"的重要工程。由于秦皇岛开发区为在秦皇岛建立全国能源矿产现货交易中心做足了前期工作，省级层面应抓紧批准其建立现货交易中心，作为上海期货交易所在北方地区现货交易的重要补充。

第三，探索在印尼马六甲海峡通道周边建立河北工业区，加快河北省过剩的重化产能转移国外的同时，满足印尼本土的巨大市场需求，实现互补双赢。印尼国内目前非常缺乏钢铁、水泥、资源加工类产品，印尼本国商家正在探讨引进中国重化工业企业进入印尼投资生产。由于河北具有重化工业产品生产的巨大优势，而印尼马六甲海峡又是我国能源运输的咽喉要道，在目前全力压减过剩产能的阶段，应考虑与印尼商家合作，在马六甲海峡沿岸建立"印尼河北工业园"，在转移重化工业产能的同时，又能在咽喉要道上布局和实施"中国影响力"。河北理应用活自身的特点谋划实施具有国际视野的大手笔。

（五）加快推进有利于技术创新的各项体制机制改革，为河北省经济顺利转型升级和提高经济运行质量保驾护航

一是制定出台国有企事业单位及科研机构有关从事科研创新活动的财务

制度，单独成文，不受一般性行政事业单位有关财务制度的制约。二是研究改进专利制度，针对外资企业的专利围堵和恶意阻碍，应制定出有关发明专利恶意申报的行业技术审查机制。三是改革高校、科研机构的行政化管理方式及行政"官本位"的干部任用体制，重新制定一系列"去行政化"后的科研人员职务待遇相关规定，从实际操作层面体现出对人才的尊重和"拴心留人"的决心。

（六）加快有利于制造业实体经济减负增利的综合配套改革，重塑全社会对制造业实体经济的投资信心

必须顺应国家体制改革，从行政审批、财税、土地使用、市场准入、宏观调控等方面进行整体设计，把防止制造业实体经济空心化作为下半年的首要任务，形成推动实体经济发展的强大合力。一是继续取消和下放行政审批事项的同时，要把金融、环保等关键领域的监管切实抓好，避免出现"一放了之、一放就乱"的结果。对放在基层的审批事项和权力要抓好监督，防止基层审批出现"利益寻租"漏洞。二是加快出台财税体制改革实施办法。6月30日，中央政治局通过了《关于财税体制改革的总体方案》，基本完成了有关财税体制改革的顶层设计。形势发展倒逼全方位的税制改革，必须切实为实体企业发展减负，鼓励技术创新等活动，因此，需要加快研究出台河北与京津协同发展过程中涉及的各种税费利益分成机制，共建园区收益划分及税收征管有关方面的规制。三是坚持房地产宏观调控，防止经济资源和社会资源过多地集中于房地产领域而对实业投资产生"挤出效应"。四是减少种种妨碍市场准入的审批和管制，支持不同所有制企业间公平竞争。五是切实改革国有土地出让、使用及其利益分配机制，改变地方政府"土地财政"的利益倾向。

（七）加快部署以智慧城市、低碳城市为目标的新型城镇化推进工作，带动节能环保、新一代电子信息业等新兴先进制造业和新型服务业的快速成长，为经济增长增添新的产业动力

围绕解决发展动力不足、投资意愿不强的难题，通过经济发展战略调整催生出新的产业发展"引擎",不仅是当前寻求经济发展动力源的破题之策,也是未来长期推动河北经济可持续发展的"灵丹妙药"。新型城镇化无疑是未来推动河北长期发展的巨大引擎,在这个引擎之中,还需要加上"智慧城市""低碳城市"等精准"坐标",才能更好地催生出节能环保、物联网、大数据、云计算等新兴产业群体,也才能使城镇化真正展现"新型"的面貌,从根本上避免出现新建一座座"老城"的后果和低端重化工业的"卷土重来"。

B.2
2014~2015年河北省
社会形势分析与预测

王文录　车同侠　郑　萍　李　茂*

摘　要： 2014年，河北省最突出的事件就是大力治理环境污染，大规模压缩工业过剩产能，致使河北省GDP、财政收入明显下滑的同时，社会建设也受到影响，发展形势不容乐观。即使在经济增长整体放缓的情况下，社会建设仍然有所加强，推动了基本公共服务均等化发展和扶贫工作的深入开展。河北在坚决执行党中央和河北省委战略部署的前提下，迎难而上，稳步推进河北各项社会事业的发展。

关键词： 污染治理　社会建设　制度建设　社会事业

2014年，对河北省来说是一个不平凡的年份，最突出的事件就是大力治理污染，大规模压缩工业过剩产能，致使河北省GDP、财政收入明显下滑，社会建设也受到影响，发展形势不容乐观。新型城镇化推进问题、行政区之间协同发展问题，以及包括社会保障、就业、居民消费在内的各项社会事业的发展在这种大的环境下表现出年度特点，同时，这种形势也将对2015年乃至更长一个时期的河北省社会发展产生重要影响。河北人民应积

---

* 王文录，河北省社会科学院社会发展研究所研究员，主要研究人口、城镇化；车同侠，河北省社会科学院社会发展研究所研究员，主要研究劳动经济；郑萍，河北省社会科学院社会发展研究所副研究员，主要研究人类学；李茂，河北省社会科学院社会发展研究所副研究员，主要研究社会保障。

极采取措施，在坚决执行党中央和河北省委战略部署的前提下，迎难而上，稳步推进河北各项社会事业的发展。

一 社会发展重要领域的进展与特点

2014年以来，河北省加快了产业结构调整和产业升级，下大力气进行治污减排，生态环境和空气质量有了初步的改善。积极发展现代服务业，就业结构得到了改善，就业形势相对稳定。即使在经济增长整体放缓的情况下，社会建设仍然有所加强，推动了公共服务均等化发展和扶贫工作的深入开展。

（一）GDP增长速度放缓，民生类公共财政支出比例略有增长

经济增长速度偏低。2014年上半年，全省生产总值为13640亿元，比上年同期增长5.8%，同比回落2.9个百分点。由于受第二产业特别是工业增速回落的影响，第二产业增加值回落5.5个百分点，GDP增长出现低速增长、低位运行的特征。规模以上工业增速处在近20年来同期最低水平。

公共财政支出结构向民生投入类支出发生倾斜。在全省整体治污减排的大背景下，民生领域的投入大多涉及第三产业，民生改善投入力度加大。2014年1~9月，全省民生类支出占公共财政预算支出比重达到89.1%，同比增长14.2%，增速高于公共财政预算支出0.3个百分点。

表1 2014年1~9月河北省公共财政预算支出

单位：亿元，%

公共财政预算支出	数 额	所占比例	公共财政预算支出	数 额	所占比例
	3369.6			3369.6	
一般公共服务	337.5	10.02	医疗卫生与计划生育	321.1	9.53
公共安全	159.3	4.73	节能环保	99.9	2.96
教育	627.6	18.63	城乡社区	324.5	9.63
科学技术	31.3	0.93	农林水利	379.9	11.27
文化体育与传媒	46.8	1.39	交通运输	233.2	6.92
社会保障和就业	443.4	13.16			

资料来源：《河北省统计月报》9月。

（二）城乡居民收入持续增长，城乡收入差距继续缩小

城乡居民收入平稳增长且农村居民人均可支配收入增幅大大高于城镇居民。2014 年上半年，河北省居民人均可支配收入 8134 元，同比增长 10.5%。城镇居民人均可支配收入 11576 元，增长 9.3%。农村居民人均可支配收入 5211 元，增长 11.9%。

从消费品市场运行来看，社会消费品零售总额增速略有下降，从 2012 年一季度的 15.5% 下降到 2014 年三季度的 12.2%。2014 年上半年社会消费品零售总额增幅比上年减缓 0.9 个百分点。但是从城乡对比来看，城乡收入差别逐步缩小并呈现了农村在零售品总额增长速度方面有超过城市的趋势。2014 年上半年，乡村零售额完成增长速度超过城镇零售额完成速度 0.4 个百分点。①

（三）现代服务业持续发展，服务业就业吸纳能力增强

2013 年，河北省三次产业就业结构为 33.6∶34.4∶32.1②，其中第三产业增加值的增长率比上一年度地区生产总值的增长率不但高出了 0.7%，而且第三产业就业的增长率比全部产业就业增长率高出 4.1%。纵向相比，2013 年第三产业就业比 2010 年第三产业就业比高出 2.3 个百分点。

2014 年上半年，由于现代服务业持续发展，河北省第三产业对经济增长的贡献率为 49.2%，比上年同期提高 17.6 个百分点，超过第二产业 4.1 个百分点。其中，营利性服务业、住宅餐饮业、房地产业 3 个行业拉动第三产业增加值增长 2.3 个百分点。③ 根据专家判断，2014 年服务业就业占全部产业就业的 33.3% ~ 34%，随着河北省产业结构调整力度的加大和新型产业和现代服务业的发展，河北省三次产业就业结构仍呈现农业就业比例持续减少、工业就业逐步减少、服务业就业较快增长的特征。

---

① 河北省统计局数据。
② 郭洪波：《2013 - 2014 年河北经济形势——分析与展望》，河北人民出版社，2014。
③ 河北省统计局统计报告，2014 年 7 月 30 日。

（四）城乡社会保障事业加快发展，保障水平持续提高

各类社会保险的覆盖面不断扩大。截止到2014年6月底，河北省城镇职工基本养老保险新增参保29.11万人，完成年度目标任务的64.2%；城乡居民社会养老保险参保率达到97.9%，比既定目标高出7.9个百分点；城镇基本医疗保险新增参保12.06万人，完成年度目标任务的91.4%；工伤保险新增参保20.12万人，完成年度目标任务的50.3%；生育保险新增参保10.70万人，完成年度目标任务的100.8%；新型农村合作医疗参合率达到97.97%，较上年增长0.62%。

社保设施和服务网络不断完善。2014年3月1日，河北省直医保系统全面启用社保"一卡通"；截止到2014年9月底，全省人力资源和社会保障业务专网已基本建成，覆盖了省本级及11个设区市、204个县（市、区）、4777个乡镇（街道）社区。

城乡社会保障水平不断提高。2014年，河北省对参加新型农村合作医疗和城镇居民医疗保险的人均财政补助标准提高到320元，新农合住院补偿封顶线提高至10万元，政策范围内住院费用支付比例达75%；全省11个设区市全部建立城镇居民门诊统筹制度，报销比例达到50%以上；2014年河北省企业退休人员基本养老金水平比上年提高了10.5%，人均达到2071元，略高于全国平均水平；从2014年起，对需政府承担全部保障职责的农村五保老人，河北省每人每年补助从3000元提高到5000元，省财政落实保障资金将超过6亿元。

（五）公共服务均等化进程加快，城乡服务差别逐渐缩小

为落实《国家基本公共服务体系"十二五"规划》，2013年12月河北省政府出台《河北省基本公共服务行动计划（2013－2015年）》，全力推动公共教育、劳动就业服务、社会保险、社会服务、医疗卫生、计划生育、住房保障、公共文化体育、残疾人服务等领域的基本公共服务，推动基本公共服务在城乡和区域间的均等化。

河北省以农村面貌改造提升为载体，加强农村基本公共服务建设。2014年选择3227个重点村围绕饮水安全、道路硬化、垃圾处理、厕所改造、村庄绿化、危房改造进行农村面貌改造。省市县三级共统筹用于农村面貌改造提升资金138.1亿元，其中，省级共筹集资金65.4亿元。截至8月底，全省3227个重点村15件事投入建设资金71亿元，总体任务完成率达到70%左右。2014年推广民用清洁燃烧炉具130万台，秸秆能源化利用30万户，完成20%的乡镇机关和企事业单位清洁燃烧改造。

其他农村基本公共服务建设工程在2014年也有一定程度的推进，城乡公共服务均等化越来越受到重视，城乡公共服务在教育、公共卫生、社会保障、基础设施等领域的差距都有不同程度的缩小。

（六）县城大城区发展迅速，城市体系结构正在趋向合理

河北省委八届五次全会决定，要"下大力气把县域经济和县城搞大搞强"。省委、省政府于2013年7月出台了《关于全面推进县城建设的意见》，与此同时，河北省还制定了土地、资金、规划设计、人口转移、容貌整治、县城建设目标体系6个文件，旨在推动县城建设。2014年3月26日，全省推进新型城镇化工作会议再次强调大县城建设的重要性。在省委、省政府的大力推动下，各个县城都在谋划自身做大做强的现实路径和具体措施。省直管的定州市和辛集市，依托省直管的便利条件，率先启动了大城区新规划，制定了新措施。其他县城人口超过10万的县（市）也都加快了大县城发展。做大做强县城成为河北省2014年新型城镇化建设的一大热点。

县城的发展不仅推动了河北省新型城镇化进程，也优化了河北省城镇结构体系。预计最近几年，将有20多个县城（县级市）成长为中等城市，城镇结构体系发生明显变化。过去城市结构体系一个突出的不足是中等城市缺乏，随着11个设区市都上升为大城市（特大城市），中等城市数量就更加不足。通过一批大县城成长为中等城市，中等城市缺乏的状况将得到重大改观。2个次超大型城市（石家庄和唐山），4个特大城市（张家口、秦皇岛、

保定、邯郸)、3个大城市(承德、廊坊、沧州)、20个中等城市,形成相对优化的城市体系结构。

(七)加大污染源治理力度,生态环境质量提高仍面临挑战

河北省委、省政府从"十一五"时期就从工程减排和技术减排入手加强了对污染源治理工作,取得了不小的成绩。"十二五"期间,河北省主要污染物总量减排更加突出了结构调整在整个减排中的地位,强调通过关、停、并、转、升等结构减排措施,推进经济发展方式转变,产业结构调整和区域统筹发展,截至2014年6月份,全省停产企业887家,减产企业3886家。节能减排重点工程的实施范围,也由"十一五"期间的"双三十"工程拓展到"双千"工程(对年耗能万吨标煤以上的1000家重点用能企业、1000家重点排污企业实施全程监控)。同时,治污减排消减范围覆盖更加广泛。减排领域由原来的工业与城镇扩大到了交通和农村。在2013～2014年间相继印发了《关于实施环境治理攻坚行动的意见》《河北省大气污染防治行动计划实施方案》,出台河北省大气污染防治50条措施和专项治理10条措施,制定"6643"工程,压减钢铁、水泥、电力、玻璃四大行业过剩产能,以四大行业为重点,集中开展大气污染治理攻坚行动。河北省2014年进一步加大了环境治理的财政投入,安排大气污染防治专项资金8亿元,重点产业发展专项资金43.8亿元,支持优势产业发展专项资金16亿元。

经过治污减排措施的综合推进,河北省大气污染治理初见成效,重污染天气出现频次逐渐减少,但提升环境空气质量的任务仍很艰巨。2014年1月份与上年同期相比,全省PM2.5平均浓度下降了25.5%,达标天数平均增加了3天,重度以上污染天数减少了4天。七大水系总体为中度污染,氨氮浓度升高。[①] 在传统产业结构还没有实现转型升级的大背景下,仍有汽车尾气、建筑粉尘等其他新的空气污染源没有得到很好的控制,河北省的环境污染治理长期内仍然面临严峻挑战。根据2014年国务院最新发布的《2014—

---

① 河北省环境保护厅网站,《2013年河北省环境状况公报》。

2015年节能减排低碳发展行动方案》，河北省仍有多项治污减排任务居全国
首位。

（八）扶贫攻坚力度增强，贫困人口数量大大减少

河北省经历了30年扶贫工作以后，从开始的扶贫攻坚给钱、给物发展
到20世纪90年代中期的变"输血"为"造血"扶贫，再到整村推进、劳
动力转移培训和产业化扶贫为重点的扶贫开发，以及集专项扶贫、行业扶贫
和社会帮扶于一体的"大扶贫"格局。截至2014年，河北省大力探索的贫
困村互助资金试点管理新模式，省试点村已达1234个，入社农户12.2万
户，累计发放借款12.3万人次、5.3亿元，[①] 初步建立了周转使用、滚动发
展、运行规范、群众认可的发展机制，打通了贫困农民脱贫致富缺乏启动资
金的"瓶颈"。2014年以来全省扶贫办在开发建档立卡的基础上筛选出8万
户作为"春雨行动"帮扶对象进行精确扶贫，提升扶贫工作实效。目前，
河北省共有6138个单位、2万多名干部驻村帮扶。2014年上半年，32个中
央国家机关定点帮扶单位共投入各类帮扶资金6564万元。

河北省扶贫标准已从1985年的207元提高到2013年的2300元。近3
年来每年全省扶贫对象减少人数在120万以上，贫困地区农民人均纯收入的
增幅高于全省平均水平。2013年，全省贫困县农民人均收入达到6144元。
而贫困人口也已由当初的1001万人减少到如今的512万人，489万贫困人
口解决温饱问题，开始向小康迈进。按照河北省扶贫计划，到2020年，河
北省现在贫困人口将全部脱贫。

二 社会发展领域热点难点问题分析

2014年，河北省致力于产能压缩，进行大气污染治理，并积极推动京

---

① 赵红梅：《河北扶贫开发28年489万贫困人口解决温饱奔小康》，河北省扶贫开发办公室网
站，2014年10月9日。

津冀协同发展，加快新型城镇化建设和法治河北建设，以上这些社会热点问题同时也为河北经济社会的进一步发展提出了挑战。

（一）产能压缩引起河北省社会经济出现新特点

面对产能过剩和环境污染的双重压力，2013年底，河北省推出"6643"工程，明确到2017年，再压减6000万吨钢铁、6000万吨水泥、4000万吨煤炭、3000万标准箱玻璃产能。钢铁、水泥、煤炭、玻璃行业是河北的四大产业，这四大产业对河北国民生产总值的贡献率达到50%以上。截止到2014年9月，河北省对钢铁、电力、水泥、玻璃四大行业污染治理投入达30多亿元，完成淘汰炼铁500.5万吨、炼钢240万吨、铁合金0.65万吨、水泥1372万吨、平板玻璃703.5万吨。

1. 产能的压缩使河北面临着经济增长下滑的"阵痛"

数据显示，一季度，河北省生产总值完成5426.8亿元，GDP以增速4.2%位列全国倒数第二，规模以上工业增加值增速只有3.5%，较上年同期和上年底分别回落8.5个和6.5个百分点，累计增速降至2000年以来同期最低点。同时，产能压缩也给地方政府财政带来压力，仅以全省压缩钢铁产能6000万吨为例，就直接伴随着近400亿元的直接财政减收，唐山、邯郸、邢台等地的财政压力不断增大。

2. 产能压缩尚缺相应的配套措施跟进

当前产能压缩过程中，发改委主要负责化解过剩产能，工信局负责淘汰落后产能，环保局负责治理环境污染，人力资源和社会保障部门负责安置失业人员的再就业帮扶，这种各自为政的局面本身缺乏统一协调的工作机制，很难形成工作合力。仅以失业人员的再就业事宜为例，在治理污染和调整结构的前期，因为人社部门被排除在外，所以缺乏系统的失业人员分流安置工作规划。但作为产能压缩结果的失业人员再就业工作则由人社和财政部门负责，原来前期介入的部门却又不在其中了，在缺乏协调机制的前提下，这种后期介入兜底的工作安排，造成了信息收集、政策解读、标准认定等多种困境，也极易出现职责不清、互相推诿的尴尬局面，将严重影响产能压缩工作

的顺利开展。

3. 压缩产能导致社会就业问题凸显

产能压缩给就业带来的压力已经开始显现。来自河北省人力资源和社会保障厅的数据显示，2013 年，河北省共有 190 家淘汰落后产能企业，直接涉及职工 2.06 万人，其中整体关停企业在职职工 1.13 万人，部分关停企业在职职工 0.93 万人。初步测算，单完成 6000 万吨钢铁的压减任务，约占河北钢铁产能的 1/4，所涉及的 60 多万直接和间接从业人员需要重新安置，每年需支付社保养老金 130 多亿元，减少税收 190 多亿元。

由于产能压缩后，没有新的产业及时弥补，产能压缩后的人员就业问题成为地方政府最为棘手的问题。一些经济实力比较差的企业无法支付职工下岗解除劳动合同的经济补偿，无法缴纳五险一金，无法解决职工转岗、待业和退养等大量涉及职工利益的问题。中央和省财政给予的补偿资金十分有限，只够安置一小部分的下岗职工。

产能压缩后，如果就业安置不到位，导致员工集中下岗失业，这将带来巨大的社会稳定风险。河北从 2013 年开始压缩产能工作到目前为止，虽然没有因压缩产能引发群体性事件，但是利益和情感引发的复杂情绪确实存在，需要做大量的工作进行化解，职工安置问题形势不容乐观。随着产能压缩工作的深入开展，安置下岗职工的压力越大，维护社会和谐稳定的任务越重。

（二）京津冀协同发展的体制障碍依然顽固

京津冀协同发展已经上升为国家战略，并在国家的推动下取得一定进展，但也面临体制等许多问题。

1. 行政壁垒阻碍一体化进程

京津冀行政体制分割造成的地区间贸易、税收等壁垒指标仍然存在，行政力量对资源配置的干预过强，市场机制的作用尚未充分发挥，劳动力、人才、资金、技术等生产要素跨区域合理流动和优化配置受到很大制约。现有的财税、金融、政绩考核、公共服务等体制强化了地区利益和本位主义，行政区经济封闭的旧有格局依旧有较强的影响力。

2. 公共服务资源不均衡不利于协调发展

河北与北京、天津的公共服务资源差距较大。教育方面，北京和天津的高考一本录取率分别是24.33%和24.52%，河北只有9.03%。医疗资源方面，河北总人口是北京的3倍多，但是河北的三级医院数比北京还少7家，特别是优质医疗资源相对较少。据统计，北京三级医院的外地患者中河北患者最多，占1/4。[1] 这种情况使得北京对周边外来人口有着很强的"虹吸效应"，与北京的人口疏解形成逆吸力，不利于京津冀人才的合理流动，这也成为推进京津冀区域协同发展所必须要正视的深层次矛盾。

3. 城市功能定位不明确加剧河北内部竞争

当前，河北省内城市功能定位不明确，各地市间针对京津冀协同发展没有形成统一的分工协作意见。从近期对接的实际情况看，河北各地市存在盲目跟风、恶性竞争、无序竞争、同质竞争问题，对京津拟外迁项目往往是蜂拥而上，通过超出合理限度的土地、税收等优惠政策极力争夺，出现了过度竞争造成的产业门槛低、圈地占地现象严重，制约了发展的可持续性。涿州与固安围绕北京第二机场、香河与三河围绕楼宇经济、涞源与涞水围绕旅游等形成了河北省内的同质竞争。此外，各地市提出的承接项目互相雷同，如各地市都提出要对接中关村建设科技园，所提出的金融服务基地、健康养老基地、行政办公区、高等教育合作等项目建设内容基本趋同。

（三）大气污染治理任重而道远

虽然河北省在大气污染治理上投入了巨大的精力，但效果尚未充分体现。2014年2月国家公布的空气污染最严重的10个城市中，邢台、石家庄、保定、邯郸、衡水、唐山赫然在列。2014年1～9月，全省11个设区市达标天数平均为113天，占总天数的41.4%，超标天数平均为160天，占

---

① 赵弘：《推进京津冀协同发展 要在核心和关键问题上实现重大突破》，《河北经济研究》（内部资料）2014年增刊，第25页。

58.6%，虽略有好转，但重度污染天数依然大于达标天数，PM2.5、PM10、二氧化硫、一氧化碳、二氧化氮等主要空气污染物指标的平均浓度依然远远高于合理水平。如此的空气质量严重影响着全省人民的身体健康，影响着河北的对外形象，限制着河北的对外发展。所以，河北省的大气污染治理工作必须找准问题实现新的突破，通过持续不懈的努力迎接蓝天白云。

1. 不合理的产业结构是空气污染严重的重要根源

河北省目前的产业结构依然是高消耗、高排放的行业占主导位置，钢铁、玻璃、水泥、电力等主要产业大气污染物排放量依然占到排放总量的60%以上。

2. 传统的环境治理理念亟须转换

在一些地方官员的思想认识上，依然存在着解决环境问题急不得的消极等待思想，坚持"阶段论""惯性论""条件论"等错误观念，缺乏大气污染治理的紧迫感和责任感，导致在执法中存在失之于软、失之于宽的问题，甚至一些地方政府为了增加财政收入而想方设法保护污染企业，严重影响治理效果。

3. 大气污染治理给各级财政带来巨大压力

一方面，大气污染治理必然关停污染企业，直接导致一些地区的财政减收。另一方面，大气污染治理需要政府不断加大投入。例如2014年1~9月份，河北省省级财政对钢铁、电力、水泥、玻璃四大行业污染治理投入已达30多亿元，市、县财政也需要配套资金投入，未来各级政府的财政投入仍将持续增加。另外，环境治理还会导致众多的相关人员失业，也需要各级政府在社会保障、再就业培训等方面加大资金投入。

4. 京津冀协同的大气治理污染机制亟须构建

鉴于大气污染治理的特殊性，以及京津冀协同发展的战略背景，在治理大气污染方面三地必须进行统筹协调。但到目前为止，京津冀三地在协同治污方面仍未建立起切实可行的合作机制，在重点治理领域和关键行业也没能实现资金、技术、人才方面的统筹谋划，尚未形成相关的大气污染治理共同体。

5. 大气污染治理的专业化、社会化和市场化手段不足

一方面，在监管能力上，不少地方还在依靠传统的人海战术，现代检测和监督手段欠缺，科技化、专业化水平明显不足。另一方面，当前河北治污染与调结构，绝大部分是政府的强力推动行为，对于吸纳第三方参与的社会化，以及通过更多的市场化手段治理污染方面鲜有尝试且效果并不明显，这与我国加快政府职能转变和深化市场机制改革的总要求难以相称。

（四）法治河北建设有待进一步推进

党的十八届四中全会全面阐述了依法治国的方略，明确提出了全面推进依法治国的指导思想、总体目标、基本原则。这意味着全面推进依法治国，将是河北当前和今后一个时期的重大政治任务，法治河北建设也迎来了新的契机。所以，全省必须按照四中全会的精神和部署，把握机会，找准问题，扎实推进法治河北建设。

1. 法治河北建设拉开序幕

十八届四中全会强调"党的领导是中国特色社会主义最本质的特征，是社会主义法治最根本的保证"。指明了今后全面推进依法治国的重大任务，即"完善以宪法为核心的中国特色社会主义法律体系，加强宪法实施；深入推进依法行政，加快建设法治政府；保证公正司法，提高司法公信力；增强全民法治观念，推进法治社会建设；加强法治工作队伍建设；加强和改进党对全面推进依法治国的领导"。这些为河北的法制建设指明方向，点明了任务，法治河北建设的序幕正式拉开。

2. 政府权力边界不清、过于宽泛是法治河北建设亟须解决的主要问题

鉴于政府职能长期存在着"越位"和"缺位"共存的尴尬局面。一方面，政府对市场主体干涉过多，限制了民间资本的活力和发展空间，更给腐败和寻租培育了温床；另一方面，在社会保障、社会治理、环境保护等领域，政府的付出和监管力度又不尽如人意。所以法治河北必须着眼于转变政府职能、建设"有限"政府，以简政放权为先行，以制度建设为跟进，以润物细无声的法治精神和制度建设，将深化改革和社会发展从政策推动向法

治引领转变。当前关键是制定省内各级政府"三张清单"——负面清单、权力清单和责任清单的制度建设,"负面清单"从经济改革切入,着眼于推动建设统一开放、竞争有序、诚信守法、监管有力的市场监管体系,瞄准政府与市场的关系,打破许可制,拓宽创新空间;"权力清单"和"责任清单"从行政体制改革入手,界定政府权力边界,削减行政权力,切实划清政府和市场、社会、企业之间的关系。

3. 信息公开程度低、质量差是法治河北建设的巨大阻碍

一是缺乏信息公开的勇气。许多政府部门领导缺乏敢于公开、主动公开、充分公开的勇气,怕信息公开后惹麻烦、添乱子,从内心抵制推进政府信息公开。二是信息公开质量不高。虽然不少部门进行了信息公开,但存在着数据不全、编写混乱、指标模糊等问题,导致许多群众根本无法看懂,从根本上失去了信息公开的意义。三是对公众反馈信息利用不够。当前的信息公开,只管"放"不管"收",群众缺乏针对公开信息反馈意见的途径,政府缺乏收集相关意见的措施和部门,更缺乏对一些反馈信息的分析归纳,极大地降低了政府信息公开的综合效用。

(五)新型城镇化建设的机遇与问题并存

在国家新型城镇化发展战略和京津冀协同发展的大背景下,河北省的新型城镇化建设迎来了难得的发展机遇。《国家新型城镇化规划》明确京津冀城市群要以建设世界级城市群为目标,所以河北如果发挥自身优势,在功能定位、产业分工、城镇布局、基础设施、环境建设等重大方面都面临优化发展的难得机遇。但就目前的情况而言,河北省城镇化发展水平和质量仍不高,与环渤海、环京津的特殊区位不相称,存在着一些突出矛盾和问题。

1. 城镇化总体水平较低,滞后于工业化

受历史、文化、产业等诸多因素影响,河北省城镇化率一直较低,尽管个别时期增速较快,但仍比全国平均水平低5.7个百分点,人口聚集与城市产业发展不同步,工业化对城镇化的带动作用没有充分发挥。

2. 大量农业转移人口难以融入城市，市民化进程缓慢

依据最新数据，河北省户籍城镇化率仅为 32%，比全国低 3.3 个百分点，约有 1000 万人口在城镇居住就业但没有落户，未能在教育、医疗、养老、住房保障等方面享受城镇居民的基本公共权利，处于"半市民化"状态，城镇内部出现新的二元矛盾。

3. 城镇规模结构不合理，区域协同发展程度低

河北省环绕北京、天津两个特大城市，城市整体规模层级较低，大城市规模小，中等城市数量少，小城镇特色不突出，近 60% 的县城人口不足 10 万人，城市辐射带动能力弱。京津冀城市群协同发展尚处于起步阶段，经济互动程度低、分工协作不够，城市层级结构分布不够科学合理。

4. 资源环境约束趋紧，传统城市发展模式难以为继

河北省主要大中城市位于太行山、燕山的山前平原，因特殊地理空间和产业结构影响，资源环境承载能力较弱。全省城市缺水率为 45%，土地利用方式粗放，能源消耗量大，优质清洁能源供给不足，以细微颗粒物为主的城市大气污染日益严重，雾霾天气频繁发生，对城市可持续发展造成严重威胁。

5. 城市管理滞后，"城市病"问题日益凸显

2003～2013 年，城镇人均建设用地面积由 80.0 平方米增加到 103.2 平方米，但城市道路、地下管网、公共服务等市政设施建设不配套，污水和垃圾处理能力不足，交通拥堵日趋严重，内涝、供热等问题时有发生，同时城市形象定位不突出，特色不鲜明，品位亟待提升。

三 2015年社会发展形势预测与建议

2015 年，河北仍将继续推进京津冀协同发展，加大环境质量改善力度，进行社会体制改革创新，加快各项社会事业的发展，克服困难，抢抓机遇，推动河北经济社会发展迈上新台阶。

（一）多措并举，积极应对压缩产能

随着产能压缩工作的不断深入开展，2015年，河北的经济增长速度仍将处于较低的水平，但产业结构将日趋合理，如果说此前的工作更多地侧重于关停、限产等"破"的行为，那么2015年应侧重寻求、扶持替代性产业等"立"的行为。同时，产能压缩也使就业形势日益严峻，对社会保障事业的发展形成倒逼机制，社会保障事业将会得到进一步的发展。面对新的形势，河北省一方面要加大产业结构调整力度，实施创新驱动发展战略，坚决向污染宣战，力促产业转型升级；另一方面要积极发展社会事业，保障产能压缩工作的顺利进行。

建立完善压缩产能的部门协调机制。产能压缩是一项系统工程，涉及多个部门、企业和职工，需要相关部门共同参与、协调配合，应该建立健全化解产能过剩的部门工作协调机制。在产能压缩过程中，明确各部门的具体责任，尤其要将企业职工就业安置方案的审核作为有关企业"关停转"方案审批的前置条件，以便于最大限度地保障群众的利益，维护社会的稳定。

在产能压缩过程中，要更多依靠市场手段。就目前来说，产能压缩更多的是一种政府政治任务，但在这一过程中，也不可忽视市场配置资源的基础性作用，尽量利用市场手段，减少行政成本。市场通过价格机制、供求机制、竞争机制引导企业优胜劣汰，以市场规则约束高耗能、高污染行业的盲目投资扩张行为。通过行业整合兼并，实现资源优化配置。

积极引导企业转型升级。很多压缩产能的企业属于规模型企业，是当地的核心企业，对于这样的企业，要积极引导，帮助其主动适应变革，积极进行产业的转型升级，及时调整、转变企业发展战略、管理理念和经营方式，通过改革创新焕发新的活力。同时，政府在压缩落后产能的同时，要有序引进新的有前景的产业，如高新技术产业等，为失业者提供再次就业的机会。

将压缩产能的企业下岗失业人员纳入就业扶持政策体系。落实促进自主创业、鼓励企业吸纳就业和就业服务、帮扶等各项政策。集中开展职业培训活动和创业助推活动，为失业人员提供职业培训、推荐创业项目、协助落实经营场地和办理小额担保贷款。开展送岗位活动，搜集一批合适的就业岗位送到企业，为符合就业困难条件人员的开发一批公益性岗位予以安置。

（二）打破行政壁垒，推进京津冀协同发展

京津冀一体化从理念到实际行动，经过了近十年的酝酿和反复。对"京津冀协同发展"的再次强调，一方面是由于经济社会发展的客观要求，另一方面是已经具备了京津冀一体化的条件。"京津冀协同发展"已进入可实际操作的阶段。雾霾等生态环境的治理也将京津冀协同发展推向了一个新的阶段，更突显了京津冀区域合作的重要意义。未来几年，京津冀协同发展仍然是河北寻求发展的重要路径依据。河北在京津冀协同发展中，需要重点解决以下几个问题。

河北在京津冀协同发展中应有区别性地进行战略定位。从国家战略层面出发，将疏解首都功能视为政治责任，主动创造条件积极承接；对于纯属市场经济行为的诸多产业转移问题，则要立足合作，谋划自身的绿色发展，绝不可无条件盲目地寻求承接。

打造吸引京津产业转移的"政策洼地"。产业优惠政策应当适度向河北省重点区域和京津外迁重点企业倾斜。如中关村企业外迁到河北，北京市原给予其的优惠政策仍然应该有效，企业税收地方留成部分可由河北与北京两地进行分成。此外，配合大项目建设，京津冀三地应按实际发展产业层次，统一调配环境容量，在允许的范围内，在京津产业向河北转移的同时，做到环境容量转移，避免环境容量问题拖住河北的经济发展步伐。

加快推动协同发展的机制创新。积极鼓励开展先行先试，探索建立地区间互利共赢体制机制。推进京津冀区域享有相同的财税政策，按"属地税收、利益共享"原则实行税收分成；探索区域内统一的市场准入门槛，以及工商、质检、药监、动植物检疫、质量认证等方面的检查和认证标准；探索惠及民生的相关制度创新，加快京津冀区域内在户籍、通信、城际公交、金融异地结算、社会保障等关系民生的公共资源共享机制方面取得突破；谋划并支持河北省沿海地区与天津滨海新区共同申报渤海自贸区，增强京津冀

港口群的有机联系；支持秦皇岛向国家争取离区免税政策，大力发展休闲旅游度假产业；探索土地占补平衡指标在京津冀范围内统一调配使用，积极开展燕山太行山区"林地补耕地"的占补平衡试点。

（三）推进制度建设，构建"法治河北"

十八届四中全会提出全面推进法制建设，这是中国共产党建党九十多年以来第一次在中央全会上专题讨论法治问题，表明法治建设已经上升为与经济建设、文化建设、党的建设等问题同等重要的一项顶级战略命题。在十八届四中全会精神的引导下，未来几年河北在依法行政、权力监督等方面将取得新的进展。

建立起全省行政机关内部重大决策合法性审查机制和重大决策终身责任追究制度。通过法律手段和制度来约束权力，把公众参与、专家咨询、风险评估、合法性审查和集体讨论决定作为决策的必经程序，提高决策的合法性和科学性，有效防止"拍脑袋决策、拍屁股走人"的行政乱作行为。

要整合利用好多种监督手段，实现对权力的有效监督。"有权必有责、用权受监督"是建设现代法治政府的基本要求。要强化人大监督力度。通过强化监督责任制，充分利用好听取审议"一府两院"工作报告、执法检查、视察和调查、工作评议或听取和审议履职报告、受理人民群众的申诉控告和检举等诸多监督手段，不断加大人大对权力运行的监督力度；加强党的监督，不断提高党员干部法治思维和依法办事能力，加强党内民主和法治建设，加大纪律检查机关对违纪违法案件的查处力度；要发挥好舆论监督的作用，运用报纸、电台、电视和网络新媒体等形式，加大对违规违纪行为的曝光力度；提升社会监督效果，在对权力运行的监督过程中可考虑仿效国务院全面大互查的做法，引入第三方评估机制，通过走访企业、入户调查、深入访谈等多种形式，对各地的依法行政情况进行客观的评估，以帮助政府及时发现问题，推进法治河北与制度建设顺利开展。

通过制度建设将依法行政纳入政绩考核指标体系。把行政作为的合法性作为衡量各级领导干部和广大公务员工作实效的重要依据，把法治建设成效作为衡量各级领导班子和领导干部工作实绩的重要内容，把能不能遵守法律、依法办事作为考察干部的重要内容，为依法行政树立起硬标准和硬要求。

加大信息公开力度，让权力在"阳光"下运行。让政府决策与执行更加透明，是依法治国理念的内在要求；让权力在阳光下运行，是法治河北与制度建设的应有之义。因为阳光是最好的防腐剂，只有增加透明度，不断增强行政执法信息公开，明晰各个执法环节，才能有效推动政府依法行政。要提升信息公开质量，进一步提高信息公开广度和深度，拓宽信息公开的途径，政府公开的信息内容要让群众看得懂、信得过，切实保障公众的知情权、参与权、监督权。要尊重和利用好公众反馈信息。充分收集公众对政府公开内容的反馈信息，并将其视为扩大公众参与的有效途径，对反馈信息进行细致的分析归纳，以提高公共决策的科学性和实际执行的有效性，从而尽可能地避免"暗箱操作"和"秘密决策"引发的腐败风险。

（四）继续治理污染源，还原河北蓝天白云

近年来，河北在治理污染、改善生态环境上倾注了心血，用了只争朝夕的态度和背水一战的决心，投入了巨大的人力物力，特别是2014年，在损失 GDP 增长、减少财政收入的情况下，采取了各种措施治理污染源，减少各种污染排放物。但是，今年河北省的环境问题没有从根本上得到改善，雾霾等大气污染依然严重，水污染和土壤污染继续产生，可以预料，2015年这种状况难以得到根本扭转。今天的环境问题是几十年来我国粗放型增长方式长期积累的结果，一旦形成，就不可能依靠关、停、并、转一些污染性企业迅速解决问题，而是需要一个长期的坚持不懈的治理过程，因此，面对污染问题我们既要从源头上解决问题，也要有一个长期的思想准备。

增强治理污染的决心和信心。牺牲了增长，减少了收入，但环境没有重大改善，有些人会迷茫，对于治理污染会产生畏难情绪，甚至会考虑治理污染的得失问题。因此，应提醒大家，治理污染是一个艰苦的长期的过程，我们必须树立坚强的信心和巨大的决心，用牺牲一些利益的勇气，换来未来经

济社会的健康发展。

创造全民治污的社会氛围。污染源不仅来自生产，也来自生活，只有形成全民共同参与治理污染的良好氛围，才能更快地解决污染问题。因此，应把治理污染和创建文明社会结合起来，建议省文明办和省环保厅共同发起一场"低碳生活"行动，号召全民从自己身边做起，形成"低碳连着你我他"的广泛的群众基础。

继续在源头上减少污染排放。生产方面，继续压产能、减排放，调结构，减排节能，坚决关停污染型企业；生活方面，减少小火炉使用，提倡沼气等清洁能源，节约用水用电，大力改善人居环境，减少污染物排放；交通方面，鼓励低碳出行、绿色出行，倡导公共交通。同时，重磅打击非法投放污染物的单位和企业。

强化治理污染的协同机制。如今，大气污染、水污染等已经不是一个地区、一个省份的事情了，最近两年的雾霾天气几乎遍及了大半个中国，因此，在治理污染上各个区域应该形成协同治理机制，上风口和下风口、水源地和流经地（使用地），强化联动机制，共同投资，合理补偿，形成治本与治标相结合的综合防治措施体系。

（五）落实户籍改革政策，提升城市发展质量

河北城镇化水平不高，没有超大型城市，一方面成为河北城市发展质量低、制约经济发展的重要因素；另一方面，也为河北走在全国户籍制度改革前列提供了城市条件。目前，中央和河北省都明确了加快推进新型城镇化的思路和方案，预计2015年及之后的几年内，河北省及各个地方、各个城市在户籍制度改革方面会有新的政策出台，并因此牵动城市质量的提升。

呼唤户籍制度改革落实方案尽快出台。省公安厅牵头会同有关部门，尽快拿出一个区别100万人口规模的差别性户籍改革方案。建议除石家庄市和唐山市以外，其他城市均在户籍制度改革上能有新突破，在放开迁入户籍的同时，完善各种配套制度。允许各个城市在国家和省人口迁移基本政策的前提下，进行个别改革方案的首先尝试，努力寻找到一条适合当地特点的户籍

改革之路。

逐步剥离捆绑在户籍制度上的各类福利。剥离户籍制度上的各类福利是户籍制度根本改革的关键。应积极探索教育、医疗、就业、社会保障等社会福利与户籍脱钩的具体办法和途径，让在城市工作和生活一定年限（建议两年）的农村人享受与城市人同样的福利待遇，推进城市内部公共服务均等化。适时成立户籍制度改革领导办公室，在该办公室牵头指导下，各个与户籍相关的部门均应制订逐步脱离户籍的改革方案。

强化城市文明和精细化管理。农村人之所以喜欢到城市生活，就是因为城市有着更加现代化的城市文明。河北省的多数城市规模较小，从农村转变过来的时间还不长，城市文化积淀还不深，文明程度还不高，因此，在推进户籍制度改革、加快基本公共服务均等化的同时，应在城市管理和制度建设上下功夫，推行城市价值理念，遵守城市市民道德公约，走城市管理精细化道路，建设拥有河北文化特色的现代化城市。

（六）践行核心价值观，凝聚共渡难关的基本共识

压缩产能、关停企业、治理污染，在结构调整持续缓慢的情况下，河北省迎来了前所未有的困难，城乡居民收入有可能发生明显的波动。在此非常时期，河北人民将走过更加不平凡的2015年。不过，即使财政收入减少，关系国计民生的社会事业预算预计不会出现较大幅度的变化，河北省社会发展仍将稳步向前推进。但是也需要全省人民面对现实，团结与共，敢于并善于完成历史赋予我们的使命，达成共渡难关的基本共识。

用核心价值观凝聚人心。党的十八大明确了社会主义核心价值体系，并把核心价值观概括成24个字的具体表现，使我们在新的历史时期，特别是困难时期有了凝聚共识、共渡难关的思想武器。今天的河北，正是需要全省人民积极践行社会主义核心价值观，认清经济社会发展大形势，在省委省政府统一领导下，聚集起团结一致、克服困难的向心力。因此，在最近几年，河北人民学习实践核心价值观的重要任务是凝聚人心，为完成近期工作重点共同努力。

用大无畏的牺牲精神克服困难。燕赵自古多悲歌，河北人民历来有着不怕困难、勇往直前的精神品质，今天我们面对压产能、调结构的历史重任，完全可以通过暂时的牺牲，换来未来的健康发展。因此，我们不能把产能压下来了，而没有换来结构的升级换代，必须痛下狠心，通过结构的优化和调整，渡过今天必须经过的"阵痛期"。

用勤俭节约的作风共渡难关。群众路线教育实践活动带来了清正廉明的社会风气，也使奢靡之风得到有效遏制，从政府官员到普通百姓都接受了"勤俭过日子"的生活新理念。河北人民更是不能忘记毛主席的"两个务必"，在生活逐步富裕的今天，面对暂时的困难，应该艰苦奋斗、勤俭节约，在"节流"上大做文章，为推进河北转结构、实现"三个河北"目标不懈努力。

经 济 篇

Economic Reports

B.3

2014~2015年河北省农业农村经济形势分析与预测

段小平　唐丙元*

摘　要： 在全国经济转向新"常态"的背景下，2014年，河北省农村农业稳步健康发展，为减缓全省经济波动幅度、保障经济转型跨越提供了重要支撑。本文在分析2014年河北省农村农业发展形势的基础上，结合国家宏观经济走势与河北自身特点，对2015年河北省农业农村经济发展进行了分析预测；就河北省如何通过全面深化农业农村改革、促进农业农村健康发展提出了具体建议。课题组认为，在农业农村全面深化改革进程加快的背景下，2015年，河北省农村经济将继续

* 段小平，河北省社会科学院农村经济研究所助理研究员，研究方向为农村经济；唐丙元，河北省社会科学院农村经济研究所副所长，研究方向为农村经济。

较快增长，农产品价格对农业内部结构调整的影响继续，新型农业经营体系创新加快，粮食生产保持平稳，农民收入增长有所放缓。

关键词： 河北省　农业农村　新常态　农民收入

2014 年，是贯彻落实中央全面深化改革战略部署的重要一年，也是河北省经济结构调整、转型升级的关键一年。面对国家经济进入新常态、河北经济转型压力空前严峻的形势，河北省委、省政府围绕农业农村"强、富、美"的总要求，着力抓好粮食生产、农村改革、农业增效、农民增收等"三农"工作大事，全面激活农业农村发展活力，农村经济保持了较快增长的好形势，粮食生产保持稳定，农业结构逐步趋向优化，新型农业经营主体加快发展，农业产业化水平稳步提升，农民收入继续保持较快增长，城乡统筹发展能力明显提高。

一　整体经济趋缓背景下河北农业农村经济发展的总体特征①

（一）纵向比较：农业生产好形势持续稳固，为全省经济健康运行提供了支撑

农为邦本，食为政首。2014 年上半年，河北省农林牧渔业完成总产值 2384.6 亿元，按可比价格计算同比增长 3.4%，农林牧渔业增加值 1407.7 亿元，同比增长 3.6%，增幅较 2013 年同期分别提高 1 个百分点和 0.9 个百分点，农业发展的好形势持续稳固，为经济社会发展大局提供了有力支撑。

---

① 文中数据来源于河北省统计局发布的《2013 年河北省国民经济和社会发展统计公报》《统计月报》2014 年 1 ~ 9 月，以及河北省人民政府主办的《河北统计年鉴2013》，中国统计出版社，2013。

从农产品生产情况看，全省种植业、畜牧业主要农产品稳步增长，夏粮总产达到 577.6 亿公斤，比 2013 年增加 16.64 亿公斤，夏粮单产 407.04 公斤/亩，同比增加 18.64 公斤/亩，夏粮总产、单产均创历史新高，不仅满足了 7000 多万人口的粮食需求，也为保障国家粮食安全做出了重要贡献。全省 5790 多万亩秋粮作物多数长势良好，丰收在望。蔬菜种植结构逐步优化，设施蔬菜比重稳步提高，上半年全省蔬菜播种面积达到 801 万亩，蔬菜总产量 2889.5 万亩，分别增长 1.1% 和 2.2%，设施蔬菜播种面积比重达到 46.8%。全省瓜果类总产量达到 396 万吨，增幅达到 8.6%。全省畜禽养殖规模化趋势明显，养殖企业抵抗市场风险能力增强，畜产品综合生产能力稳步提高。全省猪牛羊禽肉产量 211.2 万吨，增长 1.3%，其中猪肉产量达到 133.1 万吨，同比增长 2.1%，生猪存栏 1689.4 万头，同比小幅下降，一些规模较小的小型养殖户逐步退出市场，但生产形势基本稳定。居民消费结构升级背景下，牛羊肉供需缺口继续扩大。2014 年上半年，受肉牛繁殖周期长、生产成本高、牛源紧张的影响，河北省牛肉产量同比下降 4.5%。全省羊肉产量达到 13.6 万吨，同比增长 2.1%。上半年，全省造林绿化实现较快发展，完成造林面积 242.6 万亩，同比增长 17%，其中，廊坊、邢台、邯郸、衡水及定州已超额完成全年造林任务。上半年，全省水产品产量达到

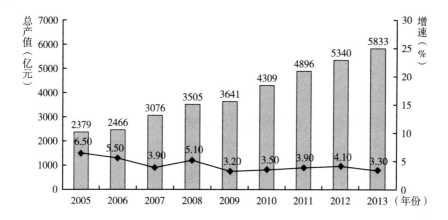

图 1　近年来河北省农林牧渔业产值变化情况

资料来源：河北省统计局。

18.5 万吨，下降 1.9%。三季度，全省农林牧渔业增加值继续增长，全省农林牧渔业增加值累计达到 2874.1 亿元，同比增长 3.3%；蔬菜总产量 5566.4 万吨，增长 2.8%；猪肉产量增长 5.1%；禽蛋产量增 1%，预计全年农业生产将保持良好态势。

（二）产业结构：种植业比重大幅提高，畜牧业比重降幅显著

随着工业化、城镇化的深入影响，河北省农林牧渔业内部结构调整明显。以 2008 年为转折点，全省农业产值从 50.23% 提高到 59.5%，畜牧业比重则从 40.25% 逐步降低到 31.2%，林业、渔业产值占比保持在 1.6% 和 3.0% 左右，变动不大，农林牧渔服务业产值比重出现了小幅下降，从 5.0% 下降到 4.5%。从种植业内部结构看，市场价格机制对河北省种植业内部结构调整优化的作用明显。2007～2013 年，在粮食价格上涨的带动下，全省小麦、玉米等主要粮食产量持续增长，粮食产量从 2841.5 万吨增长到 3365 万吨，产量增长了 20.28%。市场区位优势较为明显的蔬菜生产面积平稳攀升，全省蔬菜产量增长 22.69%。生产优势相对较差、价格低迷的棉花生产降幅明显，7 年间全省棉花产量从 72.5 万吨下降到 45.7 万吨，降幅近 37%。从畜牧业内部结构看，畜牧产业整体不景气的趋势明显。2007～2013 年，全省猪牛羊禽肉类产量增长 13.27%，其中，猪肉、羊肉产量分别增长 17.64% 和 19.35%，而牛肉产量出现了 9.42% 的负增长。牛奶生产持续低迷，降幅达到 6.42%，禽蛋产量也出现了 12.47% 的下降。畜牧产品的大幅下降，不利于河北省农民的持续增收。林业、渔业产值占比波动不大。

（三）经营创新：新型经营主体加快发展，产业化水平稳步提高

农业经营主体创新是破解"谁来种地""怎么种地"的重要举措。近年来，河北省积极贯彻中央加快发展现代农业和全面深化改革的战略部署，将现代农业产业园、农业产业化基地作为发展现代农业的重要突破口，积极引导农村土地规模经营，培育扶持家庭农场、专业大户、农民合作组织、农业龙头企业、农业公司等新型经营主体发展，大力推广平葫芦峪、曲阳等地现

代农业产业园发展经验，农业产业化水平不断提高。到 2013 年末，全省各类农民专业合作组织达到 75814 家，排列全国第 4 位，农业龙头经营组织 1837 家，农业龙头企业 1555 个，家庭农场数量超过 2000 个，农业社会化服务组织 2040 个。全省农村土地承包经营权流转面积达到 1414.9 万亩，占家庭承包经营总面积的 17%，农业产业化经营率达到 63%，较上年提高 1.5 个百分点，农业产业化经营总量超过 6147 亿元。2014 年上半年，全省龙头经营组织数量达到 1837 个，其中龙头企业 1556 个，比上年增加 168 个，龙头经营组织从业人员达 44 万人，增长 7.1%，实现销售收入 1467 亿元，同比增长 12.1%。龙头企业生产规模进一步壮大，销售亿元以上的企业达到 254 个，同比增长 21.53%。全省农产品生产（加工）基地达到 671 个，带动农户数近 987 万户。

（四）城乡收入：农民收入增速连超城镇，城乡差距逐步缩小

随着中央惠农政策、"四化同步"发展战略实施，小麦等粮食价格稳步提高，加大各项强农惠农补贴力度，农民外出就业机会增多，转移就业步伐加快，工资收入快速提高，土地经营权流转收益增加，推动河北农民收入连年较快增长。2010~2013 年，河北省农民人均纯收入从 5958 元提高到 9102 元，年增速分别为 15.7%、19.5%、13.5%、12.6%，连续 4 年快于城镇居民收入增速，城乡居民收入差距从 2.72∶1 缩小到 2.48∶1。与全国平均水平相比，2013 年，河北省农民人均纯收入高出全国平均水平 206 元，但城镇居民人均可支配收入为 22580 元，比全国平均水平低 4375 元，居全国倒数第 7 位，这使得河北省城乡差距明显低于全国 3.03∶1 的平均水平。与沿海发达省相比，河北省农民人均纯收入比浙江低 7004 元、比江苏低 4495 元、比山东低 1718 元。2014 年上半年，河北农村居民人均可支配收入达到 5211 元，增长 11.9%，城镇居民人均可支配收入 11576 元，增长 9.3%，农村居民继续快于城镇居民。全年河北省农村居民收入增长实现"五连快"基本成为定局，但城镇居民收入持续低于全国平均水平，势必影响到城镇化、工业化发展速度，也不利于对外来人才的吸引。

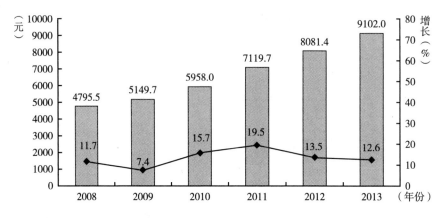

图2　近年来河北省农民收入增长情况

资料来源：河北省统计局。

（五）农产品价格：价格水平总体平稳，禽蛋水果价格上涨明显

2014年二季度河北省农产品生产价格指数上涨2.6%，农产品生产价格指数总体平稳。一是种植业产品生产指数小幅下跌。上半年，河北省种植业产品生产价格小幅下跌，跌幅为1.3%。其中，小麦、玉米价格基本平稳，棉花生产价格持续下跌，二季度棉花生产价格跌幅达到6.7%。水果生产价格保持高位运行，二季度涨幅达到11.1%。二是畜牧产品价格指数先抑后扬。一季度，全省畜牧业产品生产价格同比下跌3.8%，到了二季度，在禽蛋价格上涨的带动下，畜产品生产价格指数明显上涨，涨幅达到6.8%。需要注意的是，猪肉生产价格指数持续低迷2年后，2014年一、二季度生猪生产价格仍然分别下跌9%和8.4%，传统"猪周期"发生变化，加大了养殖户生猪养殖的风险。牛羊肉价格涨幅逐步收窄，牛肉涨幅从2013年二季度的28.1%缩小到3.2%，羊肉涨幅从2013年二季度的7.3%缩小到4.1%。与此同时，肉禽生产价格大幅上涨，二季度涨幅达到14.5%。禽蛋生产价格在年初下跌5.9%后，二季度出现20.1%的大幅上扬。奶类价格涨幅有所回落，一、二季度涨幅分别为13.7%和6.7%。三是渔业产品价格指数涨幅明显。受到渔业产量减少影

响，2014年二季度，全省渔业产品生产价格指数达到118，较2013年同期有了明显上涨。

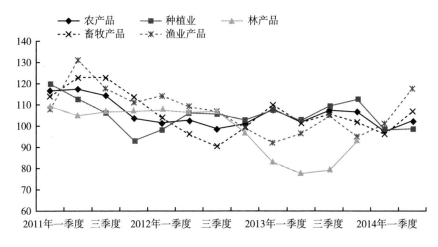

图3 近年来河北省农产品生产价格指数变动情况

资料来源：河北省统计局。

（六）民营经济：发展环境加速优化，经济效益稳步提升

民营经济是河北实现富民强省、转型跨越的重要依托。2013年下半年以来，河北省实施了简政放权、激活市场主体的系列政策措施，通过取消和下放行政审批事项，改革工商登记制度，制定民营经济扶持政策，各类主体创新创业的积极性空前提高，民营经济呈现总量稳步提升、效益稳步增长的良好态势。2013年末，全省民营经济共实现增加值18680.2亿元，实现营业收入95036.1亿元，出口总值257.7亿元，从业人员达到2135万人。2014年，面对经济下行压力加大的局面，河北省民营经济逆势而上，民营经济单位数量快速增长，装备制造、纺织服装等主要行业持续向好。2014年3～6月，全省新登记市场主体20.54万户，同比增长24.23%，其中，新登记企业6.27万户，月均增长99%，远超过全国50%～60%的平均增速。到2014年6月末，全省民营经济单位突破262万个，同比增长5.04%，创下近年来增幅新高。民营经济实现增加值9122亿元，同比增长6.8%，高

出全省经济增速 1 个百分点；实现营业收入和利润总额分别达到 41920 亿元和 3018.9 亿元，增长幅度分别达到 9.7% 和 9.4%；实现进出口额 134.5 亿美元，同比增长 9.9%，高出全省平均 0.9 个百分点；从业人员达到 2037 万人，同比增长 4.3%。在全国工商联发布的 2014 年中国民营企业 500 强中，河北省共有河北新华联合冶金投资、庞大汽贸、津西钢铁等 19 家企业入围，比 2013 年增加 3 家企业。与浙江、江苏等发达省份相比，河北省民营经济仍有很大发展潜力。

二 河北省农业农村发展面临的形势与预测分析

（一）2015 年河北农村农业发展面临的新形势与新机遇

1. 国家"四化同步"发展战略和党的十八届三中全会全面深化改革部署将给河北农业农村发展带来长期利好

21 世纪以来，国家对农村农业发展的重视达到前所未有的程度。2004～2014 年国家连续 11 年发布以农业、农村、农民为主要内容的"一号文件"，国家长时期、大密度对"三农"工作的重视和不断出台的强农惠农政策，是加快实现农业农村"强、富、美"目标，实现城乡统筹一体化发展的重要保障。党的十八大明确提出，促进工业化、信息化、城镇化、农业现代化同步发展的战略部署，明确提出要让广大农民平等地参与现代化进程，共享改革开放和经济发展的成果。党的十八届三中全会做出了全面深化改革的战略部署，对未来我国经济改革的宏伟蓝图进行了顶层设计，提出要破解健全城乡一体化发展的体制机制。国家"四化同步"发展战略和全面深化农村改革各项措施的实施，无疑将为农业现代化建设和农民收入持续较快增长注入强大动力。河北正进入工业化和城镇化加速发展的重要阶段，作为全国重要的粮食大省、新型城镇化和城乡统筹试验区，在国家全面深化改革、推动经济向中高端水平迈进的过程中必然将从中受益，这是河北农村农业长期利好的大背景。

2. 京津冀协同发展战略为河北省农村农业大发展带来最现实的机遇

2014 年 2 月 26 日，习近平总书记亲自部署将京津冀协同发展正式上升为国家战略，要求京津冀三地要打破"一亩三分地"的思维，全力推动协同发展、共赢发展。京津冀协同发展是国家着眼区域发展大局，审时度势、深谋远虑做出的重大部署，也是河北发展面临的最大、最现实的机遇。就农业农村发展而言，紧邻京津的区位、交通、资源优势，将有利于河北充分利用京津科技、人才等要素资源优势和巨大的消费市场，发展环京津现代农业产业带和现代农业产业园，推动生态农业、高效农业、绿色农业、有机农业、休闲农业、观光农业加速发展，促进农业增效和广大农民增收致富。就统筹城乡、"四化同步"发展而言，京津冀协同发展是更广范围、更大意义上的统筹城乡发展，将为河北省工业化、城镇化和农业现代化发展注入强大动力，对于全面提升河北创新创造能力，打造区域经济增长的增长极，破解环首都贫困带发展难题，实现河北农村农业繁荣稳定、人民生活富裕有着重要的战略意义。

3. 国家经济进入新"常态"与河北经济转型压力对农业农村经济发展提出新挑战

当前，我国经济正处在"三期"叠加的重要阶段，面临着经济增速换挡回落、产业结构优化调整、增长动力从投资驱动向创新驱动转换的重大变革。高效率、低成本、可持续的中高速增长将是我国经济新常态题中应有之义。就河北而言，市场下行压力加大、结构性问题突出、大气污染严重三大矛盾集中爆发，中央要求河北省到 2017 年完成 6000 万吨钢铁、6000 万吨水泥、4000 万吨标准煤、3000 万标准箱玻璃产能削减任务。大批"两高一低"的传统产业需要淘汰，而新的接续产业、新的增长极难以一下子培育起来，治理大气将丧失的近百万工作岗位需要重新创造。从某种意义上说，河北不仅面临着经济转型问题，更直接的是生存问题。从河北县域经济看，传统产业仍占多数，企业盈利、创新能力不足，落后产能淘汰的压力对农民转移就业的影响巨大。但国家经济新常态与大力度淘汰落后产能带来经济发展压力，也将倒逼河北传统重工业主动腾笼换鸟、转型升级，加速战略性新

兴企业、高新技术企业发展，进而对河北未来经济和农村农业发展路径将产生深远影响。

（二）2015年河北省农村经济形势预测与展望

2015年，是河北经济转型发展的关键一年，国家经济转入新常态的宏观背景下，河北经济发展面临着诸多困难与挑战，但展望2015年，发达国家宏观经济持续改善，美国就业数据明显向好，量化宽松政策将逐步退出，发展中国家经济增长虽有波动，但发展潜力仍然巨大。党的十八届三中、四中全会带来的经济政策体系变化、法治理念变革，以及京津冀协同发展战略的实施，将有利于激活河北经济发展内生动力，加速国内先进生产要素向河北转移，培育形成河北新的战略增长极，助推全省经济触底反弹，预计河北农业农村经济将保持基本稳定的增长速度。

1. 粮食生产基本稳定，农业内部结构调整加快

粮稳天下安。国家和河北高度重视粮食生产，在持续加大强农惠农政策补贴力度的基础上，河北省不断完善农业基础设施建设，加快农村土地制度改革，积极培育创新农业经营体系，完善农产品价格补贴制度，农业机械化、现代化、专业化、产业化水平不断提高。2014年，河北省小麦价格上涨明显，农业生产资料价格稳中有降，农民种粮积极性普遍较高。秋收后，全省连续出现降雨天气，缓解了夏季伏旱影响，增加了土壤墒情。同时，小麦成熟度高，种子质量高，有利于小麦苗全苗壮，为来年小麦丰收打下基础。受地下水超采治理影响，2014年，河北省将主动压减黑龙港地区小麦面积，加上太行山丘陵地区受灌溉影响，农民主动缩减的小麦种植面积，预计全省小麦播种面积将减少80万亩左右。在种植小麦面积和用水量减少的情况下，河北省加大了节水稳产高产品种、足墒播种保苗、深松旋耕分层混合分层、水肥一体灌溉等关键技术推广，确保全省小麦高产稳产。预计2015年，河北省农业产值增速将保持在3.5%左右，粮食播种面积将维持在9400万亩左右的较高水平，在气候条件正常的情况下，全省小麦生产将基本稳定或小幅降低。从农业内部结构变化看，随着棉花价格持续走低，全省

棉花播种面积继续减少，蔬菜、水果、畜牧等高效农业发展加快，播种面积和产量、产值在农业中的比重将持续提高。

2. 农村改革逐步加快，家庭农场数量将明显增长

十八届三中全会提出了全面深化农村农业改革的战略部署，明确提出深化农村土地制度改革，构建新型农业经营体系，发展多种形式的规模经营。2014年中央和河北省"一号文件"都将深化农村改革作为重要内容，在农村土地管理制度、农村产权制度、农业经营体系创新等制约农业农村发展的关键环节、重点领域改革都有明确要求，提出要坚持顶层设计与尊重农民首创精神相结合，鼓励探索创新，尊重农民的实践创造，不搞一刀切、不追求一步到位。在这样的背景下，河北各地以农业经营主体创新、农村土地确权登记、承包土地流转为重点的农村改革明显加快，保定、石家庄等地纷纷出台了促进家庭农场发展、农村土地规模经营的支持政策。预计到2015年末，全省农村土地承包经营权确权登记面积将达到50%，农村集体土地所有权、宅基地使用权、农村集体建设用地使用权的确权登记发证工作将全部完成，深化农村土地制度改革的条件进一步成熟。全省农村土地流转规模进一步扩大，农村承包土地流转面积占全省家庭承包土地的比例将达18.5%左右，家庭农场数量将明显增长，合作社、专业大户、工商资本等多主体参与的农业规模经营持续加快，农业产业化水平稳步提高。

3. 农民收入增长难度加大，增速回落不可避免

2015年，河北省经济转型升级仍处在爬坡过坎的关键时期，农民增收的宏观经济环境不容乐观，总体上农民收入将保持较快增长，但增速回落不可避免。从支持农民收入增长的因素看，主要有：京津冀协同发展战略实施，拓宽了河北农业在京津的市场空间，为河北发展设施蔬菜、高端畜产品、绿色果品、观光农业、休闲农业等高效农业提供了机遇，扩大了农业的产出效益，有利于推动农民增收。国内粮食价格的上涨和国际油价的下跌，有利于扩大农民种粮的收益空间，对于提高农民的家庭经营农业收入有着重要作用。国家新型城镇化发展战略的实施，有利于优化农民外出就业环境。我国劳动力结构的重大变化，刘易斯拐点的提前到来，有利于农民工资性收

入的持续较快增长。国家深化农村土地制度、金融制度改革的实施，有利于增加农民的财产性收入，提高农民创业创新的能力。但从不利的因素看，国内经济由高速增长转向中低速，河北经济面临经济转型与过剩产能消化的双重困境，农民工工资持续高增长的局面难以维系，农业靠天吃饭的局面仍未根本改变，畜产品市场价格风险、养殖风险加大，都会对农民收入增长产生重要影响。综合考虑，2015年，河北省农民收入将继续较快增长，但收入增速可能会有所降低。

4. 县域经济转型加速，优势板块逐步崛起

省委八届五次全会将县域经济和园区建设作为"四大攻坚战"的重要内容。在京津冀协同发展战略的推动下，河北省县域经济和县城建设将迎来加快发展的重要时期。2015年，京津冀协同发展战略将进入深化实施阶段，保定、廊坊、唐山与京津的城市功能、产业、生态、交通等分工与配套功能逐步加强，环首都周边高新技术产业、高端装备制造、新能源、节能环保产业、现代服务业、现代农业等产业优势将明显增强，首都部分行政事业单位、科研院所、高校及养老医疗功能疏解也将带动河北环京津地区经济的加速崛起，形成河北县域经济发展的新亮点。同时，省内一批传统资源高消耗、粗加工、高污染的产能将被淘汰，拥有自主研发创新能力的企业将得到快速成长。国家简政放权政策的落实，将进一步激发万人创业、万众创新的积极性。预计2015年，河北市场主体数量仍将快速增加，民营经济快于全省经济增速2~3个百分点的势头仍将持续。

三 河北农村农业发展面临的主要问题和突出矛盾

（一）资源环境对河北农业农村发展的制约明显

河北省农业资源总量丰富，但人均土地、水等资源占有量明显偏低。数据显示，河北省人均耕地仅为1.4亩，低于全国人均1.5亩的水平，且中低产田占其中的2/3。全省人均水资源占有量仅为全国平均水平的1/7，每年

河北蓝皮书

054

缺水达到 70 亿立方米。由于地下水超采，华北平原已形成世界最大的地下漏斗区，造成大量机井报废，地面沉降裂缝，直接影响到农业生产的可持续发展。同时，河北省农业发展方式相对粗放，化肥农药使用强度高，农业面源污染、生活垃圾污染、工业垃圾污染问题突出，局部地区水土流失、荒漠化问题严重，严重影响到农业的可持续发展。

（二）农业农村基础设施和服务水平偏低

近年来河北省加大了农业投入力度，但农业基础设施建设的有效投入仍然不足，不少地区农田水利、道路等农业基础设施老化失修，沟渠损毁严重，防灾抗灾能力不足。全省还有 3821.55 万亩耕地没有灌溉设施，占全部耕地的 38.83%，农业靠天吃饭的局面没有根本性改变。农业服务体系建设上，乡（镇）村两级农机服务、畜禽防疫、农技推广、检验检疫等公共服务机构人员不足，设备老化，农业社会化服务供给不足。科技成果转化和推广力度不够，基层农技推广与动物防疫体系不健全完善，农民科技素质总体不高，不会运用先进的农业技术和装备，远不能适应现代农业发展要求。城乡教育、养老、医疗、文化、体育、金融服务等公共服务供给水平存在很大差距，农村社会管理的体制、机制有待进一步完善，农业农村发展的基础仍不牢固。

（三）农业经营的规模化、组织化程度不高

河北是农业大省，但不是农业强省，一个重要原因是小规模、分散的家庭经营方式存在着明显的局限性。研究表明，在北方单季地区，家庭经营的适度规模应在 120 亩左右，在南方两季地区则为 60 亩左右。2012 年，河北省农民户均家庭经营耕地面积 1.89 亩，低于全国户均 2.34 亩的水平，与黑龙江 13.56 亩、吉林 8.27 亩相比差距明显。与周边省份相比，河北省户均家庭经营耕地面积高于河南 1.62 亩、山东 1.64 亩的平均水平，低于山西 2.5 亩、内蒙古 10.4 亩、辽宁 3.78 亩的平均水平。由于家庭经营土地规模小，农业生产的规模效益难以有效体现，农产品生产成本偏高、农产品市场

竞争力不足。与此同时，河北省农民组织化程度相对较低，农民合作组织、农业龙头企业发展不足，运作不规范，与农民之间的利益联结机制不紧密，难以适应现代农业发展的要求。

（四）城乡要素平等交换的体制机制尚未形成

城乡二元结构是制约河北城乡一体化发展的主要障碍。城乡二元结构的核心问题是城乡要素交换的不平等、不均衡，集中表现为城市对农村要素的"虹吸效应"过大，农村资金、人才、土地、产业等要素资源过多地流向城市，造成农村农业为城市发展积累了资金、提供了土地、提供了人才，农业农村发展却面临着缺乏项目、缺乏资金、缺乏人才的困境。从土地制度看，当前农村土地制度改革滞后，城乡二元的土地制度造成城乡土地要素市场不统一，农村与城市土地不同权、不同价，城市对农民的征地补偿标准过低，农民难以享受到城镇化、工业化带来的土地增值收益。从资金上看，农村金融体系发展滞后，大量资金外流，农民和中小企业发展融资难问题突出。从人才上看，随着工业化、城镇化发展，种粮效益长期偏低的叠加效应下，大量农村劳动力从农业转向非农就业，谁来从事农业生产，谁来保障国家粮食安全的问题日益凸显。农民工市民化机制尚未建立，住房、就业和子女教育等对农村劳动力转移就业的阻碍仍然突出。

（五）农产品质量安全问题仍较突出

河北省对食品安全高度重视，但部分群众对农产品安全生产的意识仍然薄弱。农业生产中，化肥农药使用不规范、不标准造成农药化肥残留问题时有发生。农业面源污染、生活垃圾污染、工业点源污染问题突出，农村垃圾处理和污染治理不足，耕地和地下水受到污染，农产品生产第一车间的环境不容乐观。少数生产者非法添加瘦肉精、甲醛液等违规、违禁添加剂、防腐剂的现象仍有发生，人民群众对食品安全满意程度较低。农产品质量安全体系不健全，管理不到位，缺乏经常性的监测监督，农产品质量安全追溯体系尚未建立，对不法经营者的打击处罚还没有形成有力震慑。

四　加快河北省农村经济发展的对策建议

2015年，河北农业农村发展将进入由传统农业向现代农业转型跨越的新阶段，转入由传统小农生产向社会化大生产的新阶段，转入由城乡互补向统筹一体、融合互动的新阶段。加快河北农村农业发展，应牢牢抓住京津冀协同发展的重大机遇，坚持"四化同步"、统筹发展，以全面深化农村改革为引领，着力发展现代农业，着力转变农业发展方式，着力增加农民收入、着力改善农村生产生活条件，加快推动河北由农业大省向农业强省转变。

（一）着力深化农村改革

要积极稳妥地推进农村土地制度改革。按照强化所有权、稳定承包权、放活使用权的改革思路，赋予农民更加充分而有保障的土地承包经营权，让农民承包土地能抵押、可担保。推动土地流转不能简单地图大求快，必须与农业机械化水平、经营作物品种、土地资源状况、劳动力转移程度和社会化服务水平相适应，要因地制宜地确定土地流转和适度经营的规模，加快完善土地承包经营市场。避免土地流转超过农村劳动力转移速度，城市工商资本与农民争利、土地非农化现象的发生。土地流转规模大的地区要建立工商资本租赁农地的准入和风险防范制度。加快农村集体经营性建设用地、宅基地和征地制度改革。大力扶持培育新型经营主体。家庭农场和专业大户在提高粮食生产效益方面发挥着重要作用，应优先鼓励土地向家庭农场流转、资金向家庭农场投入、政策向家庭农场倾斜，加快培育一批生产能力强、效益好的家庭农场和专业大户。河北省农民专业合作社发展势头良好，但运作还不规范，部分合作社甚至出现非法融资、圈钱跑路现象，应重点在规范运作程序、完善利益联结机制、加强运行监管上下功夫。同时，加快供销合作社改革，支持供销社在新农村现代流通网络和农产品批发市场建设中发挥作用。加快培育专业化的社会化服务体系。重点建立科技研发推广服务、质量检测

服务、市场销售网络服务、资金投入保障服务、农业保险服务、疾病防控服务、合作经营服务七大服务体系，积极推行合作式、订单式、托管式、承包式服务，积极开展农业社会化服务标准化建设。

（二）着力发展现代农业

大力实施农业科技创新工程，这是加快河北现代农业发展的根本举措。应面向现代农业需求，突出抓好现代种业工程，完善农业科技研发服务平台，突破一批农业重大关键技术和共性技术，培养一批农业科技领军人才、农技推广人才和农村实用技能人才。把握河北省现代农业发展方向，积极推动农业结构调优、调特、调强，应坚持以优质、特色、高效、绿色农业为引领，加强畜牧、果品、蔬菜等大宗农产品和特色农产品生产，加快培育区域性、优势性农业主导产业。重点发展京广路沿线优质专用小麦、玉米、生猪、禽蛋产业，环京津、环省会奶牛产业，燕山、太行山优质杂粮、果品产业，坝上地区错季蔬菜和环首都优质蔬菜产业带等特色农业板块。抓住现代农业发展的引爆点，做大做强现代农业园区。应加大对现代农业园区发展的政策支持力度，抓紧完善园区发展规划，着力打造一批经济效益好、就业容量大、竞争力强的现代农业园区。特别是要以京津冀协同发展为契机，着力打造环首都现代农业示范带，推动都市农业、科技农业、节水农业、高效农业、有机农业、特色农业的发展。

（三）着力打造农产品加工大省

农业强省必须是农产品加工大省。应抓紧制定河北省鼓励农产品深加工的具体扶持政策，积极延伸拓展农业产业链条，提升农产品档次和效益。推动食品工业大发展、快发展是实现农业大省向农业强省转变的有效途径。应加快建设一批食品工业园区和基地，推动食品产业聚集发展，打造一批知名品牌，力争食品工业增加值大幅提升。加大龙头企业政策扶持力度，重点支持企业产品研发、升级改造，打造一批科技含量高、带动力强的大型龙头企业。积极培育特色品牌，着力打造一批国内知名的农产品"金字招牌"。大力创建农业标准化生产基地，推广实施标准化生产技术，努力创建一批绿色有机农产品生产基地、放心食品生产加工基地。健全农产品监测监管体系，完善农产品风险监测预警和食品追溯制度，重点提升基层农产品质量安全检测监管能力，切实保障农产品质量安全。

（四）着力做强县域经济

应把园区建设作为发展县域经济的重要突破，选择一批区位条件好，具备承接、发展潜力的县级产业园区，作为京津冀协同发展的主阵地。要营造区位环境的吸引效应，把项目建设作为经济发展的头等大事，从土地、资金、人才等综合资源要素方面进行重点支持，尽快把规划、蓝图落到实处，把园区基础设施、配套服务水平提升上来，打造一批具有发展竞争优势的高标准产业园区。要发挥著名企业的带动效应，形成产业园区链式招商，企业发展规模聚集的良性循环。应进一步明确各地园区产业功能定位，重点发展科技含量高、资源消耗低、环境污染少的新型工业，加快发展各类农产品的电子商务等。应构建产城融合的发展机制，引导产业向园区聚集、园区向县城集中，形成产业发展与城镇建设互动的良好局面。应构筑农村劳动力向产业工人转变的绿色通道，形成产业向高端发展、人口向县城集聚、县城建设不断升级的良性互动。

（五）着力提升农民收入水平

应提高农民培训实效，有针对性地开展农民转移就业技能培训，提高生产技能和经营管理水平，千方百计增加工资性收入，加快培育一批新型职业农民，着力抓好农业实用技术培训，重点培育种田能手、农技操作能手、科技带头人、农业营销人才、农业经营人才。应完善农民创业就业扶持政策，加快新型城镇化发展进程，增加农民向非农产业、向城镇转移就业，建立农民工市民化长效机制。鼓励发展中小企业和家庭手工业，支持农民工返乡创业，积极为农民工创业就业提供良好的发展环境。应加大市场化、精细化扶贫力度，从实际出发，因地制宜，搞清制约河北贫困村、贫困户发展的主要

矛盾和问题，开展针对性帮扶，找准脱贫路子。借鉴平山西柏坡、曲阳等地发展经验，更多地运用市场配置资源，引进投资主体和产业项目，用股份合作、"大园区小业主"等多种形式开发贫困地区资源，发展特色经济和增收项目。

（六）着力改善农村生态环境

实现农业农村绿色、可持续发展是生态文明建设的重要内容。要以解决地少水缺的资源环境约束为导向，研究制定农村土地质量保护和管理的条例，建立土壤生态补偿金制度，实施严格的水资源管理制度，大力发展循环农业、生态农业、节约型农业，加快形成资源节约、环境友好的农业发展方式。以山水林田湖生态修复工程为抓手，继续实施好京津风沙源治理、三北防护林、太行山绿化等重点造林工程。积极开展华北平原地下水超采漏斗区综合治理。深入实施土壤有机质提升工程，大力推广机械化深松整地、秸秆还田等综合利用技术。深入实施农村面貌改造提升行动，加快完善农村道路、水利、电网等基础设施和公共服务设施，组织开展农村清洁行动，建立健全农村环境整治投入保障机制、长效管理机制。

参考文献

刘春亮、武亚宁：《工商登记制度改革近半年　河北新登记企业井喷增长》，河北新闻网，2014年8月6日。

段晓军、耿一：《河北省日均新增市场主体1600多家》，《河北日报》2014年8月6日。

河北省农村土地制度改革的
实践探索与优化路径

王春蕊　李耀龙 *

摘　要： 土地是农民赖以生存的生产资料，是国民经济社会发展的基础。受传统体制机制影响，当前河北省农村土地面临着权属不清、流转不活、制度滞后等问题，造成土地资源难以"资本化"、生产难以"规模化"、措施难以"具体化"、利益牵涉"敏感化"。本文立足省内农村土地制度改革现状基础上，总结分析了以土地预期收益保证贷款的张北模式、以土地确权推动土地流转的抚宁模式和以土地流转带动综合配套改革的青县模式，并根据当前农村改革面临的形势，提出了进一步优化改革的路径。

关键词： 农村土地制度　土地确权　土地抵押　土地流转

　　当前，我国正处于由农业社会向工业社会、传统社会向现代社会转型加速期，在这个过程中，技术变迁、制度变革与经济社会发展相互交织，各种要素由静态到动态、由封闭到开放、由单一到多元加速转变，农村社会结构发生着深刻变化。与此相适应，农村改革也从农业内部，扩展到整个农村，

---

* 王春蕊，博士，河北省社会科学院农村经济研究所副研究员，主要研究城乡关系、新农村建设、农民工市民化；李耀龙，硕士，河北省计划生育科学技术研究院助理研究员，主要研究农村社会学。

并随着城乡一体化的纵深发展，扩展到整个社会。2014年中央"一号文件"强调，要完善稳定农村土地承包关系并保持长久不变，并赋予农民对承包地占有、使用、收益、流转及承包经营权抵押、担保权能，允许承包土地的经营权向金融机构抵押融资。土地是农民赖以生存的生产资料，是国民经济社会发展的基础。对土地进行确权，能进一步释放土地活力，盘活土地资本，增加农民工收入。土地制度改革作为农村改革的核心部分，其改革的深度和广度对农业生产、金融等领域的联动影响较大。因此，探索有效的方式和路径，积极稳妥地推进农村土地制度改革，事关农民切身利益和农业农村长远发展，也是当前深化农村改革面临的重要现实问题。

一 河北省农村土地制度改革面临的形势和问题

（一）农村土地权属不清严重阻碍了土地资源的"资本化"

我国现行的土地制度是一种集体土地所有制下农民拥有承包经营权，村集体拥有土地所有权与处置权，农民只拥有土地的承包经营权、宅基地使用权和农村集体经济收益分配权。产权明晰是交易的前提。受传统体制影响，农村土地还存在产权不清、账实不符等问题，农民还不能充分享有土地的处置权、抵押权、担保权等权利。土地只是作为一种生产资料，而不是一种资本，农民难以通过土地、宅基地的抵押来获得资金支持。农村的土地、房屋等，也不能像城市那样进入市场实现增值，资源不能转化为资产，资产不能转化为资本，难以形成促进农业生产的资金流，一定程度上造成了农户的金融抑制。

（二）农村土地流转不活阻碍了土地生产经营的"规模化"

农村土地确权，需要耗费大量的人力、物力、财力，牵涉利益较多，过程复杂，多数地方确权工作一般只限于农村土地承包经营权，诸如集体土地所有权、建设用地使用权、宅基地使用权等进展不大，仍然存在家底不清、账实不符等问题。因此，实际工作中土地确权往往是只停留在文件表述上，很少落实到操作层面，最后则是因权属不清，变成"集体所有，人人没有"。虽然各地都建立了土地承包经营权、林权、建设用地使用权等各类流转中心和交易市场，但由于力量分散、职能不清、管理不善等原因，大多流于形式，没有真正发挥作用。对于农用土地而言，由于土地产权不清，大多数地区仍沿袭一家一户的分散经营模式，农村土地生产要素难以流动，资源配置效率不高，农业生产的规模化程度仍然不高。

（三）现有政策法规滞后难以使农村土地制度改革措施"具体化"

近年来，随着河北省经济建设步伐的不断加快，工业建设用地、城镇建设用地增长迅速，国有土地指标相当紧缺，工业化和城镇化过程中土地制约问题日益突出。与此同时，受国家法律法规的制约，农村集体建设用地无法进入市场有效利用，造成了一定程度的闲置。尤其是随着农村形势的新发展、新变化，部分国家法律法规和政策已明显滞后，甚至束缚了农村生产力的发展。突出表现在：一是现行政策难以适应快速变化的经济社会发展需求。如关于集体建设用地流转问题，虽然农民要求强烈，但由于国家没有出台相应的政策，实践中很难操作和运行。二是现有改革政策尚未纳入法律框架。如中央和省委的文件都明确提出，扩大农村贷款担保范围、鼓励兴办土地股份合作社、宅基地有偿退出等政策要求，但在实际操作中，由于缺乏相应的法律依据，农村担保体系建设进展缓慢，土地合作社无法注册登记，宅基地难以实现有偿退出，改革很难在面上整体推进。

（四）农村社会经济结构多元化加剧农村土地制度改革"敏感化"

农村土地制度改革既涉及当前法律政策框架的创新和完善，又涉及国家与地方、政府与农民等方方面面的利益调整，备受社会广泛关注。尤其是随着农村社会结构的多元化，利益关系复杂化的加剧，在土地预期收益不断增长的形势下，农民权属意识、维权意识普遍提高，参与乡村公共事务管理的意识和能力显著增强，使当前农村土地制度改革更为敏感，所遇到的困难更加复杂。可以说，农村土地改革是牵一发而动全身的系统改革，改革的方向

和方式直接关系农民根本利益，关系农村社会稳定和长治久安。在改革进程中，既要充分利用农地产权制度改革所形成的激励机制来提高农地配置效率和土地资本化水平，还要从实际出发，认真思考和设计当前农村土地制度改革的思路，调整生产关系，加快促进农村发展。

二　河北省农村土地制度改革的进展分析

（一）农村集体土地产权制度改革有序推进

为了进一步深化农村土地制度改革，河北省委、省政府认真贯彻落实国家有关政策，出台了促进河北省农村土地产权制度改革政策措施，即《关于加快推进全省农村集体土地确权登记发证工作的通知》和《河北省集体建设用地使用权流转管理办法》，加快农村集体土地使用权确权颁证工作的顺利推进。目前，全省农村集体土地所有权确权登记发证率达到73%，集体建设用地使用权确权登记发证率达到59%，宅基地使用权确权登记发证率达到77%。全省共办理集体建设用地流转540宗，面积261.79公顷。农村集体土地确权工作，有效地促进了集体建设用地流转。

（二）土地确权加速农村土地资源规模流转

随着土地确权登记颁证工作的逐步推进和土地流转工作的有序开展，河北省农村土地流转情况显著改善。一是流转面积不断增加。目前，全省农村土地承包经营权流转总面积达到1204.4万亩，占家庭承包耕地总面积的14.2%，规模经营（20亩以上）面积727.4万亩，占土地流转总面积的60.4%。二是土地流转的规范程度越来越高。全省99%以上的县、乡已经建立了农村土地承包经营权流转管理服务机构，土地承包经营权登记试点工作进展顺利。三是形式越来越多样。以专业合作社为载体的土地托管、土地股份合作等开始起步，所占整个土地流转面积的比重达到33%以上。

（三）农村新型合作组织助推土地规模化经营

在土地确权和土地流转的双重推动下，各种土地规模化经营的新型农业经营主体不断涌现，进一步加快了农业规模化、产业化步伐。目前，全省依法登记的专业合作社达到2.97万家，实有入社成员280万户，已覆盖全省87%的行政村。合作社中，能够统一提供信息、生产资料服务的达到90%以上；统一标准化生产、储运包装、品牌销售的将近50%。各种合作组织已成为提高农业和农民的组织化程度，推进农业产业化经营，合理引导农民生产，推动农村组织创新的重要力量。与此同时，农村供销合作社体制改革取得新进展，全省已建新型基层供销合作社1776个，辐射带动专业合作社1.68万个，涉及农业主导产业400多个。种植大户、家庭农场、农业专业合作社等各类新型农村经济组织的壮大发展，提高了农业规模化、组织化经营程度。

三　农村土地制度改革试点的新探索

从全省情况看，一些地区在农村土地抵押贷款、土地确权颁证和土地流转等领域进行了颇有借鉴意义的积极探索和先行尝试，对河北省农村土地制度改革的全面推进起到了示范带动作用。

（一）土地预期收益抵押贷款的张北模式

2014年中央"一号文件"提出，允许承包土地的经营权向金融机构抵押融资。张家口市张北县立足实际，积极探索，允许土地流转收益保证贷款，把农民固有的土地资源利用起来，增加农户生产资本。目前，张北全县已有15家农民专业合作社、17个种植大户、10家农户递交了贷款申请，涉及流转土地面积近万亩，贷款申请总额达600多万元。

土地流转收益保证贷款是用土地预期收益作为贷款担保的一种融资方式。其核心内容是，在不改变土地所有权性质和土地农业用途的前提下，本

着平等协商、利民便民、依法合规、风险可控的原则，农户、农民专业合作社、家庭农场及其他经营主体将一部分土地承包经营权流转给物权公司（土地承包经营总面积的 2/3），物权公司用该部分土地承包经营权的预期收益作为还款保障，并向金融机构出具愿意承担连带保证责任的书面承诺，金融机构按照约定的贷款利率，向借款人提供贷款。

1. 主要做法

一是搭建运作平台。张北县政府组建了"张北县农村物权融资服务中心"，注册成立了"张北县物权融资农业发展有限责任公司"。物权融资服务中心为事业单位，主要职责是对贷款申请登记、收益评估、土地处置等进行业务指导。物权公司为国有独资企业，是土地流转收益担保贷款的平台，具体承担物权融资业务。两个机构实行"一套人马、两块牌子"。

二是土地流转登记颁证。为了方便农户用土地进行抵押，张北县建立了农村土地流转经营权证登记管理制度，由县政府统一印制了土地流转经营权证，与承包证书一样具有法律效力，为流转主体申请贷款提供了依据。农村土地的所有权、承包权、经营权分离，实现经营权抵押贷款，把土地权益资产化，资产契约化，实现了土地权益变现。

三是规范审批流程。第一步，由农户或农村经济组织提出贷款申请，并与物权公司签订《土地承包经营权流转合同》，将未来一定年限的土地经营权抵押给物权公司。第二步，借款人持土地经营权证书等资料到乡（镇）经管站办理质押登记，金融机构在取得经管站开具的登记证明后，与借款人签订借款合同，到物权公司办理保证担保手续后发放贷款。第三步，如贷款到期后借款人无法偿还，在 3 个月内由物权公司对外发包，发包收益用于偿还金融机构贷款本息；如发包不成功，由物权公司代偿。

四是土地收益评估。由试点乡（镇）政府组织开展土地承包经营收益评估工作，对各村土地承包经营收益及流转价值进行评估，并提供给金融机构和物权公司，以此作为物权公司承诺保证额度和银行确定贷款额度的参考依据。评估工作在每年土地种植前 2~4 月的 3 个月内进行，以亩为单位，有效期为 1 年。

五是建立风险可控机制。第一，建立资金风险可控机制。先期由县财政出资 300 万元，设立惠农信贷风险补偿基金，以后按金融机构发放土地流转收益保证贷款余额的 1% 逐年增补。风险补偿金专款专用，实行封闭运行。第二，建立生存风险化解机制。借款人获得土地收益保证贷款的前提是留足依赖土地获取生活最低保障的"口粮田"。要求申请贷款人需将其耕种面积的 1/3 留作"口粮田"，剩余 2/3 可用于土地收益保证贷款。第三，建立程序风险可控机制。在贷款金额上，借款人可申请的最大金额为实际流转面积收益评估价的 70%，保证风险的可控空间。在贷款期限上，贷款期限一般为 1 年，最长不超过 3 年。在贷款用途上，重点支持种植、养殖等农业生产性、经营性需求，避免盲目投资和过度消费行为。

2. 试点评价

张北县土地流转收益保证贷款试点工作之所以能够有效运行，主要基于两个关键点。

一是创新了土地经营权抵押担保模式。以土地流转预期收益（土地流转价格）为担保贷款，而不是用土地承包权或经营权做抵押，与《物权法》《土地承包法》等现行法律法规不冲突，降低了金融机构贷款风险。土地流转收益保证贷款破除了农户向银行贷款必须有固定资产做抵押的体制障碍，有效破解了一家一户无抵押物贷款难问题，是一种多赢的举措，为农村改革探索出一条重要途径。

二是政府组建运作平台提供了组织保障。物权公司作为平台，负责为农户等经营主体向金融机构贷款提供担保，经营范围为农村种植、农村集体土地承包经营权收益及农村物资融资、抵押、担保、托管、交易等，把取得经营权的土地流转给物权公司，向银行做出还贷承诺和保证，搭建了农户和其他经营主体与银行之间的桥梁纽带。与此同时，通过对土地流转颁证，有效地保障了种植大户、合作社等经营主体能够获得银行贷款，解决生产资金短缺问题。从运行程序看，贷款手续简便、成本低、效率高，贷款利率 1 年期月息 7.5%，远低于商业贷款或民间借贷，为农民生产提供了融资便利。

（二）土地产权制度改革的抚宁模式

抚宁县榆关镇石门村是省定农村土地承包经营权登记试点村，与河北省第二测绘院合作，依托 GPS 卫星定位等勘测技术，通过逐户登记、实地勘测、现场指认、相互确认、依图确权发证"五步工作法"，共测绘总面积27.72 万平方米，地块 241 块，平均 4.2 块/户，实现了地块、面积、四至、位置、底账、合同 6 个相符。通过测绘技术形成的全村空间位置图，经农户确认无异议后，将每个农户的承包地空间位置示意图进行打印，并附在经营权证上，形成具有 22 位编码信息的承包经营权证书，扫描录入信息数据库。

与此同时，该村对村集体资源所有权、村集体固定资产所有权、村民不动产的权属空间进行了勘测，绘制了一套包含村集体土地、山场、河流、道路、水库、景区等资源所有权权属，村办公室活动中心等集体固定资产所有权权属，村民承包土地、山场、水库、塘坝等经营权权属，村民房屋、场房、冷库等所有权权属空间位置清晰明确，覆盖村域边界范围及全村集体资源、集体和个人房屋等不动产为一体的"四清一覆盖"的村情图。目前，石门村已有 12 家农户转包了土地，4 户转让了土地承包经营权。

1. 主要做法

一是成立领导机构。为了做好农村土地产权登记工作，专门成立了县农村产权制度改革工作领导小组，组织国土、建设、农业、林业等相关部门，按照各自承担的职能，开展了各类产权的确权颁证工作。县国土资源局根据第二次土地调查、土地更新调查成果，对全县的农村集体土地进行了权属调查和地籍测量；县城乡建设局对县域范围内集体土地上依法建设的各类房屋的权属进行登记，向申请人颁发房屋所有权证书；县林业局对县域内所有的森林、林木、林地进行了确权登记；县水务局划定水利工程管理范围和安全保护范围，组织实施小型水库、塘坝等土地划界，为国土部门确权颁证提供依据；县农工委积极探索现有土地承包关系，保持稳定并长久不变的具体实现形式，巩固集体林权制度改革成果，深入推进林权配套改革，向农户发放土地承包经营权证、宅基地使用权证、房屋所有权证、集体收益分配权证等

"四证"。

二是积极搭建产权交易平台。搭建农村产权交易平台，促进生产要素在城乡之间的自由流动和优化配置。首先，组建农村产权交易中心。县政务服务中心设立农村产权交易中心，制定农村土地和房屋产权流转交易规程，通过集体土地使用权出让、出租和农村房屋产权买卖、赠予、作价入股、抵押、租赁等形式，实现农村承包土地、集体建设用地和农村房屋的流转顺畅。其次，建立健全县、乡（镇）、村三级农村集体土地流转服务平台。通过完善县土地流转中心、乡（镇）土地流转服务所和村土地流转服务站，为土地流转双方提供便利、周到的服务。目前，全县土地流转面积达9.2万亩，占家庭承包经营面积的17.7%。再次，促进农村产权抵押融资。全县以民间资本为重点批准设立了4家小额贷款公司，通过以宅基地、农村房屋、土地承包经营权、集体林权等向金融机构抵押贷款，有效地解决了新农村建设中贷款难问题。仅通过林权抵押贷款融资已达1700万元，有效地探索和创新了农村生产经营融资方式。

三是完善综合配套改革。按照城乡发展一体化要求，以抚宁镇为试点，探索实施了"村改居"、农村集体资产股份制改造等配套改革。按照自愿放弃土地的农民和被征地农民享受最优惠政策的原则，对县城周边农民居住条件、配套设施进行了重点改造，并对入住城区农民的医疗、养老、就业等社会保障进行配套，引导农民主动放弃土地及房屋，加快农村人口向社区集中。目前，有3个村已完成"村改居"改造。以北街村为试点，进行农村集体资产股份制改造，推动以清产核资、资产量化、股权设置、股权界定、股权管理为主要内容的农村集体经济组织产权制度改革。

2. 初步成效

抚宁县的试点村、试点镇正积极探索适合村情、民情的农村土地产权制度改革新路子，通过农村土地确权登记颁证试点工作，使农民的土地权属更加清晰，有效地促进了土地流转。

一是摸清核实了村情。通过土地确权登记颁证工作，掌握了村集体的资产和资源，为村集体做好资源的利用和开发，以及下一步开展集体股份制改

造提供了准确数据。与此同时，也为农民参与集体经济权益分配提供了科学依据。

二是释放了发展活力。探索建立起归属清晰、权能完整、流转顺畅、保护严格的农村集体产权制度，健全了农村集体经济组织"三资"管理制度，调动了村集体成员参与管理的积极性，促进了土地承包经营权的流转。目前石门村有部分农户进行了土地流转，并签订了流转合同。

三是提高了科学管理水平。建立了土地承包经营权电子数据库，将农户基本信息，承包地块的面积、区位、权属所有人等所有信息录入数据库，形成电子档案、电子地图，实现信息化管理。

（三）以土地流转实现规模化经营的青县模式

沧州市青县以优化土地资源配置、提高农业经济效益为目标，在稳定和完善农村土地承包关系的基础上，按照"依法、自愿、有偿"原则，积极引导、大胆实践，全力推进土地承包经营权流转工作。截至目前，全县共完成农村土地流转近 14 万亩，占总耕地面积的 17%。

1. 主要做法

一是强化政策引导。新形势下发展现代农业，构建集约化、专业化、组织化、社会化相结合的新型农业经营体系，必须加快推进农村土地承包经营权的改革创新，努力提高经营规模化、农民组织化和农业产业化程度。在深入调查研究、借鉴外地经验的基础上，青县政府制定出台了《关于规范农村土地流转工作的实施意见》等一系列指导性文件，明确土地流转工作的指导思想、重点内容、扶持政策和保障措施，为做好农村土地承包经营权流转工作奠定了坚实基础。

二是搭建服务平台。建立了县、乡两级农村土地流转服务机构，制定了较为完善和详细的工作规范和流转程序，每个村确定一名专职信息员，负责信息搜集和具体流转工作，县乡流转中心无偿地向农民提供土地流转信息、统一合同文本，并根据农民要求提供流转合同、鉴证等各项服务。

三是加强财政扶持。县财政出资对通过土地流转形成的种植大户、规模园区，进行水、电、路等基础设施建设。出台优惠政策，鼓励农户进行规模化和设施化种植，对每年连片流转土地200亩以上并完成棚室建设的，每亩给予500元补贴，极大地调动了农户生产积极性，有效地促进了土地规模化经营。

四是完善调处机制。建立了村镇调解、县级仲裁的农村土地承包纠纷调处机制，及时调解、仲裁土地流转中发生的矛盾纠纷，保障流转双方当事人的合法权益，规范市场秩序，有效地促进了农村社会和谐稳定。

五是创新模式。按照"先行试点、典型引路、稳步推进"的原则，大胆创新农业现代化经营体制机制，探索推出了6种土地流转模式。

土地合作经营模式：积极引导农民通过加入专业合作社或其他经济组织，把土地资源整合起来，实行统一规模经营，便于推广新技术和机械化作业，从而解放劳动力，降低生产成本，提高产出效益。如金牛镇大鹁鸽留村勃翔农业种植专业合作社，将社员4000多亩耕地进行成方连片调整，实行统一品种、统一耕种、统一管理、地权分明、公平分配、收获分户的"三统三分"经营模式，不仅解放了大量劳动力，且亩均效益比过去提高200多元。

专业大户承租经营模式：种植大户通过转包农户耕地或租赁集体、个人耕地，实现土地连方成片、规模经营。如盘古乡堤下头村，以书记带头租赁了170多户的250余亩耕地，投资1700余万元完善道路、水利、温室等基础设施，建成了堤下头蔬菜园区，并成立了明杰蔬菜种植合作社，合作社年产值420万元，带动周边发展蔬菜产业4000亩。

同类农产品生产集聚模式：引导种植同类农产品的农户，通过互换流转土地，相对集中在同一区域生产，形成小规模、大群体的经营格局，更便于推广优良品种、进行技术指导和社会化服务，虽然还是单户经营，但同样实现了集约发展、规模经营的效果。曹寺乡58个村中48个是蔬菜专业村，村民通过互换流转土地，蔬菜大棚单个面积均在1亩以上，成百上千亩的集中种植基地遍布全乡。

中介或其他经济组织整体招租模式：农户将零散承包地委托流转给中介

或其他经济组织统一整合后，整体招标发包。上伍乡周官屯村是远近闻名的运输专业村，80%以上的村民从事运输业，该村于2005年成立了"土地托管服务社"，将村民意向出租土地登记整合后整体流转，每亩土地租金由几十元提高到500元，解决了村民土地低价转租甚至撂荒问题。

委托发包方统一进行土地流转模式：村民将承包地委托给村委会，形成集中连片的规模基地，由村民或种植大户进行统一耕作。如曹寺乡齐营、孙召庄、张广王、罗庄子4个村的村民委托村委会流转土地4500亩，成立了蔬菜合作社，从事无公害设施蔬菜种植，增加了农民收入，促进了蔬菜产业发展。

土地承包经营权入股模式：农户以土地承包经营权入股从事农业合作化生产，建立起"土地变股权、农民变股东、有地不种地、收益靠分红"的土地流转机制。金牛镇清水白村将337亩土地作为股份，成立了青县沧清玉米种植专业合作社，入社农户达到245户，入社土地近500亩，农户每年每亩可分红600元。同时，入社农民解放出来到工厂企业打工，年人均增收近万元。

2. 实施效果

在充分尊重农民意愿和维护农民利益的基础上，青县探索的六种土地流转模式，在促进农业增效、农民增收上发挥了积极作用。

一是促进了土地资源优化配置，提高了农业产业化水平。通过土地经营权流转，整合原有分散土地，使其集中到龙头企业、农合组织、种植大户手中，农业的规模化、产业化、机械化水平不断提高。目前，全县共向龙头企业、农合组织流转土地6万多亩，涌现出一大批百亩种养大户，主要农作物机械化耕作率达到70%以上。

二是释放了剩余劳动力，加快了农民增收步伐。土地规模化经营，有效解决了一些地方有地无人种、有人无地种的矛盾，实现了土地向大户集中、农民向城镇转移、产业向特色发展。近年来，全县3万多农村劳动力流向第二、第三产业就业，带动了农户增收。

三是引入多元社会投资，助推了农村经济发展。土地流转有效催生和培育了一批农业龙头企业，使"公司＋农户"形成有机整体，并以土地经营权流转为手段吸纳各种社会资金，为农业发展注入了新力量。

四是促进了农业结构调整，助推了现代农业进程。土地流转集中后，带动了蔬菜业的规模化经营，形成了产业板块，推进了"特色农业"向"现代农业"发展。齐营、孙召庄、张广王、堤下头等村，以蔬菜特色产业为抓手，计划流转土地近万亩，打造集科研、生产、加工、销售、旅游于一体的"万亩生态观光园"。目前，已完成了"观光园"的规划设计，土地流转面积近6000亩，建设棚室4000余亩，成为现代农业发展和促进农民增收的新亮点。

四　河北省农村土地制度改革的路径优化

综合上述分析，河北省土地制度改革是在土地集体所有基础上的政府领导，基层农民、企业、合作组织等多方参与模式，在某一专项领域进行了探索尝试。本研究认为，农村土地制度改革应以农村产权制度改革为核心，推进集约化经营，进一步释放土地改革红利。

（一）以确权颁证为载体，充分发挥土地制度改革红利

在遵循现有的法律框架下，实现农村土地"三权"分离，明确所有权、放活经营权、确保收益权，以土地为引导，促进优势要素向农村配置。一是加快推进确权颁证。全面对农村集体土地所有权、土地承包经营权、集体建设用地使用权、农村宅基地使用权等进行确权和登记颁证。有条件的地方，可以探索开展集体土地股份制改革试点，通过成立股份合作社或股份公司，以土地资本化和股份化的方式，使农民享有充分的集体土地财产权。二是低成本确权。选择不同成本的技术方法，注意培养自身的技术力量，最大限度地降低确权成本。三是试点推进农村集体建设用地使用制度改革。按照城乡统筹的思路，建立城乡统一的建设用地流转市场，实现集体土地与国有土地在处置、收益、抵押、贷款等方面享有同样的权利。四是通过试点探索将宅

基地使用权作为物权给予农民，发放统一的、具有法律效力的宅基地证书，提高土地流动性收益。

（二）以"还权赋能"为核心，建立农村土地产权体系

加快农村产权制度改革，建立归属清晰、权责明确、保护严格、流转顺畅的现代农村产权体系。一是加快推进农村资产的确权颁证。按照"应确尽确、固化资产"的要求，对农民房屋所有权、集体林权、"四荒"地使用权、农业生产性设施所有权等，开展明确权属、勘界测量、公示数据、登记造册及权属颁证工作，保障农民合法权益。二是加快推进资源资本化和市场化。鼓励各类农村产权依法、有序进入市场，通过交易平台，实现自由流转和顺畅交易。通过试点，加快推进城乡一体的产权交易市场。三是加快各项配套制度建设。建立农村资产评估组织，制定实施细则，为金融部门和交易主体提供可信参考数据；对现有的各类流转中心、交易市场进行整合，规范交易流程，完善交易功能，加强交易监管；建立农村产权纠纷调处机制，解决好确权、流转和交易中的各类问题。

（三）以土地确权流转为平台，引导资金向农业农村配置

在稳定完善土地承包关系保持稳定并长久不变的基础上，创新农村土地承包经营权流转机制，推动土地经营权的合理有效流动，增加土地的流动性收益。一是通过建立"归属清晰、权责明确、利益共享、流转顺畅"的现代农村产权制度和确权登记以及完善权能，将农民手上的资源整合起来，作为产品在公共交易平台进行交易，通过各类金融市场组织进行融资，以资源入股、股份合作和抵押贷款等方式，实现资源资本化。二是依托农村经济合作组织，整合农村土地、资本、技术、劳动力、人才、农资等生产要素，让分散的农民重新组织起来，提高农村经济组织化、合作化程度，使农民在激烈的市场竞争中逐步摆脱弱势地位，实现与市场的有效对接。三是调整各类涉农财政支出结构，重点支持有利于实现农业的可持续发展项目，提高农民素质的培训，支持组织创新，支持改善生产生活条件等，使有限的资金发挥

方向性、引领性和激励性作用。四是改革进程中，借鉴国内外先进做法，积极探索，总结归纳试点经验，形成区域特色模式。

（四）以创新担保形式为载体，改善农村金融供给环境

土地作为生产资料，应发挥其更大的融资功效，通过创新担保形式、建立信用体系等方式，进一步增强农村金融供给力。一是探索建立专业化的农业担保公司，开展政策性农业保险服务，创新土地抵押担保形式，进一步扩大农村有效担保物范围。二是加强农村信用体系建设，建立由政府主导、金融主体、财政支持、农民参与的真实、准确、开放共享的农村信用体系，改善农村金融环境。三是积极推进农村金融产品和服务方式创新，优化"三农"金融服务程序，完善金融机构涉农贷款增量奖励政策和定向费用补贴政策，落实补贴资金，引导更多的信贷资金流向农村。四是大力发展农村商业银行、村镇银行、小额贷款公司、农村资金互助合作社等新型金融服务机构，不断改善农村金融环境，为土地制度改革注入活力。

参考文献

《关于全面深化农村改革加快推进农业现代化的若干意见》，http：//www. gov. cn/jrzg/2014 –01/19/content_ 2570454. htm，2014 年 1 月 19 日。

王曙光、王丹莉：《农村土地改革、土地资本化与农村金融发展》，《新视野》2014年第 4 期。

B.5
河北省海洋战略性新兴产业
培育路径与促进机制研究*

边继云**

摘　要：　当前，是我国建立海洋战略性新兴产业体系的关键时期，河北省作为沿海省份，理应在全国海洋战略性新兴产业体系的建设中有所作为。本研究以此为出发点，深入剖析了河北省海洋战略性新兴产业发展现状，并指出从人才、技术到产业的纵向科技创新链条缺失，从管理到资本再到政策的横向支撑系统薄弱，陆域经济对海洋战略性新兴产业发展的联动支撑系统尚未建立是当前河北省海洋战略性新兴产业发展的主要障碍。在此基础上，进一步提出了河北省海洋战略性新兴产业的培育路径和发展对策。

关键词：　河北省　海洋　战略性新兴产业　路径

　　2013年7月，习近平同志提出了建设海洋强国的战略目标，更把优化海洋产业结构、推动海洋经济向质量效益型转变作为主要举措予以提出。而据《中国海洋发展报告2013年》预测，未来10~20年，将是我国建立海洋

---

　　*　本文为"河北省海洋经济可持续发展研究""河北省海洋战略性新兴产业培育路径与促进机制研究(2014031430)"课题阶段性成果。

　　**　边继云，河北省社会科学院经济研究所副研究员，主要研究方向为区域经济、产业经济和文化产业发展等。

战略性新兴产业体系的关键时期，到 2015 年，我国海洋新兴产业增加值将超过 6000 亿元，成为国民经济新的增长点和战略引擎。面对如此巨大的发展前景，河北省如何紧抓机遇，在全国海洋战略性新兴产业体系形成的关键时期有所作为，是必须认真思考和回答的问题。

一　海洋战略性新兴产业发展规律和特征分析

海洋战略性新兴产业作为战略性新兴产业的重要分支，符合战略性新兴产业发展的一般规律和发展特征。准确理解海洋战略性新兴产业的发展规律，首先要从理解战略性新兴产业的发展入手。

（一）战略性新兴产业发展规律及本质特征

《辞海》对战略的解释有 3 层含义：一是作战的谋略；二是指导战争全局的计划和策略；三是在一定历史时期指导全局的方略。而新兴产业是指面向未来的、以新技术产业化形成的产业或以高新技术改造传统产业形成的新产业，可能出现的时间晚、产业规模小，但成长速度非常快。

基于此，战略性新兴产业应是指事关经济社会发展全局，能够对经济社会发展和产业结构调整起积极的促进作用，代表未来经济发展方向和技术进步方向，现阶段产业规模虽小，但具有广阔发展前景的产业门类。

其本质特征主要体现在以下几方面。

1. 高研发投入和高创新性

战略性新兴产业本质上是高新技术产业，具有显著的研发经费高强度投入特性。在 OECD 国家，战略性新兴产业的研发经费投入占该产业销售收入的比重一般在 10% 左右，远高于传统产业部门的研发投入强度。所以，战略性新兴产业是资本密集型产业，高强度的研发经费投入是战略性新兴产业加快发展的重要支撑。同时，高强度的研发投入特性也决定了战略性新兴产业的高创新性，一般而言，海洋战略性新兴产业的产品创新率和工艺创新率要远高于海洋传统产业的发展水平。

2. 高智力密集性

战略性新兴产业除了是资本密集型产业外，还是智力密集型产业，对高技术人才的需求迫切。据统计，战略性新兴产业对专业技术人才的需求比例远高于传统产业，一般而言是传统产业的 5~7 倍，产业内企业间的竞争主要是对高级专业技术人才的竞争。近年来，随着战略性新兴产业的不断发展，需要的人才结构也在发生变化，懂技术、会管理又具有较强融资能力的复合型人才成为战略性新兴产业需求的重点。

3. 高收益和高风险性

由于战略性新兴产业的高创新性以及创新产品的领先性，战略性新兴企业可以获取巨额利润。在传统产业的产品进入薄利或微利时代时，战略性高新技术产业的产品往往还能获得较高的附加值。同时，由于战略性新兴产业的高创新性，使得产品在技术开发、生产开发、市场开发等诸多环节均存在不确定性，因而存在着高风险性。

（二）海洋战略性新兴产业发展规律和特征

海洋战略性新兴产业除了符合战略性新兴产业发展的一般规律和特征外，由于其资源利用的高度综合性和发展空间的相对独立性，其还具有如下特征。

1. 与产业经济的高关联性

海洋战略性新兴产业具有较强的产业关联效应和区域经济带动效应。产业在发展过程中通常会发挥"酵母"作用，一方面促进海洋传统产业的改造提升；另一方面又因其资源利用的高度综合性和技术的先进性而带动国民经济其他行业和产业门类的共同进步。

2. 与陆域经济的相互支撑性

海洋战略性新兴产业的发展与陆域经济密不可分。一方面，海洋战略性新兴产业的发展能为陆域产业的发展提供产品、资源、空间；另一方面陆域经济为海洋战略性新兴产业的发展提供技术、装备和服务，二者相互支撑、相互渗透、相互影响、相互依赖。因此，海洋战略性新兴产业发展的成效除了在一定程度上影响着某一区域战略性新兴产业发展的质量外，还在很大程度上决定着在区域经济发展中具有比较优势的东部沿海地区发展方式转变和经济结构转型的成败。

二 海洋战略性新兴产业发展形势判断

（一）海洋战略性新兴产业发展面临形势

1. 发展空间巨大，将成为未来地区经济新的增长点

当前，世界上已有100多个沿海国家把开发海洋作为基本国策，据有关专家预测，到2020年，世界海洋经济产业将超过世界经济总产值的10%，达到3万亿~3.5万亿美元，发展空间巨大。而据《中国海洋发展报告2013》预测显示，2015~2030年，我国沿海地区海洋经济增速将远高于同期地区经济增速，到2030年，沿海地区海洋产业增加值占地方生产总值比重将全部超过10%，而未来10~20年，海洋战略性新兴产业年均增速将超过28%，成为引领海洋经济持续健康发展的增长点。

2. 竞争形势严峻，已成为沿海各省市竞相追逐的焦点

目前，我国沿海各省（市）都已把发展海洋战略性新兴产业上升为地区经济发展的主要战略。如山东省提出，以培育战略性新兴产业为方向，构建现代海洋产业体系；浙江省要求，要将海洋新兴产业发展成为海洋经济支柱产业；江苏省提出，到2015年海洋新兴产业增加值占主要海洋产业的比重要提高至20%以上等等，海洋战略性新兴产业成为沿海各省市竞相发展的重点和焦点，竞争形势日趋严峻。

（二）河北省发展海洋战略性新兴产业的重要意义

1. 是促进海洋经济迅猛发展，在全国范围内应对竞争、确立海洋强省地位的迫切需要

据《中国海洋发展报告2013年》预测，未来10~20年，将是我国建立

海洋战略性新兴产业体系的关键时期，海洋战略性新兴产业年均增速将不低于20%。到2015年，我国海洋战略性新兴产业增加值将超过6000亿元，成为国民经济新的增长点和战略引擎。面对如此巨大的发展前景，全国各沿海省市纷纷将海洋战略性新兴产业作为经济发展的重点进行打造，广州、青岛、烟台、威海、湛江、舟山、天津、厦门等城市纷纷建立国家海洋高技术产业基地，以期在全国海洋新兴战略体系形成的关键时期有所作为。在此形势下，河北省若想加快海洋经济的发展，应对竞争，建立海洋强省，在全国海洋经济发展的大潮中占有一席之地，加快发展海洋战略性新兴产业势在必行。

2. 是破解全省资源、环境"瓶颈"制约，推动全省转方式、调结构，培育新的战略增长点的迫切需要

当前，河北省经济社会发展正面临着资源、环境的双重制约，转变传统经济发展方式、调整以重化工业为主的经济结构，培育新的战略增长点的要求比以往任何时候都要迫切。海洋战略性新兴产业的发展，一方面通过对广袤海洋资源的开发，可以在一定程度上缓解资源、环境的"瓶颈"制约；另一方面，以技术创新为核心的海洋新兴产业的发展，具有较好的发展前景、较高的成长性和较强的节能环保特性，对于推动全省转变发展方式、调整产业格局、培育新的战略增长点具有积极的促进作用。

3. 是与京津资源整合、形成技术储备、服务于国家战略需求的迫切需要

从全球来看，海洋经济实力扩张和海洋高技术竞争已进入白热化阶段，全球海洋产业格局正面临着深度调整。2013年7月，习近平同志提出了建设海洋强国的战略目标，更把优化海洋产业结构，推动海洋经济向质量效益型转变作为主要举措予以提出。这一切都迫切呼唤海洋战略性新兴产业的发展。而就河北省来看，作为环渤海地区的中心地带，海洋战略性新兴产业的发展对于实现与京津的联动发展，平衡海洋产业布局，加速环渤海海洋技术创新、形成技术储备、推动产业核心技术产业化起着关键的支撑作用。

三 河北省海洋战略性新兴产业发展现状及难点

（一）现状

河北省管辖海域面积 7000 多平方千米，大陆海岸线长 487 千米，海岛岸线长 199 千米，面积 500 平方米以上的海岛 132 个。经过多年的发展，海洋战略性新兴产业取得了一定的成果，并初具规模。海洋工程装备制造业、海水综合利用业、海洋可再生能源产业、海洋生物医药业、游轮游艇业的发展都表现出了强劲的势头。但与沿海先进地区相比，河北省海洋战略性新兴产业的发展还存在诸多问题。

1. 规模小，在沿海11个省市中发展水平处于下游

根据《中国海洋统计年鉴 2012》统计，2011 年河北省海洋生产总值为 1451.4 亿元（见图 1），占沿海地区生产总值的比重达 5.9%，在沿海 11 个省市中分别居第 9 位和第 10 位。全部涉海就业人员为 94.2 万人，为 11 个沿海省市最低，比次低广西（111.9 万人）还要少 17.7 万人。海洋经济仍以海洋渔业、海洋交通运输业、海洋盐业等传统产业为主，海洋生物、海洋电力、海洋工程、海洋科技、海洋服务等战略性新兴产业的产值比重较小。如 2011 年，河北省海洋科研教育管理服务业增加值为 77.7 亿元（见图 2）；风能发电能力为 20.55 万千瓦，均居全国倒数第 2 位。

2. 增速慢，较全省其他战略性新兴产业发展滞后

根据《河北省关于加快培育和发展战略性新兴产业的意见》，到 2015 年，河北省战略性新兴产业增加值要达到 3000 亿元以上，年均增速要达到 25% 以上。2010 年至今，河北省战略性新兴产业增速基本保持在 20% 以上，而海洋战略性新兴产业的发展速度则不足 15%。如海洋科研教育管理服务业年增速为 13%，海洋风能年增速为 3.8%。[1]

---

[1] 数据来源于 2011 年及 2012 年《中国海洋经济统计年鉴》。

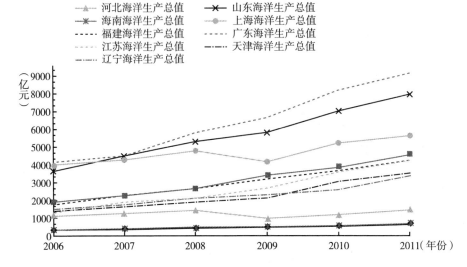

图 1　2006～2011 年河北省海洋生产总值与沿海各省比较

资料来源：国家统计局编《中国海洋经济统计年鉴》（2007～2012 年），中国统计出版社。

（二）难点

海洋战略性新兴产业形成、成长与成熟的过程，可以说是海洋高新技术商品化、产业化、普及化的过程。这一过程的发展需要三大系统的支撑：一是从科学研究、试验发展、产品开发、生产制造到规模化大生产等各环节组成的纵向链条系统；二是由管理、资本、基础设施、政策支持等要素组成的横向支撑系统；三是由海洋产业发展的特殊性所决定的陆域经济对海洋经济的联动支持系统（如陆域经济、技术、空间、腹地等）。三大系统的良好运行可以使海洋战略性新兴产业顺利孕育、成长和发展；三大系统的任何一个环节衔接不畅，都会引起系统的功能障碍，阻碍海洋战略性新兴产业的顺利发展。而就河北省海洋战略性新兴产业发展来看，此三大系统都存在不同程度的问题。

1. 从人才、技术到产业的纵向科技创新链条远未形成

海洋是非常复杂的系统，从发现资源、获取资源、利用资源到形成产

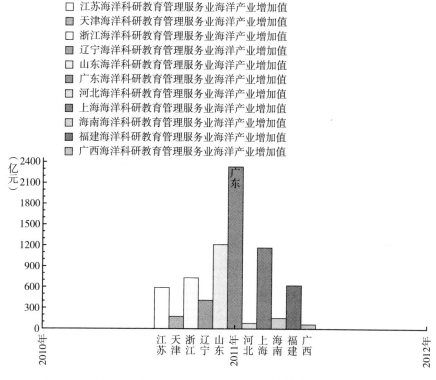

图例：
□ 江苏海洋科研教育管理服务业海洋产业增加值
■ 天津海洋科研教育管理服务业海洋产业增加值
□ 浙江海洋科研教育管理服务业海洋产业增加值
■ 辽宁海洋科研教育管理服务业海洋产业增加值
□ 山东海洋科研教育管理服务业海洋产业增加值
■ 广东海洋科研教育管理服务业海洋产业增加值
□ 河北海洋科研教育管理服务业海洋产业增加值
■ 上海海洋科研教育管理服务业海洋产业增加值
□ 海南海洋科研教育管理服务业海洋产业增加值
■ 福建海洋科研教育管理服务业海洋产业增加值
□ 广西海洋科研教育管理服务业海洋产业增加值

图2 2011年河北省海洋科研教育管理服务业增加值与沿海各省比较

资料来源：国家统计局编《中国海洋经济统计年鉴2012》，中国统计出版社，2012。

业链，各个环节都需要人才、科技的支撑和突破。而与传统海洋产业相比，海洋战略性新兴产业对高素质人才和技术的要求尤为苛刻。就河北省来看，海洋高素质人才和技术的支撑力量却远远不足。2011年，全省海洋科研机构数共有5个，从业人员554人，在11个沿海省市中，居第9位，而在这仅有的554名科研人员中，大部分从事国家公益性的海洋调查研究和宏观政策研究，真正产业需要的技术型人才寥寥可数。据相关学者对沿海11省市近4年海洋科技能力的综合评估显示：鲁、沪、粤、津4省市位居前列，苏、闽、浙3省处于中游；河北省与辽、琼、桂3省区同居下游。从表征科技创新能力的发明专利来看，2011年，河北省共拥有海洋发明专利总数8件，居全国11个沿海省市第9位，仅是最高量上海（1204件）

的 1/150；当年，海洋专利授权数仅为 1 件，为全国最低。人才、技术的短缺和海洋科技能力的薄弱，导致了产业创新能力的不足，直接制约了产业的发展。

2. 从管理到资本到政策的横向支撑系统薄弱

（1）对海洋战略性新兴产业运行监控的能力薄弱，基础不牢。

目前对于海洋经济的运行状况和运行规律，总体来看我们还没有真正地掌握，更缺乏系统的分析。海洋经济运行的监控、统计、评估能力与海洋经济管理的需要之间还存在较大的差距，这种差距反映在海洋战略性新兴产业上更加明显。以统计为例，目前河北省还没有建立起针对海洋经济运行的独立的统计监测体系，海洋经济各行业发展的统计数据多为空白，已有的数据也呈现出不同程度的滞后。在对海洋经济进行宏观调控时缺乏准确的基础和依托，调控政策的制定也往往缺乏针对性。

（2）海洋技术装备短缺，深远海资源开发利用能力薄弱。

海洋战略性新兴产业不同于一般的战略性新兴产业，海洋资源是其发展的基本供给。近年来，随着海洋开发战略的不断推进，近海岸海洋资源日益萎缩，而深远海蕴藏的战略资源，如深海油气资源、海底矿产资源（如金属矿产铁锰结核、多金属结核和富钴结壳等、热液硫化物矿床、可燃冰等）、深海基因资源、远洋渔业资源等日益成为人们争夺的焦点。深远海资源开发利用能力的强弱决定了海洋战略性新兴产业发展的快慢。而就河北省来看，由于深潜、深网等深远海开发技术装备的短缺，深远海资源开发利用能力十分薄弱。以远洋运输能力为例，2011 年河北省远洋货物运输量和周转量为零，旅客运输量和周转量也均为空白。

（3）资金投入不足导致海洋战略性产业无法实现产业化、规模化发展。

海洋战略性新兴产业与其他战略性新兴产业一样，多为研发周期长、投资风险高、收益不确定的产业。相关研究表明，创建一个海洋战略性新兴企业所需成本是传统产业的 10～20 倍，而对其投资的成功率却只有传统企业的 20% 左右。这导致海洋新兴企业难以吸引大量、持续的社会资金。在发展初期主要以政府大量的"非营利性"投入作为支持。而就河北省来看，政府投入却严重不足。以研发经费为例，2011 年河北省海洋科技研发经费支出为 3332.5 万元，在 11 个沿海省市中居第 9 位，仅是最高位山东（15.18 亿元）的 1/45；2014 年全省 100 项省管重点建设项目中，有 58 项为战略性新兴产业项目，而涉及海洋的只有 2 项。

3. 陆域经济对海洋战略性新兴产业发展的联动支撑系统尚未建立

海洋战略性新兴产业的发展，是以海洋作为主战场，但其快速发展必须要有陆域经济（如空间、金融、规划、物流等）的全面支撑才能顺利进行，海洋优势也只有与陆域经济紧密结合，才能得到更有效的发挥。但就河北省来看，陆域经济与海洋新兴产业的发展基本处于割裂状态，不管是空间布局的联动、产业的联动、技术的联动还是研发的联动都远未形成，新兴海洋产业得不到陆域经济的支持，大部分仍处于小规模的试验阶段。

四 河北省海洋战略性新兴产业的培育途径和发展对策

（一）集聚创新资源，推动建立海洋高新技术纵向创新链条体系

1. 加快海洋高技术人才、技术、资源的集聚，提升海洋高技术研发能力，强化海洋战略性新兴产业发展的源头支撑

一是创新培养、吸引、使用海洋人才的模式，依托河北省各高校海洋专业和海洋高新技术企业建立面向海洋战略性新兴产业发展的海洋高新技术工程中心、工程实验室、企业技术中心和海洋科技研发基地，在海洋战略性新兴产业发展的核心技术和关键领域，以重大海洋科研项目、产业建设项目和建设工程为依托，凝聚形成一批具有自主创新能力、掌握核心技术的科技人才和高级技术研发人员、企业技术专家，形成支撑海洋战略性新兴产业发展的科技人才群体。二是充分利用京津冀协同发展的契机，与京津联合建立海洋产业技术创新示范联盟，使京津的科技

创新资源为我所用。① 三是积极寻求全球化的技术支撑和资源保障，突破制约河北省海洋战略性新兴产业发展的关键核心技术。一方面积极加强与江苏无锡等国内海洋深潜装备研发基地的战略合作，攻克制约河北省海洋战略性新兴产业发展的深远海关键装备设计建造技术。另一方面，积极鼓励企业在海外设立研发、设计中心。同时，充分利用河北省经济发展模式转变、产业转型升级的契机，争取国家的支持，以海洋战略性新兴企业为示范点，开展全球技术合作的示范。

2. 加快推动海洋高新技术成果产业化，提升成果转化能力，打通从研发到产业的关键通道

一是在秦唐沧沿海地区建立海洋科技产业化平台，主要包括海洋高新技术发展及成果转化基地、海洋科技企业孵化器、海洋科技综合基地及海洋战略性新兴产业信息交流中心等，为海洋高新技术成果产业化提供载体支撑。二是启动实施海洋高新技术成果产业化专项工程。在海洋工程装备及关键零部件领域、海洋生物领域、海洋能源利用等领域等选择一批重大自主创新成果，给予适当的政策、资金支持，实施创新成果产业化专项工程。

（二）加强要素扶持，打造海洋战略性新兴产业发展的横向支撑系统

1. 摸清家底，制定规划，为海洋战略性新兴产业的发展提供基础支撑

充分利用第一次全国海洋经济调查开展的有利时机，建立全省海洋经济信息统计系统。加强对海洋传统经济产业和战略性新兴产业的统计分析，摸清家底，有效满足海洋战略性新兴产业统计评价、监测预警和评估决策等的信息需求，进一步提高对海洋战略性新兴产业宏观调控的支持能力，为科学谋划海洋经济长远发展、实现海洋强省建设目标奠定基础。同时要抓紧制定全省海洋战略性新兴产业发展规划，制定和颁布海洋战略性新兴产业发展指

---

① 北京拥有海洋科研机构 25 个，从业人员 13704 人；年授权专利 812 件，拥有发明专利总数 4277 件，为全国各省市之最。

导目录，明确产业发展重点和培育路径，为海洋战略性新兴产业的发展提供宏观指导。

2. 优化海洋新兴产业布局，建立海洋高新技术产业园区和高技术产业基地

长久以来的陆域经济发展证明，建立高科技园区，以产业集群模式推动高新技术产业发展是积极快速地发展高新技术产业的一种成功途径。这种途径对于海洋战略性新兴产业的发展同样适用。就河北省来说，合理布局，积极建立海洋高科技产业园区，以产业链为纽带，促进技术、人才、资金等要素向优势区域集中，形成支撑海洋战略性新兴产业发展的有效载体同样至关重要。具体来讲，一方面以现有的秦皇岛临港产业聚集区、曹妃甸循环经济示范区、乐亭临港产业聚集区、渤海新区海洋经济产业园区为依托，建立海洋高新技术产业园区或高新技术产业基地，推动海洋高新技术产业集聚和产业链条延伸。另一方面，积极借助京津冀协同发展的契机，以曹妃甸综合保税区为基础，协同天津，建立天津国家海洋高技术产业基地的试验分基地，力争在技术力量、扶持政策和市场运用推广方面得到国家的支持，享受国家赋予天津的支持政策，与天津联手打造渤海湾海洋战略性新兴产业发展基地。

3. 创新投融资机制，完善对海洋战略性新兴产业发展的资本支持

一是降低涉海产业融资门槛，增加贷款额度。例如借鉴国外经验，通过国有银行向海洋战略性新兴产业企业提供低息、无息或比正常分期偿还期限长的贷款。二是借鉴挪威等国的发展经验，成立专业银行（如挪威的海洋银行），以优惠利率和分期偿还的形式向购买深潜海设备以及其他涉海产业的活动提供贷款。三是积极引进战略性专项投资。近期要在发展海洋战略性新兴产业上获得重大突破，应密切关注跨国公司在海洋战略性新兴产业的投资动向，围绕处于市场突破阶段的新兴行业（如海洋装备、海洋生物等领域），瞄准若干个河北具备引资优势的领域，花大力气引进一批战略性投资，促进海洋战略性新兴产业的跨越式发展。

4. 优先落实支持政策，完善海洋战略性新兴产业发展的政策支撑体系

一是加大政策支持力度。强化全省对海洋战略性新兴产业的资金投入，

在全省战略性新兴产业发展专项资金中设立海洋专项，集中支持有发展潜力的海洋科研成果产业化。二是完善税收优惠政策。根据海洋战略性新兴产业发展不同阶段的需要，进一步完善税收优惠政策。重点实施促进技术进步、技术产业转化以及鼓励风险投入的税收优惠政策（如实施海洋高新技术转让收入营业税和所得税，实行免税减税的优惠政策）。另外，鉴于海洋战略性新兴产业企业在初创时往往在资金、人才等方面较为匮乏、业务量较小、负担较重，有必要对此类企业在一定时期减免房产税、城镇土地使用税等地方性税收。

（三）强化海陆互动，打通海洋战略性新兴产业发展的海陆联动支持系统

一是要重点推进海洋工程装备等海陆产业关联度高的新兴产业发展。推动陆上装备制造企业与造船及海洋工程装备制造企业建立战略合作，形成行业间以重点产品或共性关键技术为纽带的协作同盟。具体来讲，可以山船重工为示范，积极推动其与河北钢铁建立"产品协作同盟"，与国内海洋高科技研究基地建立以深潜装备制造技术和高难度油田新型平台技术为核心的"技术协作同盟"。一方面带动河北省钢铁、机械等关联产业升级；另一方面，提升河北省海洋工程装备设计建造能力和规模，为海洋战略性新兴产业的发展提供装备支撑。二是要重点推进以临海产业为核心的、海陆联动发展的新兴产业集群建设，如海水综合利用产业群、清洁能源产业群、临港石化产业群、海洋生物医药产业群等。通过打造完整的产业链，形成降低成本、刺激创新、提高效率的联动效应。三是积极推动海陆经济规划、科学研究、环境保护等方面的发展从相对独立走向联动融合。

参考文献

周乐萍、林存壮：《我国海洋战略性新兴产业培育问题探析》，《科技促进发展》

2013 年第 5 期。

黄江红：《我国高科技上市公司成长性的实证研究》，《江苏大学硕士论文》，2006。

居占杰、李宏波、黄康征：《广东海洋战略性新兴产业发展的 SWOT 分析》，《改革与战略》2013 年第 5 期。

李文增、鹿英姿、王刚、李拉：《"十二五"时期加快我国战略性海洋新兴产业发展的对策研究》，《海洋经济》2011 年第 8 期。

山东省发改委宏观经济研究院课题组：《金融创新支持蓝色经济区建设的对策建议》，《山东经济战略研究》2012 年第 5 期。

B.6

加快提升河北省重点
海洋产业竞争力研究

张 波[*]

摘 要： 在明确海洋产业定义域范围的基础上，对连续多年纳入规范
统计的河北省7个重点海洋产业发展现状和存在问题进行分
析总结。运用区位熵和偏离－份额分析法，对比分析得出河
北省7个重点海洋产业总体竞争力偏弱，具备国内竞争力和
部门优势的产业包括海洋船舶工业、海洋交通运输业和滨海
旅游业，而同时具备增长优势、结构优势和竞争力优势的产
业仅有滨海旅游业，全省重点海洋产业提档升级的任务异常
繁重。提升河北省海洋产业综合竞争力应重点从强化产业综
合管理、培育增长极、构建现代产业体系、加大政策扶持力
度和推动科技创新等方面采取重点举措。

关键词： 河北省 重点海洋产业 竞争力 区位熵 偏离－份额

河北地处渤海之滨，是我国11个沿海省市之一，海洋资源和沿海区位
优势独特，海洋经济加快发展和沿海地区经济快速增长的基本条件较好。近
年来，河北经济发展重心逐步向沿海转移，蓝色海洋成为承载河北加速崛起
梦想的主阵地。2006年，河北省委第七次党代会提出建设"沿海经济社会

* 张波，经济学硕士，河北省社会科学院农村经济研究所副研究员，主要研究专业为财政学、
发展经济学、产业经济学，主要研究方向为农业农村经济和区域经济。

发展强省"的战略目标；2011年省八次党代会进一步提出，举全省之力打造曹妃甸新区和沧州渤海新区两个增长极，同年《河北沿海地区发展规划》获批，河北沿海地区发展上升为国家战略；2013年，省委八届五次全会又提出，全力打造沿海地区率先发展的增长极攻坚战，把沿海地区开放开发作为河北实现由大转强的突破口和支撑点。

一 河北省重点海洋产业发展情况

目前，各个国家和地区对于海洋产业及临港产业的定义不尽相同，尚未形成统一的标准。按照我国《海洋及相关产业分类》（GB/T 20794—2006），海洋产业是指开发、利用和保护海洋过程中所进行的生产和服务活动，包括海洋渔业、海洋油气业、海洋矿业、海洋盐业、海洋化工业、海洋生物医药业、海洋电力业、海水利用业、海洋船舶工业、海洋工程建筑业、海洋交通运输业、滨海旅游业等主要海洋产业以及海洋科研教育管理服务业。[①]

根据公开的统计数据及河北省发展实际，本文主要对纳入连续规范统计的7个重点海洋产业（海洋渔业、海洋盐业、海洋化工业、海洋船舶工业、海洋工程建筑业、海洋交通运输业和滨海旅游业）发展现状和产业竞争力进行分析比较。

（一）海洋渔业产值稳步增长，未来应走绿色高效发展之路

河北省海洋渔业资源较为丰富，海洋渔业是全省传统而重要的海洋产业。海洋捕捞业在全省海洋渔业中占有举足轻重的地位，渤海渔业资源是河北省海洋捕捞对象的主体，渤海捕捞产量占全省海洋总捕捞量的80%以上。

2011年，河北省海水养殖业增加值（按当年价格计算）为31.96亿元（见表1），海洋捕捞业增加值25.83亿元，远高于天津市，但与山东、辽宁存在的差距依然较大。

[①] 王宏等：《中国海洋统计年鉴2012》，海洋出版社，2013。

表1　2011年河北及环渤海省市海洋捕捞、养殖增加值

单位：亿元

地区	河北	天津	山东	辽宁
海水养殖	31.96	2.33	365.79	199.31
海洋捕捞	25.83	4.01	145.87	80.90

资料来源：《中国渔业统计年鉴2012》。

2011年，河北省海洋捕捞及海水养殖产量高于天津（见表2），与山东、辽宁的差距较大。远洋捕捞产量空白，表明河北省远洋渔业规模太小，产量十分有限。全省海洋捕捞产量仅相当于山东的10.6%、辽宁的23.7%；海水养殖产量仅相当于山东的7.5%、辽宁的12.8%。

表2　2011年河北及环渤海省市海洋捕捞、养殖产量

单位：吨

地区	河北	天津	山东	辽宁
海洋捕捞	251761	17051	2384444	1061607
远洋捕捞	0	7968	127993	161167
海水养殖	311520	13305	4134775	2436184

资料来源：《中国渔业统计年鉴2012》。

一方面，海洋渔业产值和产量与养殖面积存在密切关系，受海域面积限制，河北省海水养殖面积小于山东和辽宁，产值和产量必然与其存在差距。另一方面，从单位面积产值指标看，2011年河北省每公顷海水养殖面积产生的增加值为23809元，而天津为56991元，山东则达到71426元，全省海洋渔业效益有待进一步提升。综合来看，河北省海洋渔业既要做大又要做强，在坚持精品、特品、绿色和高效发展方针的基础上，力争在精深加工、生态环保和品牌经营上有所突破。

（二）海洋油气业发展条件良好，科学有序开发能力有待增强

河北省沿海地区海洋油气资源十分丰富，全省近海石油探明储量达到8.4亿吨、天然气达到97.1亿立方米，在渤海地区居首位，丰富的油气资

源为全省海洋油气开采工业发展创造了良好条件。①

2010 年河北省海洋原油产量 221.19 万吨（见表 3），海洋天然气产量 40573 万立方米，均居全国第 4 位。由于河北省海洋油气资源储量较大，随着海洋油气业的稳步开发，海洋油气业产量和产值未来会稳步增长，发展潜力较大。2011 年，河北省海洋油气产量与 2010 年相比进一步增长，仍居全国第 4 位。

表3　2010～2011 年河北及全国主要省市海洋油气业产量

单位：万吨，万立方米

地　区	2010 年		2011 年	
	海洋原油产量	海洋天然气产量	海洋原油产量	海洋天然气产量
河　北	221.19	40753	229.05	50987
天　津	2916.46	186089	2770.2	213719
山　东	246.27	12874	257.15	12280
辽　宁	13.01	3069	10.75	2370
上　海	8.8	49742	16.10	71789
广　东	1304.25	816378	1168.72	863374

资料来源：《中国海洋统计年鉴》（2011～2012 年）。

（三）海洋盐业占据一席之地，发展后劲有待增强

河北省沿海地区是全国重要的海盐产区，有南堡、大清河和长芦黄骅三大盐区。海盐产品产量较大，除部分海盐产品满足本省需求外，大部分产品供应到国内其他省（市、自治区），并有部分原盐出口到国外。②

2010 年，河北省沿海地区盐田总面积达到 80359 公顷（见表 4），海盐产量 429.41 万吨，均居全国第 2 位。从生产效率看，2010 年河北省沿海地区单位公顷海盐产量 65.82 吨，山东则达到 136.14 吨，是河北省的 2 倍多。

---

① 河北省海洋局：《河北省海洋经济发展"十二五"规划》，2012。
② 刘爱智：《河北省海洋盐业资源开发现状及存在问题研究》，《海洋资源开发与管理》2007 年第 1 期。

2011 年，河北省海盐生产出现下滑态势，盐田面积、海盐产量均比 2010 年有所下跌。

表 4   2010～2011 年河北及环渤海省市海盐生产情况

单位：公顷，万吨

类 \ 地区 \ 别	2010 年				2011 年			
	河北	天津	山东	辽宁	河北	天津	山东	辽宁
盐田总面积	80359	30512	230122	39790	71456	28123	225871	33059
盐田生产面积	65243	29050	166962	33533	63930	27461	179518	28415
年末海洋生产能力	476	180	2800	234	461	167	2700	207
海盐产量	429	204	2273	146	422	228	2413	222

资料来源：《中国海洋统计年鉴》（2011～2012 年）。

河北省沿海地区盐田地势平坦，土壤地质防渗性能较好，海水盐度高，且集中产盐期间降水量少、蒸发量大，良好的地质和气候条件决定了海盐生产在我国北方具有一定的天然优势。[1] 但是目前，在科技日益进步和盐化一体化生产的大背景下，盐业生产开始逐渐打破自然条件的约束，既有的自然条件已经由优势条件逐渐转变为基础条件。天津、山东单位面积海盐产量、单位面积工业产值和增加值均高出河北省，河北省在海盐精深加工环节、海盐生产科技能力方面差距明显，海洋盐业的整体优势有逐渐下滑的趋势。

（四）海洋化工业产业基础较好，做大做强任务艰巨

丰富的海洋油气资源和海盐资源为河北省发展海洋化工业创造了良好条件，目前全省沿海地区初步形成了石油化工和盐化工为主、产业链条较为完备的海洋化工产业体系。

2011 年河北省可统计到的海洋化工产品产量 73960 万吨（见表 5），仅

---

[1] 刘爱智：《河北省海洋盐业资源开发现状及存在问题研究》，《海洋资源开发与管理》2007 年第 1 期。

略高于江苏省，海洋化工业产业规模相对较小。随着沿海地区深入开发开放、良好的资源优势、深水能源大港优势以及首都重化工业产业转移将更加有力地带动河北省沿海地区海洋化工业的快速崛起。

表5　2009～2011年河北及沿海省市海洋化工产品产量

单位：万吨

地　区	2009 年	2010 年	2011 年
河　北	820340	73960	73960
天　津	1640000	1666288	1543708
辽　宁	446095	652876	892629
山　东	7240769	6349018	4580238
江　苏	1284696	1307863	73720
浙　江	373133	494421	619852
福　建	269840	378987	752636
广　东	840900	576500	665400

资料来源：《中国海洋统计年鉴》（2010～2011 年）。

当前，全国主要沿海省市尤其是河北省所在的环渤海地区均将重化工业作为本地区的支柱产业，地区间产业同质问题严重，产业竞争十分激烈。此外，沿海地区竞相发展重化工业所带来的海洋环境污染问题日趋严重。河北省作为海洋化工产业的后发者，要想实现快速崛起必将面临市场和环境的双重压力。

（五）海洋船舶工业体系逐步完善，产业综合竞争力有待提升

河北省逐步形成了船舶修造和相关产业配套的海洋船舶工业体系。2010年，河北省海洋修船完工量321艘（见表6），在环渤海省市中仅次于山东，造船完工量6艘、19万综合吨，在所列沿海省市中排名靠后。2011年，河北省海洋船舶工业主要生产能力指标均比2010年实现大幅提升，全省修船完工量580艘，在环渤海省市中低于山东，继续排在第2位，造船完工量指标仍排名靠后。从总体看，河北省海洋船舶工业产业规模在全国沿海省市中排名下游，只明显高于海南、广西两地，与天津发展水平相当。

表6　2010~2011年沿海主要省市海洋修造船完工量

地　区	2010 年			2011 年		
	修船完工量（艘）	造船完工量		修船完工量（艘）	造船完工量	
		艘	万综合吨		艘	万综合吨
河　北	321	6	19.0	580	13	90.90
天　津	187	20	20.77	185	23	33.26
山　东	790	75	404.19	1600	339	357.1
辽　宁	234	99	942.0	220	145	1100.00
上　海	1308	134	1212.6	1127	108	1340.88
江　苏	564	624	2300.3	531	1238	2703.00
浙　江	4393	837	1029.19	3918	834	1144.61

资料来源：《河北经济年鉴2012》。

近年来，河北省海洋船舶工业取得了不小的进步，但与其他沿海省市比较，仍存在较大差距。设施和生产能力不足、造船规模小、船舶配套基础薄弱、技术与创新能力弱是河北省船舶工业面临的主要问题。

（六）滨海旅游业实现较快增长，开发层次和水平有待提升

河北省沿海地区滨海旅游条件较好，滨海旅游资源的环境容量可达每年1亿人次，海水浴场的空间利用潜力达5000公顷，陆域旅游区开发潜力在2700公顷左右。[①]

2010年，河北省沿海三市国内旅游人数3968万人次，是2005年的1.9倍，年均增长率达到13.5%，沿海城市旅游实现较快增长。与全国比较，2010年河北省沿海三市国内旅游人数在全国排名倒数第3位，同处渤海湾的天津市6118万人次，山东省16055万人次，辽宁省11655万人次，远高于河北省。2010年，沿海三市中滨海旅游收入最高的秦皇岛市，国际旅游外汇收入1.4亿美元，在全国主要沿海城市中处于中下游水平，天津市达到17.6亿美元，青岛市达到6.9亿美元，大连市达到8.1亿美元，河北省沿海城市滨海旅游发展水平与全国主要沿海省市存在较大差距。此外，河北省

---

①　熊凤平：《建设河北沿海经济强省的SWOT分析》，《港口经济》2007年第5期。

滨海旅游业发展不平衡问题较为突出,秦皇岛发展水平较高,滨海旅游总收入占河北省的一半以上,外汇收入更是占全省滨海旅游外汇收入的绝大部分。而唐山与沧州两市滨海旅游业发展水平明显偏低。未来一段时期,河北省沿海地区滨海旅游业发展应着重突出海洋生态与海洋文化特色,坚持把海域与腹地的旅游资源有机地结合起来,以建设国际滨海旅游度假胜地为目标,实施地域品牌战略,形成生态秀美、文化底蕴丰厚、形式多样、海陆结合、国际知名的滨海旅游带。

(七)港口建设取得重大进展,整体发展水平依然较低

近年来,河北省港口建设力度明显增强,已逐步形成秦皇岛港、唐山港、黄骅港三大能源港口群。截至2011年底,全省沿海港口生产性泊位达到130个,万吨级以上泊位达到111个,所占比例达到85.38%,比2010年提高到近2个百分点。全年完成货物吞吐量71300万吨,是2005年的2.6倍,年均增长17%(见表7)。疏港交通体系初步形成,大秦铁路、朔黄铁路稳步扩能,迁曹铁路建成通车,沿海高速、唐曹高速、津汕高速、保沧高速等陆续建设完成并投入运营,邯黄铁路、水曹铁路、唐曹铁路、张唐铁路正抓紧建设,全省港口集疏运能力大幅提高,对内陆腹地的辐射带动范围进一步拓展。随着曹妃甸大港的强势崛起,全省已基本形成秦皇岛港、黄骅港和唐山港为龙头的三大港区,港口空间布局日趋完善。

表7 2010～2011年河北及环渤海省市海洋交通运输情况

单位:万吨

地 区	2010 年			2011 年		
	海洋货物运输量	沿海港口货物吞吐量	沿海港口国际标准集装箱吞吐量	海洋货物运输量	沿海港口货物吞吐量	沿海港口国际标准集装箱吞吐量
河 北	2150	60344	997	2672	71300	1251
天 津	11912	41325	10916	12717	45338	11920
山 东	11459	86421	15189	11697	96118	17738
辽 宁	10423	67790	15666	11615	78344	19115

资料来源:《中国海洋统计年鉴》(2011～2012年)。

河北省沿海港口主要承担能源和原材料储运功能，能源、原材料等大宗散杂货占据绝大比例，煤炭及制品、石油天然气及制品、金属矿石、钢铁、矿建材料等货物吞吐量占港口货物吞吐量的比重高达97%。河北省沿海港口对外开放水平不高，港口货物多为国内配给，外贸货物吞吐量占港口货物吞吐量的比重仅为22.9%。此外，河北省沿海港口仍停留在"配给港"的位置，港口货物进港量仅占吞吐量的25.9%，出港量则高达74.1%，大宗原材料多运往外地，港口自身的货物吸附能力十分有限。

二　河北省重点海洋产业竞争力评价

产业竞争力，一般是指某国或某一地区的某个特定产业相对于他国或地区同一产业在生产效率、满足市场需求、持续获利等方面所体现的竞争能力。[①] 多数研究成果通过选取产值、科技、效率等产业发展方面的直接和间接指标，运用计量和统计方法，测定不同范围、不同时间的产业竞争力水平。河北省重点海洋产业竞争力定量分析主要基于以下两方面展开。

首先是确定重点海洋产业范围。从河北实际来看，纳入连续规范统计的海洋产业主要有海洋渔业、海洋盐业、海洋化工业、海洋船舶工业、海洋工程建筑业、海洋交通运输业和滨海旅游业7个产业。同时，这7个产业也属于国家海洋统计年鉴入统的12个主要海洋产业范畴。所以，我们选取上述7个海洋产业作为重点海洋产业进行竞争力分析与评价。

其次是确定重点海洋产业竞争力评价方法。产业竞争力分析评价方法有很多，但绝大部分需要不同方面的产业发展数据。目前，河北省能规范和准确掌握的产业发展数据主要有国家和河北省的重点海洋产业增加值数据，但仅仅依赖这一数据难以实现多指标的统计分析。因此，我们选取区位熵和偏离－份额分析法，对某一年和一定时间段的国家和河北省不同产业增加值进行对比分析，得出河北省重点海洋产业总体竞争力。

---

① 江舟：《国家战略性新兴产业生命路径及拐点分析》，中国科技大学硕士学位论文，2009。

（一）河北省重点海洋产业竞争力的区位熵分析

在产业结构研究中，区位熵主要用以分析区域主导产业或优势产业的总体情况。根据区位熵公式，我们用产业增加值指标计算出 2006 年和 2012 年河北省全部 7 个重点海洋产业在全国的区位熵（见表 8）。

表 8　河北重点海洋产业在全国中的区位熵（产值指标）

重点海洋产业	2006 年区位熵	2012 年区位熵	重点海洋产业	2006 年区位熵	2012 年区位熵
海洋渔业	0.78	0.55	海洋工程建筑业	4.42	2.11
海洋盐业	5.90	3.07	海洋交通运输业	0.47	0.60
海洋化工业	2.96	1.82	滨海旅游业	1.15	1.23
海洋船舶工业	0.66	0.81			

由表 8 中数据可见，依据产业增加值指标，2006 年和 2012 年两年，河北省主要海洋产业部门在全国区位熵大于 1 的有 4 个，分别为海洋盐业、海洋化工业、海盐工程建筑业和滨海旅游业，3 个产业的区位熵均呈现明显的下降趋势。其中，海洋盐业区位熵由 5.90 下降为 3.07，海洋化工业区位熵由 2.96 下降为 1.82，海洋工程建筑业区位熵由 4.42 下降为 2.11。区位熵运算结果表明，河北省重点海洋产业国内竞争力不强，优势产业与非优势产业总体各占一半，与此同时，2006～2012 年，全省具备相对优势的 4 个海洋产业竞争力呈现明显下滑趋势。

需要注意的是，区位熵只是一个静态指标，它只能反映区域专业化的相对程度，而不能完全反映实际专业化规模。区位熵较高的产业部门可能总体规模很小，在较高层次区域同一产业部门中的比重很低，难以确定其产业的总体竞争力和发展水平。[1] 为此，我们运用偏离－份额分析法对全省重点海洋产业竞争力进行进一步的动态分析。

---

[1]　卓玉国等：《河北省主导产业的定量选择方法研究——基于区位熵和 SSM 方法的分析》，《经济研究参考》2012 年第 47 期。

（二）河北省重点海洋产业竞争力的偏离 - 份额分析

偏离 - 份额分析方法（Shift-Share-Method，缩写 SSM）以区域所在较高层次区域（称为标准区）的经济发展为参照，将区域经济总量在某一时期的变动分解为份额偏离、结构偏离和竞争力偏离 3 个分量。[1] 为了评价研究区总的产业结构特征，可同时引入区域相对增长率指数、区域结构效果指数和区域竞争效果指数，对产业竞争力进行具体分析。[2]

依据偏离 - 份额分析法计算公式，把河北省 2006 年和 2011 年 7 个重点海洋产业的增加值作为主要分析对象，以相同时间内全国相同产业部门发展情况为基本参照，分析 2006～2011 年河北省重点海洋产业的结构特征和总体变动情况，以此分析全省重点海洋产业的总体竞争力。

（1）河北省重点海洋产业结构总体特征。计算得出 2006～2011 年河北省重点海洋产业结构总体效果指数（见表 9）。由竞争力偏离小于 0，分析得出河北省重点海洋产业整体竞争力偏弱；由区域相对增长率指数小于 1，得知河北省重点海洋产业的总体发展速度较慢，低于同时期全国相应海洋产业的平均增长率；由结构偏离较大且区域结构效果指数大于 1，得知河北省重点海洋产业构成中包含有一定比重的朝阳产业，产业结构较好，结构对海洋主要产业增长的贡献较大；由区域竞争力效果指数小于 1，得知河北发展迅速的产业部门较少，总体竞争力偏弱。

表 9　2006～2011 年河北省重点海洋产业结构总体效果指数

份额偏离	结构偏离	竞争力偏离	总偏离	区域相对增长率指数	区域结构效果指数	区域竞争效果指数
99.13	479.04	-292.73	285.44	0.942	1.179	0.8

① 魏文佳：《基于 SSM 的福建省产业结构分析》，《太原师范学院学报》（自然科学版）2007 年第 2 期。
② 李晓斌：《基于偏离 - 份额分析的河南省主导产业选择研究》，《河南工业大学学报》（社会科学版）2012 年第 1 期。

（2）河北省重点海洋产业部门变动情况。计算得出 2006~2011 年河北省重点海洋产业部门的偏离 - 份额指数（产业变动情况）（见表10），其中包含各重点海洋产业部门的份额偏离分量、结构偏离分量、竞争力偏离分量和产业部门增长量，以及产业部门优势总偏离（结构偏离与竞争偏离之和）。由份额偏离都大于0，可知河北重点海洋产业部门在全国都属于增长产业部门；由结构偏离都大于0，可知河北省重点海洋产业部门的结构基础总体较好；由总偏离都大于0的产业部门有3个，即海洋船舶工业、海洋交通运输业和滨海旅游业，其余4个产业部门均小于0，即海洋渔业、海洋盐业、海洋化工业和海洋工程建筑业，可知，河北省重点海洋产业部门竞争优势较弱，仅有少数产业部门具有较强的区域竞争力。综合分析，近年来河北省重点海洋产业总体呈增长态势，且具有较好的结构基础，但是，全省多数海洋产业总体发展水平依然较低，发展方式粗放、产业附加值低、集群集聚程度低等问题较为明显，与沿海先进省市发展差距依然较大。

表 10 2006~2011 年河北重点海洋产业部门的偏离 - 份额指数

重点海洋产业	份额偏离	结构偏离	竞争力偏离	总偏离	偏离合计
海洋渔业	12.08	45.07	- 51.65	- 6.57	5.51
海洋盐业	0.05	10.14	- 10.25	- 0.10	- 0.05
海洋化工业	1.69	72.40	- 92.73	- 20.33	- 18.64
海洋船舶工业	1.48	30.02	27.73	57.75	59.24
海洋工程建筑业	6.39	162.66	- 207.02	- 44.36	- 37.97
海洋交通运输业	11.13	20.52	35.67	56.19	67.32
滨海旅游业	66.30	138.23	5.51	143.74	210.04

（3）河北省优势海洋产业分析。为找出份额、结构和竞争力偏离分量均较大的产业部门，运用 Z 值标准化方法对表10中的数据进行无量纲处理（标准化处理后的偏离份额指数显示如表11所示）。标准化后的偏离 - 份额指数显示，2006~2011 年，相对全国而言，河北省重点海洋产业中仅滨海游旅游业同时具有份额优势、结构优势和竞争力优势，属于竞争力较强的产业。重点海洋产业的绝大部分偏离 - 份额指数均小于0，进一步说明河北省

重点海洋产业的总体竞争力依然偏弱。除去滨海旅游业外，河北省竞争力偏离大于0的产业部门还包括海洋盐业、海洋船舶工业和海洋交通运输业，这3个产业具备一定的竞争力，而同时具备竞争力优势和部门优势的产业只有2个，即海洋船舶工业、海洋交通运输业。

表11 2006～2011年河北省重点海洋产业部门的偏离－份额指数无量纲化处理

重点海洋产业	份额偏离	结构偏离	竞争力偏离	总偏离	偏离合计
海洋渔业	− 0. 08	− 0. 50	− 0. 34	− 0. 44	− 0. 34
海洋盐业	− 0. 52	− 1. 25	1. 10	− 0. 36	− 0. 40
海洋化工业	− 0. 46	0. 09	− 1. 78	− 0. 62	− 0. 58
海洋船舶工业	− 0. 47	− 0. 82	2. 43	0. 41	0. 18
海洋工程建筑业	− 0. 29	2. 02	− 5. 78	− 0. 94	− 0. 77
海洋交通运输业	− 0. 11	− 1. 03	2. 71	0. 39	0. 26
滨海旅游业	1. 92	1. 50	1. 66	1. 56	1. 66

（4）竞争力评价结论。河北省重点海洋产业的区位熵和偏离－份额系数分析，从静态和动态两个方面反映分析了全省重点海洋产业的国内竞争力。2011年的静态区位熵分析表明：河北省重点海洋产业国内竞争力不强，海洋盐业、海洋化工业、海洋工程建筑业和滨海旅游业是河北省比全国具备相对优势的海洋产业部门。由于区位熵分析具有较大局限性，我们通过2006～2011年河北省重点海洋产业的偏离－份额动态分析进一步验证：河北省重点海洋产业部门在全国都属于增长部门，产业部门的结构基础总体较好，但具备国内竞争力和部门优势的产业仅有3个，即海洋船舶工业、海洋交通运输业和滨海旅游业，而同时具备增长优势、结构优势和竞争力优势的产业仅有滨海旅游业，全省重点海洋产业提档升级的任务异常繁重。

三 加快发展河北重点海洋产业的政策建议

针对河北省重点海洋产业发展面临的问题，结合产业竞争力评价结果，当前和今后一段时期，加快全省重点海洋产业发展、打造沿海地区新兴增长点，应采取以下重点举措。

（一）强化海洋产业综合管理

一是组建海洋产业综合协调管理机构。建立由省委、省政府主要领导负责，省直海洋、交通、环保、教育、科技、渔业、旅游、统计等涉海部门负责人和秦、唐、沧三市主要领导参加的，综合管理与分级、分部门管理相结合的海洋经济工作领导小组和办公室，负责制定全省海洋开发、研究、保护的重大方针政策，进行全局性的指导。二是充分借助国家海洋局下达河北省的"省级海洋经济运行监测与评估系统"重点建设项目，全面开展涉海企业信息筛查，搭建海洋经济运行数据平台，实施海洋经济运行动态监测与系统评估业务，为全省海洋经济综合管理与决策提供基本保障。三是强化区域间协作。省海洋经济工作领导小组要加强与辽宁、天津、山东等周边省市的沟通与协调，定期举行环渤海"三省一市"政府领导、专家、学者、企业家参加的海洋产业发展论坛，在产业项目、投融资、滨海城镇建设等方面谋求合作共赢，实现沿海地区海洋产业错位发展、差异化发展。

（二）建设海洋经济示范区和增长极

首先，构建海陆一体的蓝色经济区。从地理空间上，由东向西，依据海洋资源禀赋条件，按照由海岸带到近岸海域到远海的空间跨度，科学界定海洋开发产业带，划分海洋产业功能分区。从行政经济区域上，由北到南，按照沿海三市行政区划，规划制定由沿海地带、沿海城市构成的秦皇岛海洋经济区、唐山海洋经济区和沧州海洋经济区。其次，培育海洋区域增长极。在3个海洋经济区内，选择带动力强、发展潜力大、区位优势独特的经济技术开发区给予重点扶持，培育打造海洋经济新兴增长极。近期，重点支持打造曹妃甸区、沧州渤海新区两个海洋经济新区。再次，建设京津冀区域经济增长极。按照产业发展一般规律，围绕京津尤其是首都非核心功能转移，充分利用全省沿海地区土地资源优势，承接京津高端项目投资。探索建立合作共赢、共建共享的园区开发建设模式，开展"北京有资金、技术和人才""河北有土地"的优势互补，面向世界加快发展战

略性新兴产业和循环经济,将河北省沿海地区建设成为我国对外开放的新高地。

(三)加快构建具有河北特色的海洋产业体系

围绕"全力打造沿海地区率先发展的增长极"战略要求,调整优化海洋三次产业结构,以提升重点海洋产业竞争力为基础,推进海洋产业、海洋相关产业和临港产业协同发展,促进产业结构提档升级,加快构建具有河北特色的海洋产业体系。加快转变海洋渔业发展方式,以绿色生态养殖、增殖养护和品牌培育为重点,推动传统渔业向现代渔业转变;以盐化并举、循环发展为重点,不断延伸产业链条,加快建设现代海洋盐业及盐化工业;坚持优势互补调整和优化港口功能,加快建设秦皇岛港、唐山港和黄骅港三大港口群,实现能源港向综合大港转变;强化海洋生态环境修复,利用腹地优势,实施"海陆结合"的旅游开发策略,着力打造风光秀丽的国际知名滨海旅游基地;坚持港口及临港产业大基地、大项目建设带动,大力发展石化工业、能源工业和现代装备制造业等新型临港产业集群,着力打造国家转型升级示范基地;壮大海洋服务业、海水综合利用业等新兴产业,加快进行海洋药物、海洋能的开发实验,加快形成海洋新兴产业集群集聚发展的良好格局。

(四)积极推进海洋产业科技创新

一是加强海洋科技创新能力建设。联合中国科学院、中国工程院等国家级科研机构,采取外部引进、联建共建、整合提升等形式,在河北省建设一批重点实验室和工程中心,构建以省级创新平台为主体,以企业技术中心为辅助的海洋科技创新体系,增强海洋科技引进、消化、综合再创新能力,提高全省海洋科技成果吸收、转化和推广能力。二是开展重大海洋技术攻关。围绕河北省海洋产业发展的重大问题和关键技术,努力在海洋绿色生态养殖、海洋食品精深加工、海洋生物制药、海水淡化、海洋新能源开发、海洋精细化工、海洋装备制造和海洋资源综合利用等领域开展专项研究,形成一批重大关键技术和具有自主知识产权的科技成果。三是加快海洋科技成果转化。加快科技成果转化基地建设，建设完善海洋科技成果中试基地、公共转化平台和以科技企业孵化器为依托的区域孵化网络。以曹妃甸循环经济示范区、秦皇岛经济技术开发区、黄骅临港工业区等为中心，组织实施一批海洋高新技术产业化示范工程，建设一批示范基地。

参考文献

殷克东、王晓玲：《中国海洋产业竞争力评价的联合决策测度模型》，《经济研究参考》2010 年第 28 期。

卓玉国等：《河北省主导产业的定量选择方法研究——基于区位熵和 SSM 方法的分析》，《经济研究参考》2012 年第 47 期。

李晓斌：《基于偏离 - 份额分析的河南省主导产业选择研究》，《河南工业大学学报》（社会科学版）2012 年第 1 期。

熊凤平：《建设河北沿海经济强省的 SWOT 分析》，《港口经济》2007 年第 5 期。

河北省海洋局：《河北省海洋经济发展"十二五"规划》，2012。

魏文佳：《基于 SSM 的福建省产业结构分析》，《太原师范学院学报》（自然科学版）2007 年第 2 期。

江舟：《国家战略性新兴产业生命路径及拐点分析》，中国科技大学硕士学位论文，2009。

刘爱智：《河北省海洋盐业资源开发现状及存在问题研究》，《海洋资源开发与管理》2007 年第 1 期。

B.7

河北省各个时期的重点
建设项目及其投资效果研究

石亚碧[*]

摘　要：　新中国成立以来，河北省进行了巨额的固定资产投资，开展了大规模的经济建设，构建了具有一定物质技术基础的工业体系和国民经济体系，尤其是1949～2010年建成投产的5372个重点建设项目，为国民经济的恢复和发展、为社会主义现代化建设、为提高人民生活水平、为建设小康社会做出了重大贡献，使全省社会生产力水平大幅度提高，国民经济综合实力不断增强，社会各项事业迅猛发展，取得了令人瞩目的成就。河北省具有重大影响的重点建设项目有：根治海河、黑龙港水系治理、引滦入津输水工程、三北防护林体系建设工程、利用世界银行贷款造林项目、官厅水库、京津风沙源治理、首都周围绿化工程、秦皇岛港、黄骅港、曹妃甸、中国北车唐山轨道客车、华北制药集团等。

关键词：　河北省　重点项目　投资

重点建设项目，一是指按合理工期组织建设的基本建设大中型项目，更新改造限额以上的项目（1987年国家规定，能源、交通、原材料工业项目

---

* 石亚碧，河北省社会科学院经济研究所研究员，主要研究区域经济和产业经济。

计划总投资 5000 万元以上，其他项目计划总投资 3000 万元以上）；二是
2005 年（国家取消了基本建设和更新改造的划分）以后重点建设项目为计
划总投资 1 亿元以上的项目；三是省政府批准的重点建设项目。

按建设性质分为新建、改扩建和续建项目。新建项目，是指在计划期内，
从无到有、平地起家开始建设的项目。改扩建项目，是指原有企业、事业单
位，为了扩大主要产品的设计能力或增加新的效益，在计划期内进行改扩建的
项目。续建项目，是指过去年度已正式开工，在计划期内继续进行施工的项目。

一 河北省重点建设项目投资结构

1.1949~1978年河北省重点建设项目投资结构

基建和更新改造项目普查结果显示，1978 年以前的 30 年间，在城乡集
体以上的投资中，国有基本建设投资占 94.5%，国有更新改造投资占 4%，
城乡集体投资占 1.5%；资金来源，80% 是国家预算内拨款，20% 是各级自
筹（见图 1、图 2）。

2.1979~1998年河北省重点建设项目投资结构

1979~1998 年的 20 年间，国有单位完成投资的比重占 47.9%，比前 30
年下降 46.6 个百分点，城乡集体完成投资的比重占 25.9%，比前 30 年上升
24.4 个百分点，城乡个人投资占 18.0%，联营、股份制、外商、港澳台等
其他各种经济类型占 8.2%。资金来源，国家预算内资金占 4.5%，国内贷
款占 17.0%，利用外资占 5.0%，自筹资金占 59.2%，债券和其他资金占
14.3%（见图 3、图 4）。

3.2010年河北省重点建设项目投资结构

2010 年，国有经济固定资产投资占全社会固定资产投资的比重为
24.9%，集体经济占 7.6%，城乡私营个体经济占 32.7%，股份制经济占
29.1%，联营、外商、港澳台等其他各种经济类型占 5.7%。资金来源，国
家预算内资金占 2.5%，国内贷款占 14.3%，自筹投资占 81.7%，其他投资
占 1.5%（见图 5、图 6）。

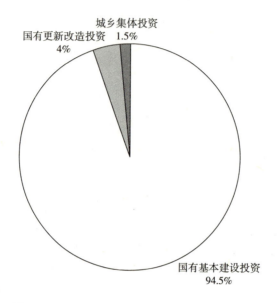

图1 1949~1978年河北省重点建设项目投资结构

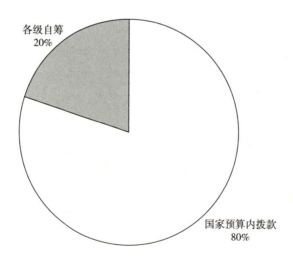

图2 1949~1978年河北省重点建设项目投资来源

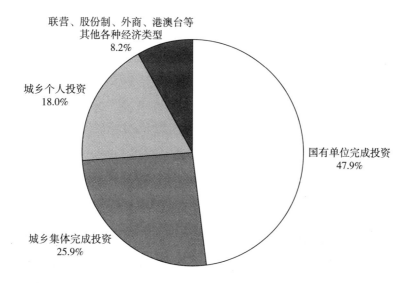

图3　1979～1998年河北省重点建设项目投资结构

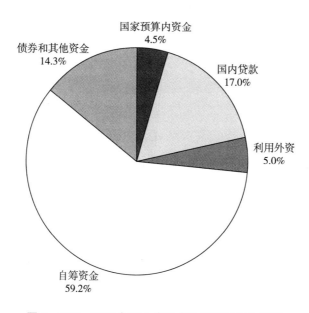

图4　1979～1998年河北省重点建设项目资金来源

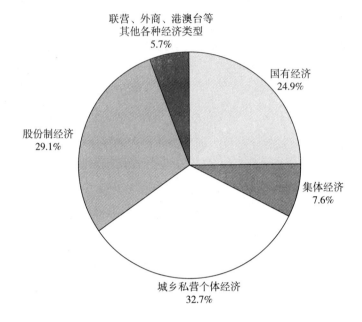

图5　2010年河北省固定资产投资结构

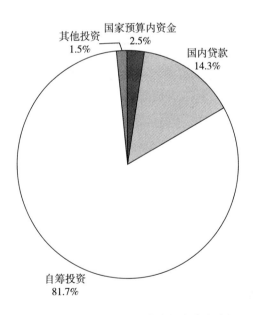

图6　2010年河北省固定资产投资资金来源

二 河北省各个时期固定资产投资和重点建设项目投资完成情况

固定资产投资是经济和社会发展的原动力。1949～2010年，河北省进行了巨额的固定资产投资，开展了大规模的建设，构建了具有一定物质技术基础的工业体系和国民经济体系，社会生产力水平大幅度地提高，国民经济综合实力不断增强，社会各项事业迅猛发展，取得了令人瞩目的成就。

1949～2010年，河北省全社会固定资产投资（含城镇和农村，下同）累计达74990.01亿元，其中重点项目投资累计达23792.25亿元，占全社会投资总额的31.7%，占城镇投资总额59306.36亿元的40.1%；建成投产的重点项目或单项工程个数累计达5372个。1949～2010年河北省重点建设项目投资占全社会固定资产投资比重，最高的是国民经济调整时期达到54.7%，其次是"二五"时期43.3%，"五五"时期39.4%，"十一五"时期39.1%。河北省各个时期重点建设项目投资完成情况（见表1）。

表1 1949～2010年河北省各个时期重点建设项目投资完成情况

时 期	项目数（个）	重点建设项目投资(亿元)	重点建设项目占总投资比重(%)
国民经济恢复"一五"时期(1949～1957年)	36	5.57	25.2
"二五"时期(1958～1962年)	157	24.72	43.3
国民经济调整时期(1963～1965年)	33	9.12	54.7
"三五"时期(1966～1970年)	79	13.73	37.8
"四五"时期(1971～1975年)	136	20.01	22.7
"五五"时期(1976～1980年)	143	67.59	39.4
"六五"时期(1981～1985年)	93	65.46	16.3
"七五"时期(1986～1990年)	90	166.59	19.3
"八五"时期(1991～1995年)	156	443.84	16.1
"九五"时期(1996～2000年)	276	1314.22	16.5
"十五"时期(2001～2005年)	936	2648.26	19.0
"十一五"时期(2006～2010年)	3237	19013.14	39.1
总计(1949～2010年)	5372	23792.25	31.7

资料来源：河北省统计局，下同。

三 河北省重点建设项目的主要行业分布

1949～2010 年，河北省重点建设项目的行业分布，按照占重点建设项目总数的比重依次为：制造业 50.80%，电力、燃气及水的生产和供应业 11.50%，交通运输、仓储和邮政业 10.60%，环境、公共管理和社会组织 5.77%，采矿业 5.36%，批发和零售业 3.18%，水利 2.77%，教育 2.56%，农、林、牧、渔业 2.11%，科技、勘察、信息、计算机服务和软件业 1.85%，其他 3.80%（见表 2）。

表 2　1949～2010 年河北省重点建设项目的行业分布

单位：%

行　业	占重点建设项目总数的比重
水利	2.77
农、林、牧、渔业	2.11
采矿业	5.36
制造业	50.80
电力、燃气及水的生产和供应业	11.50
交通运输、仓储和邮政业	10.60
批发和零售业	3.18
环境、公共管理和社会组织	5.77
教育	2.56
科技、勘察、信息、计算机服务和软件业	1.85
其他	3.80

1949～2010 年，河北省重点建设项目的行业分布，按照主要产业重点建设项目完成投资额依次为：冶金 485 个、4525.70 亿元；机械设备 537 个、2223.40 亿元；电子信息 715 个、844.99 亿元；建筑材料 258 个、728.43 亿元；化工石油 218 个、724.44 亿元；轻工 302 个、702.50 亿元；食品 199 个、351.30 亿元；纺织 170 个、305.77 亿元；煤炭 320 个、287.74 亿元；医药 97 个、162.92 亿元（见表 3）。

表3　1949~2010 年河北省主要产业重点建设项目投资完成情况

单位：个，亿元

产　业	建成投产的重点项目或单项工程项目数	完　成投资额	产　业	建成投产的重点项目或单项工程项目数	完　成投资额
冶　金	485	4525.70	轻　工	302	702.50
机械设备	537	2223.40	食　品	199	351.30
电子信息	715	844.99	纺　织	170	305.77
建筑材料	258	728.43	煤　炭	320	287.74
化工石油	218	724.44	医　药	97	162.92

说明：数据来源以河北省行业协会提供的为主，不足数据以河北省统计局数据补充；电子信息产业数据为"七五"至"十一五"时期数据。

四　河北省重点建设项目的地区分布

1949~2010 年，河北省重点建设项目的地区分布，按照各市建成投产重点项目数和完成投资额依次排列，完成投资额最多的是邯郸市 2014.29 亿元，最少的是衡水市 701 亿元（见表4）。

表4　1949~2010 年河北省各市建成投产重点项目

单位：个，亿元

地　区	项目数	完成投资	地　区	项目数	完成投资
邯　郸	546	2014.29	唐　山	293	1003.20
石家庄	577	1608.39	秦皇岛	248	910.57
廊　坊	432	1596.00	承　德	234	769.72
沧　州	328	1491.01	衡　水	1300	701.00
保　定	360	1300.00	邢　台	—	—
张家口	284	1261.94			

说明：数据来源于各市提供；唐山市数据为 1949~2005 年；表中邢台数据缺失。

（一）石家庄市

1949~2010 年，建成投资省重点项目共 577 项，完成投资 1608.39 亿元。

其中，央企建成62项，完成投资245.08亿元；部属企业44项，完成投资28.96亿元；省属企业114项，完成投资396.37亿元；市属企业194项，完成投资470.63亿元；县属企业114项，完成投资295.09亿元。在新中国成立后的各个时期都安排了重点建设项目，进入"七五"时期后，建设力度逐年加大，成倍增长。"六五"期间至"十一五"期间，重点建设项目完成投资额分别为0.89亿元、18.93亿元、90.26亿元、184.33亿元、360.07亿元和941.07亿元。形成了轻工、纺织服装、机械及装备制造、石油化工、食品、冶金、建筑建材、医药、电子及信息产业、商贸物流等优势产业。主要重点项目有：棉一至棉七项目、华北制药集团、石药集团、神威药业集团、黄壁庄水库、太行机械厂、河北白沙烟草、石家庄轨道交通装备产业基地、石家庄通用航空产业制造基地、河北博物馆工程、河北省图书馆改扩建工程、南三条市场、中国华牧海兰蛋鸡产业化基地项目、河北张河湾蓄能发电项目等。

（二）保定市

1949～2010年，建成投产的省重点项目360项，累计完成投资1300亿元，在新中国成立后的各个时期都安排了重点建设项目，进入"九五"后，重点建设力度不断加大，特别是"十五""十一五"期间，随着经济的快速发展，重点项目建设投资不断加大，10年期间，保定市共建成投产省重点项目280个，累计完成投资957.6亿元。形成了汽车制造、纺织服装和新能源三大支柱产业，机电、食品、医药、建材、物流和信息产品制造等优势产业。现代产业体系框架已基本形成，经济效益已经显现。主要重点项目有：保定长城汽车、中国乐凯胶片、大唐保定热电厂、河北农业大学、巨力集团、英利集团、保定风帆蓄电池、保定天威集团、隆基泰和实业、河北大学、河北长安汽车、河北旭阳焦化、保定钞票纸业、恒天纤维集团、国华定州电厂、河北宏润新型面料等。

（三）廊坊市

1949～2010年，建成省重点项目共432项，完成投资1596亿元。其中，部属企业 7 项，完成投资 109.7 亿元；省属企业 23 项，完成投资 219.2 亿元；市属企业 76 项，完成投资 311.3 亿元；县属企业 326 项，完成投资 955.9 亿元。"二五""六五""七五" 3 个时期没有重点建设项目，"十五"期间，建成投资重点项目 65 项，完成投资 211 亿元，"十一五"期间，建成投资重点项目 342 项，完成投资 1307.5 亿元。"十五"以来，随着重点项目的数量和规模不断扩大，产业门类不断扩大，家具制造、金属制品业、冶金、信息产业、机械设备、农副产品加工业、食品、纺织、化工、医药、建筑材料等产业得到了快速发展。主要重点项目有：好丽友食品、华升富士达电梯、同方川崎空调设备、富士康电子信息产业（廊坊）制造基地、固安工业园区电子信息产业、固安工业园区汽车零部件产业、汉王制造、梅花生物科技、霸州市胜芳钢木家具产业、首钢装备制造业廊坊生产基地项目、香河家具城等。

（四）秦皇岛市

1958～2010 年，建成投产重点项目共 248 项，完成投资 910.57 亿元。其中，央属企业 30 项，完成投资 180.71 亿元；部属企业 33 项，完成投资 20.97 亿元；省属企业 36 项，完成投资 209.19 亿元；市属企业 121 项，完成投资 418.28 亿元；县属企业 28 项，完成投资 81.42 亿元。在新中国成立后的各个时期都安排了重点建设项目，进入"八五"时期后，建设力度逐年加大，"十五"期间，建成投资重点项目 61 项，完成投资 173.8 亿元；"十一五"期间，建成投资重点项目 98 项，完成投资 478.29 亿元。重点建设项目的实施，推动了产业规模的扩大，产品结构的优化，新产品的开发，形成了以玻璃建材、机械装备、钢铁冶金三大支柱产业为支撑的产业体系。主要重点项目有：中国耀华玻璃集团、秦皇岛港、中铁山海关桥梁、山海关船舶重工、秦皇岛造船厂、秦皇岛发电、秦皇岛腈纶厂、引青济秦工程、秦皇岛首钢板材有限公司、天威保变（秦皇岛）变压器、金海粮油、正大有限公司肉品加工厂、秦皇岛市新港港务总公司、山海关古城保护与开发、戴卡轮毂制造有限公司铝合金汽车车轮技术改造项目等。

（五）唐山市

1949～2005 年，唐山市建成投资省重点项目共 293 项，完成投资 1003.2 亿元。国民经济恢复时期和"一五"时期，共建成省重点项目 3 项，完成投资 0.72 亿元。"二五"时期，共建成省重点项目 18 项，完成投资 4.41 亿元。"三五"时期，共完成省重点项目 5 项，完成投资 2.11 亿元。"四五"时期，共完成省重点项目 13 项，完成投资 2 亿元。"五五"时期，共完成省重点项目 25 项，完成投资 10.09 亿元。"六五"时期，共完成省重点项目 17 项，完成投资 19.78 亿元。"七五"时期，共完成省重点项目 15 项，完成投资 31.46 亿元。"八五"时期，共完成省重点项目 29 项，完成投资 51.16 亿元。"九五"时期，共完成省重点项目 44 项，完成投资 148.24 亿元。"十五"时期是唐山市跨越式发展时期，经济总量全省第一，共完成省重点项目 124 项，完成投资 733.23 亿元。形成了钢铁、建材、化工、陶瓷、基础能源、装备制造等优势产业。主要重点项目有：陡河水库、引滦入津输水工程、柏各庄农场，开滦（集团）、唐山钢铁集团、河北省南堡盐场、唐山冀东水泥、中国石油冀东油田、唐山三友集团、中国北车唐山轨道客车、大唐国际陡河发电厂、王滩发电公司、唐山港、曹妃甸等。

（六）沧州市

1949～2010 年，建成投产省重点项目 328 项，完成投资 1491.01 亿元。其中，央属企业 14 项，完成投资 99.83 亿元；部属企业 8 项，完成投资 8.39 亿元；省属企业 45 项，完成投资 623.94 亿元；市属企业 73 项，完成投资 241.55 亿元；县属企业 56 项，完成投资 120.14 亿元；其他属企业 132 项，完成投资 397.16 亿元。在新中国成立后的各个时期都安排了重点建设项目，进入"九五"后重点建设项目的建设力度不断加大，"九五"期间，重点建设项目 13 个，完成投资 103.72 亿元；"十五"期间，重点建设项目 58 个，完成投资 287.16 亿元；"十一五"期间，重点建设项目 228 个，完成投资 1076.75 亿元。重点建设项目囊括了新建以及技术升级改造、淘汰落后产能等多个方面，扩大了产业规模，提升了产业发展水平，拓展了产业发展领域，催生了一批民营企业的快速发展，对拉动区域经济发展起到了至关重要的作用。石油化工、管道装备制造、机械制造、纺织服装、食品加工等主导行业对区域经济社会发展的支撑作用显著增强。主要重点项目有：黑龙港水系治理、中捷产业园区、中盐长芦沧州盐化集团、中国石油化工股份有限公司沧州分公司、沧州大化集团、河北新宝丰电线电缆有限公司、河北新华乾通线缆有限公司、河北金牛化工股份有限公司、沧州大化集团黄骅氯碱有限责任公司、TDI 工程（TDI 是聚氨酯塑料的主要原料之一）、渤海重工管道有限公司、河北沧海重工股份有限公司、沧州华润热电项目、神华河北国华沧东发电有限责任公司（简称国华沧电）、黄骅综合大港项目等。

（七）衡水市

衡水市是全省唯一一个不靠山、不临海、没有任何矿产资源的市，唯一一个国家在"一五"到"十五"期间没有摆放大项目的市，"一五"到"七五"期间，基本没有实施大的工业项目。"八五"以来，衡水市加快了投资和项目建设步伐，经济和社会发展实现了突飞猛进的进步，20年间，全社会累计完成固定资产投资 3156.4 亿元，实施重点项目 1350项，完成投资 701 亿元，竣工投产重点项目 1300 项。实现外引战略投资者的持续性突破，建设了一批优势企业，内生企业连续不断扩展规模，一批优势企业快速膨胀，化工、纺织、金属加工、食品、轻工、高新技术等产业快速发展。形成了安平丝网、大营皮毛、桃城区工程橡胶、景县汽车零部件、枣强玻璃钢、冀州采暖铸造 6 个省级重点产业集群和景县铁塔钢构、深州食品加工等 7 个市级重点产业集群。主要重点项目有：衡水老白干酿酒、春风实业集团、河北冀衡集团、河北鹤煌网业、深州鲁花浓香花生油、河北强盛风电设备、河北英凯模金属网、河北东照线缆有限公司等。

（八）张家口市

1949～2010 年，建成投资省重点项目共 284 项，完成投资 1261.94 亿元。其中，央企建成 23 项，完成投资 274.47 亿元；部属企业 33 项，完成投资 5.75 亿元；省属企业 41 项，完成投资 402.26 亿元；市属企业 96 项，完成投资 383.01 亿元；县属企业 43 项，完成投资 97.2 亿元。在新中国成立后的各个时期都安排了重点建设项目，进入"六五"时期后，建设力度逐年加大，成倍增长。"五五"期间至"十一五"期间，重点建设项目完成投资额分别为 0.54 亿元、2.65 亿元、7.46 亿元、41.18 亿元、93.3 亿元、263.61 亿元和 849.37 亿元。形成了以冶金、煤炭为支柱，以新能源、食品、装备制造、农副业产品加工业为优势的产业体系。主要重点项目有：官厅水库、张家口市京津风沙源治理项目、首都周围绿化工程、沽源牧场、察北牧场、下花园煤矿、河北钢铁集团宣钢公司、中煤张家口煤矿机械、张家口探矿机械厂、河北宣化工程机械、宣化化肥厂、宣化钟楼啤酒、中国长城葡萄酒、张家口卷烟厂、下花园发电厂、张家口发电厂、张家口市风电、沙蔚铁路、云州水库等。

（九）承德市

1949～2010 年，承德市完成固定资产投资 3298.25 亿元，其中，省重点建设项目完成投资达 769.72 亿元，占 23.6%，建成投产项目共 234 个。省属以上企业完成投资 383.26 亿元，建成投产项目 88 个；市属企业完成投资 88.68 亿元，建成投产项目 42 个；县属企业完成投资 307.78 亿元，建成投产项目 104 个。在新中国成立后的各个时期都安排了重点建设项目，"九五"时期，全市建成投产重点项目或单体工程 13 个，为历史上投资规模最多的时期之一。全社会固定资产投资达 291.08 亿元，比"八五"时期增长 1.7 倍。其中，重点项目投资 22.53 亿元，比"八五"时期增长 2.4 倍，占全社会投资的比重为 7.7%，占城镇投资的 15.3%。"十一五"时期，全社会固定资产投资达 2239.65 亿元，是"十五"时期的 3.6 倍，相当于前 57 年（1949~2005 年）1058.6 亿元的 211.6%，为史上最多的时期，也是增长速度最快的时期。其中重点项目投资达560.2 亿元，比 57 年的 217.2 亿元增长 2.6 倍；重点项目投资占全社会投资的比重为 25%，建成投产的重点项目个数达 109 个。形成了钒钛产业、清洁能源、现代旅游、装备制造、新型材料、特色农业等优势产业。主要重点项目有：御道口牧场、承德钢铁、承德钒钛、塞罕坝林场、承德滦河电厂、首都周围绿化重点工程（再造 3 个塞罕坝林场）、京津风沙源治理工程、承德露露、兴隆山楂、承德绿源食品、滦平华都食品、承德乾隆酒业等。

（十）邯郸市

1949~2010 年，建成投资重点项目共 546 项，完成投资 2014.29 亿元。其中，央企建成 38 项，完成投资 189.37 亿元；部属企业建成 58 项，完成投资 280.21 亿元；省属企业建成 106 项，完成投资 329.37 亿元；市属企业建成 177 项，完成投资 231.75 亿元；县属企业建成 167 项，完成投资 178.66 亿元。在新中国成立后的各个时期都安排了重点建设项目，投资规模较大的有 6 个时期，"二五"期间，建成投资重点项目 50 项，完成投资 16.92 亿元；"五五"期间，建成投资重点项目 39 项，完成投资 11.68 亿元；"六五"期间，建成投资重点项目 15 项，完成投资 61.40 亿元；"九五"期间，建成投资重点项目 21 项，完成投资 174.99 亿元；"十五"期间，建成投资重点项目 69 项，完成投资 335.8 亿元；"十一五"期间，建成投资重点项目 285 项，完成投资 1377.87 亿元。形成了以钢铁、煤炭两大支柱产业为支撑，农副产品加工业、食品制造业、装备制造、石油化工、建材、纺织业、医药、商贸物流快速发展的产业体系。主要重点项目有：冀中能源、邯郸钢铁集团、邯郸棉纺织印染、雪驰集团、丛台酒业、新兴能源装备、东武仕水库、国电河北龙山发电、河北硅谷化工、邯郸摩罗丹药业、邯郸陶瓷、河北汉光重工、邯郸金隅太行水泥、五得利面粉集团等。

（十一）邢台市

邢台市"八五"末开始重点项目建设，逐步取得了长足发展，1995年全市重点项目只有44个，2009年达到230个，15年间增长了4倍；1995年全市重点建设完成投资6.9亿元，到2002年达到37.63亿元，2008年达到230亿元，2008年全市重点项目完成投资占城镇固定资产投资的53.2%，重点项目已成为全社会固定资产投资的主要组成部分。"十一五"期间，重点项目建设步伐突飞猛进，2009年完成投资270亿元，是1995年的39倍，2009年亿元以上项目122个，其中，总投资106亿元的河北旭阳焦化煤化工项目、总投资43亿元的宁晋晶龙实业集团光伏产业基地项目、总投资19亿元的今麦郎食品有限公司提质扩能项目、总投资214亿元的建滔（河北）公司煤化工产业园被列入河北省重大支撑项目，为全市经济发展提供了强有力的支撑。形成了装备制造、新能源、煤炭化工、建材、钢铁、纺织服装和食品医药七大主导产业。主要重点项目有：旭阳焦化煤化工、宁晋晶龙实业集团光伏产业基地、建滔（河北）公司煤化工产业园、邢台钢铁、今麦郎、沙河玻璃、隆尧食品、临西轴承、平乡自行车、清河羊绒、宁晋硅材料、中钢邢机等。

五 重点建设项目的投资效果

1949~2010年，河北省全社会固定资产投资累计新增主要生产能力包括：煤炭开采为8419.5万吨/年，其中重点项目为5481万吨/年，占65.1%；原油开采为1965.5万吨/年，其中重点项目为1616.5万吨/年，占82.2%；生铁为6554万吨/年，其中重点项目为3820.1万吨/年，占58.2%；粗钢为6826万吨/年，其中重点项目为4568万吨/年，占66.9%；钢材为18702.9万吨/年，其中重点项目为15544.4万吨/年，占83.1%；发电机组容量为6623.4万千瓦，其中重点项目为4645.2万千瓦，占70.1%；平板玻璃为13565.5万重量箱/年，其中重点项目为11792.7万重量箱/年，占 86.9%；高速公路为 4003.4 千米，其中重点项目为 4001 千米，占 99.9%；输电线路长度为 52221 千米，其中重点项目为 43779 千米，占 83.8%；新（扩）建沿海港口码头吞吐量为 43333 万吨/年，其中重点项目为 38527 万吨/年，占 88.9%；水库库容为 158.71 亿立方米，其中重点项目为 132.4 亿立方米，占 83.4%。这 11 个行业重点项目新增生产能力平均占全省的 79.0%（见表5）。

表5　1949~2010 年河北省全社会固定资产投资累计新增主要生产能力

行　业	新增生产能力	其中重点项目	重点项目占比重（%）
煤炭开采（万吨/年）	8419.5	5481.0	65.1
原油开采（万吨/年）	1965.5	1616.5	82.2
生铁（万吨/年）	6554.0	3820.1	58.2
粗钢（万吨/年）	6826.0	4568.0	66.9
钢材（万吨/年）	18702.9	15544.4	83.1
发电机组容量（万千瓦）	6623.4	4645.2	70.1
平板玻璃（万重量箱/年）	13565.5	11792.7	86.9
高速公路（千米）	4003.4	4001.0	99.9
输电线路长度（千米）	52221.0	43779.0	83.8
新（扩）建沿海港口码头吞吐量（万吨/年）	43333.0	38527.0	88.9
水库库容（亿立方米）	158.71	132.4	83.4

河北重点建设项目所取得的成就，为国民经济的恢复和发展、为社会主义现代化建设、为提高人民生活水平、为建设小康社会，做出了重大贡献。河北经过 1949~2010 年的固定资产投资，尤其是 5372 个重点建设项目的建成投产，使全省综合实力不断增强。2010 年河北地区生产总值为 20394.26 亿元，居全国第 6 位（位于广东、江苏、山东、浙江、河南之后），初步建成一个现代化的强省，人民生活有很大提高，城镇居民人均可支配收入达到 16263.43 元，居全国第 14 位，农村居民人均纯收入达到 5957.98 元，居全国第 11 位。

六　河北省具有重大影响的重点建设项目

（一）根治海河

根治海河是新中国成立后，以河北省为主体的一场大规模的群众性治水运动，是新中国水利建设史上的一个重大事件，是毛泽东时代最伟大的水利系统工程。其参与人数之多以及治水机构的健全和完善程度在新中国成立以来的历次治水活动中都是首屈一指的。

根治海河取得了卓著成效。一是海河流域拥有了战胜洪涝灾害的物质基础。二是洪水危害得到了初步控制。三是建立起了防洪、除涝、灌溉、供水、治污等体系。四是海河流域大部分盐碱地得到治理。

（二）黑龙港水系治理

新中国成立以后，党和各级政府对黑龙港河流域治理非常重视。1954～1982年的29年间，对黑龙港河系进行了6次较大规模的治理。经过6次治理，使黑龙港河系主要干支流的除涝标准由原来不足3年一遇，逐步提高到5～10年一遇，有的达到了20年一遇。这些工程在除涝治碱和蓄水灌溉方面，都发挥了显著效益。

（三）引滦入津输水工程

引滦入津输水工程，是将河北省境内的滦河水跨流域引入天津市的城市供水工程。工程于1982年5月全线开工，翌年9月11日通水，比原计划提前两年竣工，是当时中国最大的城市给水工程，最完整的给水工程之一。它包括水源工程、输水工程、蓄水工程、净水工程与配水工程，还有比较系统的水质环境保护措施、高压供电系统和通信系统。

引滦入津工程发挥了巨大的社会经济效益，在正常情况下每年可输水

10 亿立方米，为天津市提供了一个稳定可靠的水源，缓解了天津城市用水紧张状况，结束了天津市民喝咸水的历史，改善了工业用水条件，促进了天津经济的发展。同时，这一工程还产生了一定的环境效益，为恢复海河排水功能，控制地面沉降，为城市绿化创造了条件。

（四）三北防护林体系建设工程

为了从根本上改变中国西北、华北、东北地区风沙危害和水土流失问题，1978 年 11 月 25 日，国务院批准了在三北地区建设大型防护林的规划，30 多年来，国家一直把三北防护林工程作为国民经济和社会发展的重点项目。河北省三北防护林体系建设工程从 1978 年开始准备到 2010 年结束，连续实施了 4 期工程。三北防护林对整个京津冀地区的气候、土壤、农业生产等都发挥了重大的防护与调节作用。

（五）利用世界银行贷款造林项目

1988 年，国家林业部提出到 20 世纪末全国建设 1 亿亩速生丰产用材林基地建设项目，为了加快林业发展速度，拓宽筹资渠道，经国务院同意，国家计委批准，世界银行认定，确定利用世界银行贷款约 5 亿美元，在全国 16 个省、区实施"中国国家造林项目"（NAP），河北省成为实施该项目 16 个省份之一。河北省林业利用世界银行贷款造林项目，1988 年开始准备到 2010 年结束，连续实施了四期工程。总投资计划约 6 亿元人民币，其中世行贷款 4100 万美元，造林任务 16 万公顷，涉及 9 市的 70 个县（市、区）。尽管每一期项目的具体目标有所不同，贷款的条件和转贷渠道也有所变化，但总体来讲，利用世界银行贷款造林项目建设不仅加快了河北省速生丰产用材林工程的建设进程，储备了大量用材林资源，而且对改善生态环境、促进农业产业结构调整和农民脱贫致富产生了深远影响。同时，借鉴世界银行管理办法形成的一套行之有效的工程造林管理经验，对于河北省在造林管理上与国际接轨，具有十分重要的意义。

（六）官厅水库

官厅水库在位于河北省张家口市和北京市延庆县界内，于1951年10月动工，1954年5月竣工，是新中国成立后建设的第一座大型水库；主要水流为河北怀来永定河，水库面积可达280平方千米，常年水面面积为130平方千米。设计总库容41.6亿立方米，水库流域总面积4.34万平方千米，控制流域面积47000平方千米，多年平均流量44.6立方米/秒，设计洪水流量11450立方米/秒，总库容21.9亿立方米，设计灌溉面积150万亩，装机容量3.0万千瓦。水库的建成不仅在汛期减少了上游下泻的洪峰，而且拦截了大量泥沙，使永定河得到了彻底根治。毛泽东曾亲临官厅水库视察，并且题词"庆祝官厅水库工程胜利完成"。水库运行40多年来，为防洪、灌溉、发电发挥了巨大作用。官厅水库曾经是北京主要供水水源地之一。20世纪80年代后期，库区水受到严重污染，90年代水质继续恶化，1997年水库被迫退出城市生活饮用水体系。之后经过综合治理，在2007年8月被重新启用作为北京饮用水水源地。

（七）京津风沙源治理

2000～2011年，国家共下拨京津风沙源治理工程资金25.3亿元，累计治理2150.9万亩。完成林业建设工程910.22万亩，占任务的100%；草地治理820.788万亩，占任务的100%；小流域治理2799平方千米，占任务的100%；完成生态移民22362人，占任务的96%。

工程实施10年来，通过实施京津风沙源治理工程，张家口全市有林地面积达到了1750万亩，森林覆盖率由2000年的20.4%增加到31.6%；人工种草保留面积达到227.1万亩，改良草场394.9万亩，草场总面积达到2030万亩；项目区林草面积达到宜林宜草面积的80%以上，林草覆盖率由治理前平均不足20%提高到60%以上，沙尘天气明显减少。全市拦沙、固沙率达到71.5%以上，土壤侵蚀模数由过去5900吨/公顷下降到1540吨/公顷，官厅水库年入库泥沙量由899万吨减少到235万吨。为涵养水源、调节气候、净化环境，建设首都外围绿色生态屏障方面起了重要作用。

（八）首都周围绿化工程

首都周围绿化工程是国家林业局提出的"三北"（西北、华北北部、东北西部）防护林体系建设中的一项重点工程。1986年经国务院批准立项，与"三北"二期工程同步实施。张家口市"三北"防护林工程建设从1979年在坝上康保、沽源、张北、尚义4县开始实施，1981年扩展到全市（阳原、蔚县省里按"三北"对待），1986年又列入"三北"防护林重点工程——首都周围绿化工程建设范围。

（九）"龙虎"企业建设计划

"龙虎"企业建设计划是河北"八五"和"九五"期间全省工业建设改造的重点。为了推动全省工业产品结构、技术结构、行业结构、企业组织结构和区域布局结构的优化，提高工业经济的整体素质，1993年，河北省开始实施"龙虎"企业建设计划。"龙虎"企业建设计划确定建设23个系列化和配套化的加工企业集团和53个技术先进、质量优良、效益显著的大型"骨干"企业。全省"龙虎"企业建设计划总投资719亿元，其中用外汇26亿美元，利用外资15.3亿元，涉及石油化学工业、机械工业、电子工业、医药工业、建材工业、轻工业、纺织工业和冶金工业8个行业的251个项目。其中基建29项（投资380亿元），技改222项（投资240亿元）。

通过"龙虎"企业建设，发展龙型经济，以优势企业（市场或中介组织）为龙头，以利益关系为纽带，形成有较长产业链、较强辐射带动作用、较高市场占有率和较好发展前景的系统性经济组织，降低市场交易成本，实现规模经营；抵御市场风险，增强综合竞争能力；推动科技进步和创新，促进集约化经营；解决城乡分割的矛盾，增加财政和城乡居民收入。

（十）秦皇岛港

秦皇岛港是世界最大能源输出港，是中国"北煤南运"大通道的主枢纽港，担负着中国南方"八省一市"的煤炭供应，占全国沿海港口下水煤炭的50%。1949~2008年秦皇岛港有省级和国家级重点建设项目共计34个。其中包括：乙码头建设和技改项目，原油码头、燃油供应站建设和技改项目，杂货专用码头建设和杂货、集装箱码头改造项目，煤炭专用码头建设和技改项目，跨港工程建设项目。1959年，只有7个泊位，年通过能力仅360万吨。至2008年底，已拥有45个生产泊位，年通过能力达2.23亿吨。

改革开放以来，秦皇岛港不断发展壮大，吞吐量逐年攀升。2001年，煤炭吞吐量首次突破1亿吨，2006年，煤炭吞吐量突破2亿吨，2011年煤炭吞吐量2.88亿吨，在全国亿吨大港中居第8位。作为国家级的煤炭运输主枢纽港，秦皇岛港在西煤东调和北煤南运两项工程中发挥着重要的作用。

（十一）黄骅港

黄骅港综合港区地处渤海湾，毗邻京津，背靠大西北，是河北省南部沿海的地区性重要港口，是环渤海的新兴港口，是冀中南地区最便捷、最经济的出海口，拥有广阔的发展空间。

黄骅港始建于1984年，1986年建成2个1000吨级码头泊位，到2010年共有生产性码头泊位14个。其中，煤炭泊位8个，通用杂货泊位5个，2万吨级液体化工泊位1个。黄骅港由煤炭港区、综合港区和河口港区3个港区组成。黄骅港工程是中国西煤东运第二大通道的出海口，"神华工程"的龙头。黄骅港的发展定位是：形成以煤炭港区、散货港区、综合港区为主，河口港区为补充的发展格局，加速由煤炭装船港向综合性港口转变，打造区域性综合大港，成为沟通冀中南以及山西、豫北、鲁西北等地的出海口。发展目标是：到2015年，黄骅港港口吞吐量达到2亿吨，集装箱达到170万标准箱。到2020年，港口吞吐量达到2.5亿吨，集装箱达到200万标准箱。

（十二）曹妃甸

2003 年，河北省决定正式开发曹妃甸，并作为"河北省一号工程"。2005 年，国务院决定首钢搬迁曹妃甸，曹妃甸工业区管委会成立。2006 年，曹妃甸工业区被列入国家"十一五"发展规划。曹妃甸的开发建设，立足国内、国外两种资源和两个市场，充分发挥腹地既有产业、技术和资源配置等优势，以大码头、大钢铁、大化工、大电能等"四大"主导产业为核心，相关工业组成布局，三次产业协调发展。曹妃甸工业区作为国家首批发展循环经济试点产业园区之一，功能定位是以建设国家科学发展示范区为统揽，逐步把曹妃甸建成中国北方国际性能源、原材料主要集疏大港，世界级重化工业基地，国家商业性能源储备和调配中心，国家循环经济示范区。

（十三）中国北车唐山轨道客车

中国北车唐山轨道客车有限责任公司（简称唐山轨道客车公司），是 2006 年 11 月根据中国北车集团公司《关于客车制造业务整合资产重组的决定》，由原唐山机车车辆厂新造客车系统重组整合后于 2007 年 7 月 10 日在唐山注册成立的法人独资的有限责任公司。公司作为国家首批 91 家创新型企业之一，构建了以铝、钢材质为主导的 2 条车体生产线，形成了由高速动车组、城轨车、中低速普通客车、特种车 4 个系列的产品体系。

（十四）富士康电子信息产业(廊坊)制造基地

富士康电子信息产业（廊坊）制造基地是河北省"十一五"最重要的投资项目之一，并被列为省重点支撑产业项目。富士康精密电子（廊坊）有限公司（简称廊坊富士康）隶属于富士康科技集团，系专业从事电子产品生产制造的高科技公司。

富士康精密电子（廊坊）有限公司电子信息产业制造基地是富士康科技集团在华北地区投资建设规模最大、最集中的建设项目，规划建成富士康

科技集团全球无线通信事业群最重要的生产基地和研发基地，以此有效整合富士康集团在华南、华东地区的零组件制造能力和订单，向客户提供从关键零组件到移动通信准系统组装的全方位制造与客户服务。

（十五）华北制药集团

华北制药集团的前身华北制药厂是中国"一五"计划期间的重点建设项目之一，1953 年筹建，1958 年投产，总投资 7588 万元。建设内容包括：抗生素厂区、淀粉厂、玻璃分厂三部分。华北制药厂的建成，开创了中国大规模生产抗生素的历史，结束了中国青霉素、链霉素依赖进口的历史，缺医少药的局面得到显著改善。

华北制药集团有限责任公司是 1996 年改制成立的国有独资公司，华北制药一直是中国最大的化学制药企业之一，是最大的抗生素和半合抗生产基地。截至 2010 年底，华药集团合并总资产 125 亿元，年销售收入突破百亿大关，实现利税 7 亿元，利润 4 亿元。

参考文献

河北省人民政府编《河北经济年鉴》（1985～2011），中国统计出版社。

国家统计局编《中国统计年鉴 2011》，中国统计出版社，2011。

石家庄市、保定市、廊坊市、秦皇岛市、唐山市、沧州市、张家口市、承德市、衡水市、邯郸市、邢台市统计局，1949～2010 年统计数据。

B.8
河北省大气污染治理的
就业效应分析及政策应对[*]

郭晓杰　张晓红[**]

摘　要：　大气污染治理会对就业产生影响，这已得到各界共识，但影响的方向是什么，影响的程度有多大，在不同范围内影响的表现怎样，这些问题目前还无定论。本文尝试利用统计数据对河北省大气污染治理的就业效应进行实证分析，结果显示，大气污染治理的推进在当前阶段造成了重工业就业水平的显著损失，但从全社会范围来看，对全社会平均就业水平产生了拉动作用，只是从目前来看，这种拉动的效果还不显著，这说明以环境保护为抓手的经济结构调整政策组合还需要继续推进。

关键词：　环境规制　就业　影响政策　应对

一　引言

近年来大气污染事件频发，且呈一种集中、连片爆发的特征。由此我们可以得到两方面的基本判断：一方面，频发的环境污染预示着我们现行的粗

---

　*　本文是河北省社会科学发展研究课题(课题编号:2014031428)的研究成果。

　**　郭晓杰，河北省社会科学院经济研究所助理研究员，主要研究方向，劳动经济学、产业经济学；张晓红，华北制药股份有限公司法律审计部主任，审计师。

放型经济发展模式与环境承载力之间的矛盾日益尖锐；另一方面，偏重的工业结构已难以为继，预示着我国工业化进程有由工业化中期向后期过渡的动力。① 为了改变粗放的经济发展模式，为了促进我国由资本投入为经济发展驱动力的工业阶段向以技术进步为驱动力的阶段转变，同时也为了满足人民群众日益增长的环境保护诉求，政府颁布实施了一系列关于环境保护的政策措施，尤以大气污染治理为最。2013 年以来，中央先后发布了《大气污染防治行动计划》《京津冀及周边地区落实大气污染防治行动计划实施细则》等一系列治理政策，并于 2014 年通过了新修订的《环境保护法》。

这轮被认为是"史上最严格"的大气污染治理应该说在改善大气环境、"倒逼"工业转型、转变经济发展方式等方面起到了积极作用。但社会各界也有许多担忧，认为严格的环境管制会对社会民生，尤其是对所涉及产业的就业产生负面影响，而对于大气污染治理重镇的河北省来说，这样的担忧更普遍。为此，河北省政府开展了多次调研座谈，就大气污染治理对就业可能产生的影响展开调查。但这种自上而下的调研往往存在着听书面汇报多、实地考察少的问题，更缺乏有效的数据收集，且信息来源多为市县政府和利益相关企业，不排除信息失真问题。因此，本文尝试利用统计数据对大气污染治理的就业效应进行实证分析，以期得到一个基本的判断，并据此提出相关的政策建议。

二 文献回顾

由于许多发达国家比较早地实施了环境治理政策，因此关于环境治理对就业的影响这一问题，国外学者做了大量研究。

从内容上来看主要有四类研究：第一类是环境管制的一般均衡估计，以

---

① 关于我国工业化发展阶段问题目前各界还没有达成共识，但有一点应是普遍认同的，即凡是认为我国工业化处于中期阶段的，也是处于中期靠后节点；同样，凡是认为我国处于工业化后期阶段的，也是刚迈入后期。因此，从此种意义上来说，我国正处于一种工业化发展的中后期阶段。具体详见冯飞、王晓明、王金照《对我国工业化发展阶段的判断》，《中国发展观察》2012 年第 8 期。

Hazilla 等人（1990）和 Jorgenson 等人（1990）的研究为代表，他们假定在充分就业状态下，真实工资会自动调节以致劳动需求等于劳动供给。也就是说，经济中工作数量的任何变化完全取决于工人们根据真实工资变化而做出的工作更多或更少的选择。因此，环境管制增加会引起产量缩减，致使真实工资下降，最终引起就业水平下降。这类研究的理论落脚点在于由环境管制所引起的"劳动—闲暇"的相对价格变化。第二类研究是以微观企业作为研究对象，认为环境管制导致一个企业的生产成本增加，从而对产品价格带来提价的动力，但若产品价格提高却导致产量减少，最终导致某种程度上的就业减少。美国劳工部曾做过调查，结果显示每年因环境支出增加而损失的工作岗位数仅为 650 个，仅占美国全部裁员的千分之一。但有学者（Morgenstern et al.，1999）认为，这些调查很可能会低估了潜在的工作损失，原因在于其忽略了对于比较小的企业来讲，环境管制是其关门与否的关键因素。第三类研究是针对特定产业展开的，虽然这类研究还不普遍，但已有学者进行尝试。早期的研究如 Gollup 等人（Gollup and Roberts，1983）对电力行业的分析指出，环境管制的增加会引起显著的工作岗位损失。而近期由 Berman（Berman et al.，1997）等人对炼油行业进行的研究却得出相反的结论，即没有证据证明环境管制会引起劳动需求的减少，如果有影响，也是空气质量管制可能会引起就业的轻微增长。第四类研究是关于制造业就业增长率的区域比较研究，即空气质量达标区域与不达标区域的就业增长比较，许多研究（Henderson，1996；Kahn，1997；Greenstone，1997）认为，实施空气质量管制地区的制造业一般都比没有实施管制地区的制造业有更高的就业增长率。

至此，我们可以发现环境管制会对就业产生影响，但到底是二者之间的此消彼长，还是实现共赢却一直难以达成共识。新近的一些研究（Marx，2000；Morgenstern et al.，2002）跳出传统研究的思路，从就业的净效应角度入手探讨环境管制对就业的影响，其理论依据为：一方面因管制加强而使污染企业的成本增加，价格上升，产品需求降低，产量减少，最终传导引致就业减少；另一方面随着环境保护的迅速发展，环保也成为一种产业可以创造就业，就是企业内部因环保设施、技术改进也产生了新的岗位。因此，以大气

污染治理为代表的环境管制在损失了就业的同时，也创造了就业，最终在整个经济范围内就业的净效应为正，即获得了少量的就业创造（Goodstein，1994）。

国内关于大气污染治理对就业产生影响的研究还不是特别多，这可能有两方面的原因：一方面中国长期实施的"保增长"之政策导向使人们在经济与环境很难实现共赢的背景下，"理性"地选择了经济增长；另一方面中国的环境管制意识还没有形成共识，环境管制力度还很薄弱，环境管制法规还不完善。这使政府部门难有动力开展长期、不间断的环境管制统计调查工作，相关统计数据缺乏成为此类研究难以进行的"软肋"。就现有的研究来看，侧重点也有不同。有从产业角度探讨环境管制对就业的影响，结果显示环境管制加强不仅不会引起劳动力就业量下降，反而会促进就业上升，甚至于污染密集型行业也会因末端治理增加而促进行业就业的提高（陈媛媛，2011）。但也有不同看法，认为在未来5年内环境管制对就业增长率的影响是十分有限的，即在目前的条件下，中国还难以实现就业的"双重红利"（陆旸，2011）。还有从产业结构升级角度探讨环境管制与就业关系的研究，闫文娟等人（2012）利用2003~2010年的省际面板数据验证了当以产业结构和环境规制作为门限变量时，环境规制对就业影响会有差异：若以环境规制自身作为门限值时，环境规制强度低于门限值，会对就业的影响为正，反之为负；以产业结构为门限变量时，如果第三产业占GDP的比值没有超过门限值时环境规制对就业的影响为负，反之则为正。由此可以得出结论，环境规制对就业的影响并不是非正即负，而是存在一种非线性的关系，且越是发达地区，其环境管制程度越高越有利于就业。

三 实证分析

（一）大气污染治理对就业影响的理论判断

综观现有研究可以发现，关于大气污染治理对就业的影响没有统一的结论，会因研究角度不同而有所不同。大气污染治理之所以会对就业产生影响，主要是因为治理增加了企业生产成本，致使企业不得不抬高产品价格以保证利润的获得，而这将减弱企业在市场上的竞争力，从而导致生产规模缩小，最终对劳动力需求降低，就业减少。但随着时间推移，其中会有一部分企业先于其他企业进行生产设备的清洁改造，当社会普遍认同清洁生产技术工艺下的产品时，这部分企业会占领市场先机，获得更大的市场份额，生产规模也会因产品需求增加而扩大，从而对劳动力需求也增加，而使就业增加。

若从行业角度来看，由于不同企业对大气污染"贡献度"不同，因此在治理过程中所受到的就业影响程度也不尽相同。凡是对大气污染有"正"贡献的行业，如以钢铁、水泥为代表的高排放、高能耗、高污染的重化工业，大气污染治理过程必然会对其就业产生负面影响。但与此同时，也会有一些行业因环境治理而应运而生，如环保产业等，这些行业的发展会提供新的工作岗位。因此从全社会的角度来看，环境管制对就业的影响是模糊的。

（二）大气污染治理影响的就业范围界定

要想准确地衡量治理大气污染对就业的影响，首先得需要确定受影响的就业范围，而要确定这一点，就需要先明白是哪些行业对大气污染做出了"贡献"。根据大量研究和现实观测可以发现，具有高能耗、高排放、高污染的重化工行业是造成大气污染的主要人为因素，究其根本原因是以燃煤为主的能源结构，重化工业为主的产业结构，粗放发展的经济结构共同成为大气污染频发的根源。具体到河北省而言，主要是以钢铁、水泥、平板玻璃为代表的重化工行业。统计数据显示，河北省全省工业结构可以用 3 个 1/3 来形容，即全省规模以上企业的工业增加值中，钢铁产业占 1/3，装备制造业和石化产业占 1/3，其余所有产业占 1/3。其中高污染、高排放、高能耗的产业，包括钢铁、石化、建材等行业产值，一直占全省工业产值的一半以上。如果再加上平板玻璃、陶瓷、建材等行业，"三高"产业约占全省工业的 2/3。虽然这些行业一直以来是河北的经济支柱，但一直处于低水平发展，成为河北各类耗能与污染的元凶。尤其指出的是，每年综合能耗总量的

1/3，二氧化硫排放量的 26.6%，烟粉尘排放量中的四成均来自钢铁产业。由此可以判断，治理大气污染而影响到的就业主要分布在以钢铁、水泥、平板玻璃为代表的重化工行业。

（三）数据选取及变量说明

本文以环境管制为解释变量，以就业水平为被解释变量做条件放松的线性回归分析，即：

$$L_i = \alpha + \beta_1 fqzl_i + \beta_2 gdp + \varepsilon$$

其中，L 代表就业人员；$fqzl$ 代表废气治理投资；gdp 代表地区生产总值；下标 i 表示年份。

被解释变量是就业人员，用重工业从业人员年平均人数和全社会就业水平来衡量，之所以选择这两个指标一是考虑到河北省偏重的产业结构，且多为高能耗、高污染、高排放的企业，近年来河北省大气污染治理的重点也放在了这些行业上，因此该变量能更好地反映大气污染治理的影响效果。另外作为对比，希望了解大气污染治理对全社会范围内的就业产生怎样的影响。

解释变量是环境规制和地区经济发展水平。对于环境规制变量而言，由于目前还没有能够直接用于度量环境规制的指标，已有研究纷纷采取各种间接指标，比如地区污染投诉率（傅京燕，2009），环保相关的行政处罚案件和污染治理项目本年完成投资（陈媛媛，2011），或者是污染治理投资占企业总成本或产值的比重（张成，2011）。综合以往研究，同时考虑到本文研究目的及数据可得性问题，选取了工业污染治理完成投资作为环境管制指标，由于本文是研究大气污染治理对就业的影响，因此又将工业废气治理设施当年运行费用这一统计指标也作为环境管制指标予以考察。

地区经济发展水平使用的是实际 GDP 的增长率。一个地区经济增长速度对该地区就业水平具有拉动作用已得到大家的共识，只是这种拉动非线性，一些研究（卞纪兰等，2011；吴江等，2013）已显示，近年来由于受国际疲软的经济形势影响，以及国内正在进行的经济结构调整使得我国经济增长增速放缓，且对就业拉动能力下降，尤其是体现在重工业领域。本文对GDP增长和重工业从业人员的统计分析显示（见图1），自2011年开始，经济增长指标与就业增长指标开始分离，虽然经济还在增长，但重工业就业已有下降的迹象。

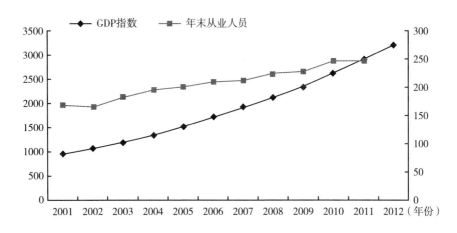

图1　经济增长与就业关系

资料来源：GDP增长数据来源于《河北经济年鉴2013》，年末从业人员数来源于历年《中国工业经济统计年鉴》。

利用2005~2012年统计数据先是对指标的相关性做了简单考察，结果显示重工业从业人员数与工业废气治理设施当年运行费这两个指标的相关性最高。由此也说明这两个指标对于本文的研究目的而言具有更好的代表性。（见表1）

表1　环境管制指标与就业指标相关性

就业＼环境管制	工业污染治理完成投资	工业废气治理设施当年运行费
从业人员数	－0.46	0.91

资料来源：《中国工业经济统计年鉴》，《中国环境统计年鉴》2005~2012年河北省相关数据。

本文的样本为2001~2012年河北省的统计数据。工业废气治理设施当年运行费用来自《中国环境年鉴》和《中国环境统计年鉴》，就业人员数据

来自《中国工业经济统计年鉴》（2004 年和 2012 年的除外），2004 年的就业人员数据根据《2004 年中国经济普查年鉴》计算而得，而 2012 年《中国工业经济统计年鉴》更名为《中国工业统计年鉴》，新版年鉴中没有对重工业从业人员年平均人数进行收集，因此该年变量值缺失。

（四）回归结果及其分析

表 2 给出了大气污染治理对就业影响的回归结果，由两个模型构成。模型（1）代表大气污染治理对重工业就业水平的影响，其中 zemployment 代表重工业就业人员年平均数。实证结果显示随着大气污染治理强度增加，重工业就业水平有显著性下降，即每增加 1 单位的大气污染治理费用，就会损失 0.283 个岗位。这一结果从实证上验证了前述理论判断部分中的分析，即凡是对大气污染有"正"贡献的行业，如以钢铁、水泥为代表的高排放、高能耗、高污染的重化工业，大气污染治理过程必然会对其就业产生负面影响。同时也说明，在我国当前还无法实现环境保护和就业的"双重红利"。

作为对模型（1）的比较说明，本文构建了模型（2），其中的被解释变量由全社会就业人员数来代表，用于考察大气污染治理在全社会范围内的就业效应如何。实证结果显示，加强大气污染治理在全社会范围内实现了就业增长，即每增加一单位环境管制则创造 0.2 个就业岗位，只是目前来看这种增长的显著性不强。但至少可以说明当前所进行的转变经济发展方式、调整产业的结构，尤其是以改善环境质量、加强环境管制为抓手的政策组合正在发挥作用。2014 年上半年河北省加大稳增长、治污染、调结构各项措施的落实力度，实现经济运行稳中有升、结构调整稳中有进、质量效益稳中向好，城镇新增就业 40.7 万人，城镇登记失业率为 3.6%，比上年同期降低了 0.11 个百分点，说明就业形势是比较稳定的。这从另一方面以客观事实进一步验证了本文的理论假设。

我们也观测到，不论是模型（1）还是模型（2）都很好地展示了经济发展水平对就业的拉动作用。虽然这一结果与本文前述中提到的一些研究结论有所不同，但也恰恰说明经济增长对就业的影响是非线性的，会在不同发展阶段有不同的表现，但总体趋势呈现拉动作用。同时我们也发现，在当前中高速增长已成为经济"新常态"的阶段，经济增长对就业拉动作用在不同领域会有不同的表现，从表2中可以看到，经济增长对重工业就业的拉动作用要弱于全社会就业水平，即 GDP 每增长一个百分点会促进 0.3 个就业，而对重工业的就业影响则要微弱得多，虽然二者的影响程度都很显著。这也进一步说明当前正在推进的转变经济发展方式、调整产业结构的政策开始发挥效用，随着经济进一步转型，产业结构得以优化，产业链的高端推进，高技术和战略性新兴产业的进一步发展都将对就业产生新的拉动作用。

表2　大气污染治理对就业影响的回归估计结果

	(1)	(2)
	zemployment	employment
fqzl	− 0.283 *	0.202
	(− 2.03)	(0.47)
gdp	0.0597 ***	0.277 ***
	(6.58)	(10.07)
_cons	112.1 ***	3136.4 ***
	(10.97)	(102.42)

说明：括号内为系数的 t 统计值，* 表示在 10% 水平上显著，** 表示在 5% 水平上显著，*** 表示在 1% 水平上显著。

四　结论与政策建议

（一）结论

本文就河北省大气污染治理对就业影响进行了中观层面上的实证分析，在具体操作过程中为了进行对比分析，特选择了大气污染治理的重点行业就业人数和全社会就业人数作为被解释变量分别予以考察。实证结果包括以下几方面。

首先，大气污染治理会对就业水平产生影响，只是影响方向和程度会有所不同。对于大气污染治理的重点领域而言，重工业的就业水平显著下降，

而全社会就业水平上升，只是从目前来看，这种上升还不显著。可能的原因在于大气污染治理强度在近些年才开始有所增加，尤其是2013年以来因频发的雾霾而密集出台了一系列环境保护政策措施，只是由于滞后性使得政策实施效果目前还不明了。

其次，我们同时还考察了经济增长对就业的影响，结果显示经济增长对就业具有显著的拉动作用，只是在不同行业和范围内的拉动程度会有所不同。对于受大气污染治理影响比较重的重工业来讲，经济增长的拉动作用比较小，这一方面说明重工业行业多是资本密集型，吸纳劳动力能力比较弱；另一方面也说明当前的促进经济转型的政策调整正在发挥作用。而与此形成对比的是经济增长对全社会就业的拉动作用要高于重工业，这其中除了第三产业对劳动力吸纳能力强的原因之外，也不排除随着环境管制加强，应运而生的环保产业的发展以及受管制企业中加强环境治理环节等方面对就业的拉动作用。

最后，进一步思考，由于数据可得性问题，我们无法对更细分行业的大气污染治理就业效应做更进一步的分析，尤其是当前我国还没有建立统一的节能环保产业统计报表制度，无法对环保产业就业情况有全面的数据掌握，只能是从理论层面推断大气污染治理对环保产业的就业有促进作用，但无法得到来自现实的验证。

（二）政策建议

大气污染治理会对相关行业产生影响，我们在前述实证部分已验证对重工业就业产生了显著的负面影响，且可以预判有些影响在一定时期内甚至是"伤筋动骨"的。以钢铁产业为例，河北是钢铁大省，粗钢产量已连续12年位居全国之首，目前钢铁产能为2亿吨，超过全国总量的1/4。2013年国务院出台的《关于化解产能严重过剩矛盾的指导意见》中明确提出未来5年钢铁行业要压缩总量8000万吨，其中6000万吨产能消减任务落在河北身上。这对于以钢铁作为支柱产业的河北来说，不仅会影响经济增速，减少财政收入，还会影响相关行业企业人员就业安置问题。按目前河北省吨钢与员工的比例计算，就将有直接从事生产的 20 万员工下岗，从事物流等配套行业的 40 万人受到影响。由于相关技术岗位减少，40～50 岁的人员重新安置十分困难。因此有必要制定相应的政策措施以应对当前所面临的调结构、转方式引起的"阵痛"。

1. 污染治理与岗位创新相结合

大气污染治理应从源头入手，包括工业企业生产中投放的原料，排放的废气处理等。当前中央为了尽快改善空气质量，给各省规定了治理大气污染的时间表。河北省作为污染重省，相对于其他省份而言，为了能在这个规定的时间内完成中央下达的目标面临着巨大的压力，而要把污染很严重的空气质量加以改善是需要很长时间和投入的，发达国家环境治理历史已反复验证了这一点。因此，近两年来地方政府在大气污染治理方面采取了一系列紧急刹车的做法，即关、停、并、转，而其中执行成本比较低的就是关和停。但在经过一段时间关、停行动之后，空气质量是否有了明显改善目前来看还无法下结论，但上万人失业却是现实可见的。因此我们需要反思：污染治理能否与岗位创新相结合。可借鉴美国环境保护的成功做法，规定企业的排污总量，允许企业在内部实现排污量自我调节，这样就会在企业内部实现人员流动和岗位创新，而不必因简单关停而导致人员下岗失业，形成社会不稳定因素。

2. 加大民生保障力度

因调结构、转方式，尤其是此次大气污染治理所致的失业下岗问题需要企业和政府部门共同协调，妥善做好下岗职工安置工作。企业自己能解决的，要鼓励其主动承担；企业安排不了的，由政府相关部门分情况予以安置。人社部门要认真做好社会保障金的发放和失业救助工作，进一步研究重点治理区域分流下岗职工时可自由支配节余失业保险金的可行性问题，及时调解和仲裁劳资纠纷；民政部门做好保底工作，及时进行社会救助、帮困。

3. 完善就业相关配套政策

近些年来，尤其是2013年11月和2014年2月的两次大规模集中进行大气污染治理行动，取得了显著成效。但与此同时也带来了许多涉及民生和

社会稳定的问题，其中尤以职工下岗和失业最为紧迫。由于此次调控所涉及的多为中小民营企业，而这些企业一般位于县城周边的乡村，所雇员工多为农民工，多数没有入社保，且由于长期在工厂工作，不掌握其他技能，一旦失业就很难再找到工作。但到目前为止，对于失业工人的再就业政策及相关配套措施还不到位，可使用的应对危机的手段比较少而单一。因此需要进一步完善社会保障制度，尤其是针对经济转型所涉及的失业及再就业的相关政策。采取积极的失业保险政策，进一步拓宽失业保险支出渠道，从失业保险中划出专项资金稳定就业岗位，减少企业负担；为失业人员提供就业信息服务，对失业者进行就业指导和职业培训；对雇用特定衰退产业或地区失业的企业提供补贴；为原企业提供劳动者停业补助和训练费用；安排失业人员参加公共事业。建立环境损害社会救助基金，各级党委、政府应推动建立环境污染损害社会救助基金，及时对因环境污染损害造成生活困难的人进行救济，防止引发社会不稳定因素。

参考文献

冯飞、王晓明、王金照：《对我国工业化发展阶段的判断》，《中国发展观察》2012年第8期。

陈媛媛：《行业环境管制对就业影响的经验研究：基于25个工业行业的实证分析》，《当代经济科学》2011年第3期。

陆旸：《中国的绿色政策与就业：存在双重红利吗？》，《经济研究》2011年第7期。

闫文娟、郭树龙、史亚东：《环境规制、产业结构升级与就业效应：线性还是非线性？》，《经济科学》2012年第6期。

卞纪兰、赵桂燕、林忠：《中国就业与经济增长关系分析》，《生产力研究》2011年第7期。

吴江主编《中国人力资源发展报告（2013）》，社会科学文献出版社，2013。

Hazilla, Michael, and Raymond J. Kopp. "Social Cost of Environmental Quality Regulation: A General Equilibrium Analysis". *Journal of Political Economy* 98 (4): 853 – 873, 1990.

Jorgenson, Dale W., and Peter J. Wilcoxen. "Environmental Regulation and

U. S. Economic Growth". *Rand Journal of Economics* 21（2）：314 – 340，1990.

Morgenstern，R. D. ，William A. Pizer，and Jhih-Shyang Shih，2002 "Job versus the Environment：An Industry-level Perspective"，*Journal of Environmental Economics and Management*，43，412 – 436.

Gollup，Frank M. ，and Mark J. Roberts. 1983，" Environmental Regulations and Productivity Growth：The Case of Fossil-Fueled Electric Power Generation". *Journal of Political Economy* 91（4）：654 – 674.

Henderson，Vernon J. 1996，"Effects of Air Quality Regulation"，*American Economic Review* 86（4）：789 – 813.

Kahn，Mathew E. ，1997，"Particulate Pollution Trends in the United States"，Journal of Regional Science and Urban Economics 27（1）：87 – 107.

Greenstone，Michael. 1997. "The Marginal Effects of Environmental Regulations on the Manufacturing Sector：Evidence from the 1970 and 1977 Clean Air Act Amendments". *Princeton，NJ：Economics Department*，Princeton University.

Berman，E. ，Bui，L. T. M. ，2001，"Environmental Regulation and Labor Demand：Evidence from the South Coast Air Basin"，*Journal of Public Economics*，79，265 – 295.

Goodstein，E. B. ，1994，"Job and the Environment：The Myth of a National Trade-off，Economic Policy Institute"，Washington，DC.

B.9
京张联合申办冬奥会背景下
张家口奥运经济发展研究

李会霞*

摘　要： 申办和承办2022年冬奥会，是我国21世纪的一件大事，是中华民族的盛事，也是张家口经济社会跨越发展进程中难得的历史性机遇。借奥运机遇，大力发展奥运经济，为新时期、新形势下张家口经济的跨越腾飞提供了新动力，同时也带来许多新困难和新挑战。本研究力图以全新的理念、全新的视野和全新的高度，系统、全面地论述张家口发展奥运经济的战略意义、现实基础、机遇挑战、基本策略以及发展方向和重点，以期为张家口今后的科学发展、绿色崛起打开新局面，助推新发展。

关键词： 张家口　冬奥会　奥运经济

奥运经济是为满足举办奥运会的相关需要或利用奥运会创造的商机而进行的一系列经济活动——对主办国或举办城市产业产生直接或间接的巨大诱发效益——总称。从广义的角度讲，奥运经济就是在奥林匹克精神的指导下，以城市发展战略和远景规划为基础，以奥运为支撑点引发的一切产业经济现象和效益的总称。

---

* 李会霞，河北省社会科学院经济研究所、河北省文化研究中心助理研究员，主要从事区域经济和产业经济等方面的研究。

北京—张家口联合申办第 24 届冬季奥运会，是历史的选择，也是我国展示大国风范、构筑伟大"中国梦"的又一重大战略决策，更是张家口改写经济社会发展历史的重大战略机遇。借奥运机遇，大力发展奥运经济，对于张家口，对于河北乃至整个京津冀地区都具有积极而深远的意义。

一 张家口发展奥运经济的战略意义

（一）有利于张家口借力"奥运引擎"，助推全市经济加速上行

奥运经济是借势经济。借奥运机遇，大力发展奥运经济，一方面，必将为张家口带来大规模的经济建设，从总体上扩大投资规模，直接拉动全市经济实现高速增长；另一方面，奥运也将直接刺激假日消费、旅游休闲消费，以及文化、体育、交通、通信等消费需求的持续增长，对全市经济大发展产生强大的推动力量。大规模新增投资和持续增长的消费需求将为张家口今后一段时期带来巨大的商机与空前的发展机会，必将持续推动张家口经济加速上行，高速发展。

（二）有利于推动经济结构优化升级，实现绿色经济跨越崛起

奥运经济是生态经济。大力发展奥运经济，必将加快张家口绿色经济置换传统资源型产业的步伐，推动全市产业优化和升级。第三产业占国民生产总值的比重将大幅提升，与奥运会相关的金融保险、旅游会展、商业服务、现代物流和文化体育等一批现代服务业将受到明显拉动；第二产业受到直接而有力的推动，高端制造业迅速发展，高新技术产业的主导作用将更加明显；全市农业现代化水平迅速提高，循环农业、观光农业、创汇农业等现代农业加速发展，逐步推动全市产业转型升级。对于加快构筑现代服务业繁荣、战略性新兴产业引领、先进制造业支撑的绿色产业体系，进而实现全市经济绿色增长、跨越崛起具有十分重要的作用和意义。

（三）有利于全面加快对外开放步伐，推动对外开放向广度和深度拓展

奥运经济是开放经济。由于奥运蕴含大量商机，必然会吸引众多国际组织和跨国公司进行商业投资和业务谈判，大力发展奥运经济，不仅有效地促进了张家口与国际社会的交流合作，全面加快对外开放的步伐，同时，也必将推动张家口政府部门职能转变、基础设施建设、投资和贸易环境改善，对于进一步拓展对外开放的广度和力度，全面提升张家口对外开放交流与合作的层次和能级都具有十分重要的意义。

（四）有利于推动区域合作水平提升，加快京张同城化和京津冀协同发展

奥运经济是协同经济。京张联合申办和举办冬奥会，契合了京津冀协同发展的重大国家战略和我国转型升级的发展主题，实现了奥运梦想舞台与京津冀协同发展梦想舞台的叠加；大力发展奥运经济，对于促进京张深度合作和区域一体化发展具有十分重要的意义。一方面必将拉动大量建设资金直接转化为京、张两地城市建设和项目投资，有效促进张家口经济加速发展，迅速缩短与京津及其他地区的发展落差，同时也将推动整个京津冀区域内的基础设施、产业发展、市场建设等无缝对接，全面加快京张同城化和京津冀一体化发展。另一方面随着京张两地的奥运产业的发展，必然需要大量的人才、技术以及原材料、工业产品等方面的供应，将极大地促进京津冀地区的产业发展、消费启动，进而推动区域间城市合作水平的提升，真正实现优势互补，合理分工，共同发展。

（五）有助于迅速提升张家口的城市"格调"和城市品牌内在价值，树立良好城市形象

奥运经济是注意力经济。京张联合申办冬奥会，将使张家口与国家形象、国家利益紧密联系在一起，一举跃上国际舞台，迅速成为世界关注的焦

点，在短时间内迅速接轨国际。大力发展奥运经济，势必会在短时间内给张家口带来大规模的城市建设，一批技术先进、功能配套、规模齐备的现代化城市基础设施和设备投入运行，促使城市规划日臻完善，城市面貌焕然一新，进而实现整个城市的"格调"升级；此外，伴随张家口关注度的提高和游客人数的增加，必将刺激文化产业和旅游业等相关产业的快速发展，进而推动城市文化资源开发，丰富城市人文内涵，为张家口提升城市品牌价值，树立良好的国际形象提供了难得的机遇。

（六）有利于不断提高人民生活质量，促进社会全面进步

奥运经济是民生经济，立足于提高人民生活水平，通过增加就业机会，提高城乡居民收入，改善居住环境，切实给老百姓带来实惠和好处。首先，冬奥会从筹备到举办，需要兴建各种体育场馆、交通设施、通信、服务等设施，各种生产性、服务性部门的工作量也大为增加，必将为民众创造大量的就业机会和就业岗位，有效地促进城乡居民收入水平提高。其次，举办冬奥会还将大大加速城市绿化美化、危旧房改造和住宅建设以及生活配套设施改造等工程建设，居民居住环境将得以明显改善。此外，随着各类奥运场馆建设和奥运氛围不断浓厚，必将带动全民健身和体育运动的蓬勃发展，使市民的文化体育活动更加丰富多彩，精神文化生活更加充实。

二 张家口发展奥运经济的现实基础

（一）区位条件得天独厚

张家口地处京晋蒙冀四省交界处，东邻北京市和河北省承德地区，西与山西省雁北地区相连，南与河北保定地区交界，西北部及北部与内蒙古自治区乌兰察布盟、锡林郭勒盟接壤，地理位置十分优越。从大区域范围看，张家口位于首都经济圈和晋冀蒙经济圈交接处，既能辐射华北、东北、西北三省市场，又紧邻首都大市场，同时承接东北亚国际市场，是西

北内陆地区经济辐射的"咽喉"和内陆地区东出、南下进京或出海的必经关口；从小区域范围看，张家口是首都经济圈内重要的节点城市，是典型的首都远郊腹地，与北京在业缘、人缘上相连相通，在经济和文化发展上，便于接受首都的资金、技术、人才、信息、文化和都市文明等多种要素的直接辐射。优越的地理区位，为张家口大力发展奥运经济奠定了重要的基础。

（二）交通体系四通八达

张家口市高速公路、铁路、航空等四通八达。已建成京张、宣大、丹拉、张石、张涿、张集、京新等高速公路，京包、丰沙、大秦、沙蔚等铁路，全市高速公路通车里程达 808 千米，居全国前列，公路总里程居全省第一。张家口机场正式通航。伴随京张城高铁建成通车后，张家口将完全纳入"首都一小时生活圈"。此外，张大和张呼客专等高铁，张唐、张蓝、张准等铁路，张承二期等高速公路也在积极建设和推进中。以公路、铁路、航空为主体的现代立体式交通网络正在形成，京张两地几近同城化，张家口已经成为沟通中原与北疆、连接西部与沿海，承接"欧亚大陆桥"的重要交通枢纽。

（三）综合实力稳步提升

近年来，张家口围绕"科学发展、绿色崛起"的总目标，大力调整产业结构，着力转变发展方式，全市经济社会保持了持续向好的态势。经济实力不断壮大。2013 年，全市生产总值完成 1317 亿元，同比增长 8% 左右；固定资产投资完成 1271.9 亿元，增长 9.4%；全部财政收入完成 224.76 亿元，增长 4.95%。发展后劲有所增强。2013 年实施亿元以上项目 312 个，完成投资 641.8 亿元；50 亿元以上项目达到 6 个，列入省重点项目数位居全省第 3。对外开放全面提升。2013 年全市共引进市外资金 754.6 亿元，增长 27.2%，实际利用外资 2.77 亿美元，增长 10.9%；全面落实《京张共建

战略性新兴产业体系合作协议》，与北京的合作更加深入，签约项目 162
项，引进资金 301.9 亿元，增长 21.7%。全市经济实力明显增强，为奥运
经济的发展提供了可靠保证和有力支撑。

（四）文化底蕴广博深厚

张家口是历史文化名城，文化资源丰富，文化底蕴丰厚，自古以来就是
中原与北方古文化接触的"三岔口"和多民族融合地，既有孕育了早期人
类的泥河湾远古文化，又有培植了中华文明的涿鹿三祖文化；既有"北方
丝绸之路"张库商道的近代商业文化，又有"第二延安"美誉的革命传统
文化；既有多民族征战融合的军事文化，又有粗犷豪放的草原文化，不同地
域文化交融渗透形成了张家口多元而包容的文化特色，对于促进对外文化交
流与联系，吸引外部资金和人才，进而推动奥运经济大发展都提供了不竭的
动力和有利的支撑。

三 张家口发展奥运经济的机遇与挑战

（一）发展机遇

1. 申办和承办冬奥会所带来的多重利好为奥运经济的发展提供了有利的先决条件

申办和举办奥运会为张家口树立良好的国际形象提供了难得的机会，使
其国际形象得到极大提升，随之带来的是大量的投资和基础设施建设，以及
进出口贸易扩大，经济、技术、人才交流加速发展等，必将极大地促进张家
口旅游、餐饮、文化、体育、金融、房地产等与奥运相关产业的爆发式增
长，推动奥运经济快速发展。与此同时，冬奥会所带来各种附带活动的举办
以及奥运后对城市经济、管理水平的后续影响，潜在的政策红利，消费需求
等一系列放大效应，都将为张家口奥运经济的发展带来充分的活力和发展
机遇。

2. 各级政府的全力支持为奥运经济的发展提供了强大的后援保障

北京联合张家口申办 2022 年冬奥会，得到了各级政府强有力的支持，国家主席习近平、国务院总理李克强均表示完全支持申办工作，并成立了由副总理刘延东领衔的北京 2022 年冬奥会申办工作领导小组，承诺将为办好北京 2022 年冬奥会和冬季残奥会提供政策、资金和人力资源等全方位的支持和保障。与此同时，省委、省政府要求举全省之力支持京张申办和举办冬奥会，成立了"河北省申办冬奥会工作领导小组"，下设办公室（简称申奥办）作为专门机构开展工作，并在全省范围内抽调相关人才指导和帮助张家口开展奥运工作。各级政府的全力支持，不仅为张家口市成功申办和承办冬奥会提供了可靠保障，同时也对张家口发展奥运经济形成了强大助推之势。

3. "优先发展"叠加的政策环境为奥运经济的发展提供了难得的历史机遇

从国家层面看，中央着力布局京津冀协同发展的重大国家战略和首都经济圈一体化发展规划的编制与出台，将从财政政策、投资政策、项目安排等方面形成具体支持措施加大对张家口的支持力度，为张家口在京津冀协同共建城市群以及首都经济圈大发展中借力发展奥运经济提供难得的历史机遇。从全省经济发展的角度看，省委八届五次全会提出坚决打赢"四大攻坚战"，出台了一系列的强力措施和支持政策，一方面对张家口市产业结构优化、园区快速发展、区域合作共赢等方面给予了极大的压力；另一方面也对张家口奥运经济的发展形成了强大的助推作用。

4. 张家口自身的强势推进为奥运经济的发展注入了强劲的动力

张家口市委、市政府高度重视与北京联合申办 2022 年冬奥会，并成立了申办冬奥会工作委员会，由市委书记任主席，市长任执行主席，委员会下设办公室。同时，为保障奥运赛事的需要，更好地把奥运红利辐射到张家口经济社会的各个领域，全市已经启动了《张家口市承办 2022 年冬奥会总体发展规划》等各项与奥运相关的规划编制工作。市委书记邢国辉在市委十届五次全会上讲话强调，一方面，要以确保申办成功为目标，全力做好申奥各项工作，确保高标准、高质量地做好申奥各项工作；另一方面，以发展奥运经济为抓手，借申奥之势来驱动京张同城化发展，把奥运经济打造成为对接北京的"引爆点"，率先成为环首都新的增长极。市委、市政府的高度重视、强势推进无疑为破解京张合作难题、大力发展奥运经济注入了强劲的动力。

（二）困难挑战

在看到有利形势的同时，我们也应该清醒地认识到张家口奥运经济的发展也面临诸多困难和挑战。

1. 思想认识尚未到位，观念作风障碍突出

奥运经济是开放经济，与奥运经济要求的先进理念相比，张家口市部分干部、群众思想上保守，思维方式不能与时俱进，开放意识、进取意识仍然比较淡化。一些部门和领导不同程度地存在行政权力主导思想，市场意识、开放意识明显不足，发展环境还不够优化，市场运作能力不够强劲，与发展奥运经济的要求对照还有相当差距。此外，部分企业参与竞争的意识明显不足，习惯用旧有思维看待奥运，认为本地企业具有地缘优势，奥运商机理所应当"为我占有""非我莫属"，缺少超前意识、主动谋划和发展技巧。

2. 经济发展方式粗放，产业结构转型过慢

当前，张家口整体经济发展方式粗放，经济竞争力不强，产业结构层次明显偏低，第二产业中高端制造业和高新技术产业主导作用不足，高耗能的低端资源加工型产业占比仍然很高，第三产业在全市经济中的主体地位不突出、拉动作用不够强劲，其中交通运输、批发零售、公共管理、教育四大传统服务业仍居主导，占比高达70.3%，而文化、体育、旅游、餐饮住宿、信息服务、广告策划等现代服务业所占比重偏低、规模较小，很难满足奥运需求。粗放的经济发展方式和落后的产业结构必将对奥运经济的发展形成较大的负担。

3. 生态系统依然脆弱，环境承载能力较低

近年来，张家口市生态环境质量改善明显，但由于自然地理、气候条件的限制和历史遗留的生态环境欠账影响，生态脆弱的总体状况没有改变。人均水资源量约为 400 立方米，仅为全国平均值的 1/5，是典型的资源性缺水地区。2000 年以来，全市平均降水量比 20 世纪 50 年代以来年降水量均值偏小 8%，地下水超采量 1.25 亿立方米，以坝上地区为代表的地下水位年均下降 1 米以上。生态系统脆弱，全市森林覆盖率 31.6%，与北京相差 8.4 个百分点；水土流失、风沙危害以及潜在沙化土地尚未得到完全治理。大气污染较重，正在进入多污染物共存、多污染源叠加的复合型污染阶段。生态环境脆弱、承载力低已经成为制约奥运经济发展的一大"瓶颈"。

4. 人才供需矛盾突出，奥运经济人才匮乏

发展奥运经济，人才是重要的保障。由于目前张家口缺乏吸纳人才、留住人才的优势和有效载体，同时缺乏合理使用人才、全面配置人才的经验和保障机制，因此，全市人才发展总体水平与发达地区相比还有较大差距，特别是奥运经济发展急需的高层次创新型人才、高级管理人才、金融人才、法律人才，以及绿色环保人才和城市建设人才严重不足。此外，张家口市各类学校在人才培养上普遍偏重一般性专业教育，与奥运有关的专业性人才培养明显不足，且培养的人才规格也普遍偏低，难以适应奥运经济的发展需求。随着奥运经济的加速发展，全市对人才的需求将会不断加大，人才供求矛盾也将更加突出。

四 张家口发展奥运经济的基本策略

"借势发展"策略。紧紧抓住京张联合申办冬奥会的难得机遇，积极争取、主动谋划，借冬奥树形象、借冬奥促开放、借冬奥聚人气、借冬奥增实力，真正把申办和承办冬奥会的机遇转变为促进经济发展的强大动力，借势推进整个张家口市的全面发展、赶超跨越。

"绿色发展"策略。按照"绿色生态、高质高端、节约集约、统筹协调"的要求,更加重视环境保护和生态文明建设,大力发展绿色经济、低碳经济和循环经济,加快形成环境友好的生产方式、生活方式和消费模式,实现经济效益和生态效益的协调统一。

"合作发展"策略。积极强化与北京及周边地区在基础设施、产业发展、区域协调、城乡统筹、商品市场、生态环保等领域的深度对接,全面加大对接力度,拓展对接广度,努力实现互利共赢,并肩前行。

"错位发展"策略。充分立足自身地理区位、资源禀赋、产业基础、设施条件等方面的优势与特色,切实找准自身发展定位,在与北京及周边地区对接合作时谋求差异化发展,形成区域间分布合理、优势互补、上下联动的合作模式。

五 张家口奥运经济的发展方向和重点

充分发挥奥运对举办城市的基础设施建设、城市建设和三大产业发展的强大加速和"引爆"作用,全面提升张家口的城市品位、经济实力、竞争优势和服务能级。

(一)高标准推进冬奥会场馆设施和奥运村建设,全力打造冬奥会历史新典范

聘请世界顶级创意设计机构,高标准、大手笔、创造性地设计崇礼奥林匹克公园、冬奥会室外雪上项目场馆和其他赛会设施。按照"场馆建设与地区发展"联动开发模式,兼顾奥运需求和后续利用,统筹建设比赛场馆、雪场滑道和奥运村等体育基础设施和配套项目,建成功能多样、布局合理的赛事设施体系,做好与城市公共设施的配套衔接。努力打造专业经典、体现先进科技的世界顶级冬季室外雪上项目场馆设施群,为后奥运开发和可持续应用奠定基础。在奥运村建筑群设计、崇礼县城及赛区景观设计与建设中,要彰显出浓厚的张家口传统文化内涵、鲜明的地域个性和独特的创意内容,

力争以创造历史和艺术的态度做到绿色低碳、舒适实用、便捷高效、独具张家口味道。

（二）积极推进张家口对外综合交通体系和市内交通系统的建设和完善，全面提升奥运交通保障能力和区域交通通达能力

借势奥运，按照"城乡统筹、赛平结合、适度超前"的原则，大力推进机场、铁路、高速公路等对外综合交通体系的建设和完善，积极发展公铁联运、空陆联运等多式联运，构筑立体交通网络，增强对外交通辐射能力。努力实现主城区10分钟上高速、30分钟达机场，建成"主城区—崇礼"半小时通达圈和首都1小时通勤圈的一体化综合交通网络体系。加快建设城区快速路、主干路、次干路，完善微循环路网。高标准建设张家口南站综合客运枢纽和宁远机场综合客运枢纽，实现客流在机场、铁路运输与私家车、出租车、公交车、大巴车等公路运输间的便捷换乘。实施公交优先发展战略，建设公交专用车道和公交智能优先通行系统，在张家口、崇礼、奥运村、赛场之间开设铁路、公路公交线路和大量班次，建设奥运绿色通道。按照国际标准建设交通指引导向路牌等标志系统，优化道路交通组织管理，综合运用信息、GPS和GIS等现代技术构建"智能交通系统"，提高城市道路通行效率，充分发挥交通设施的承载能力。根据奥运需求增加公共停车泊位数，提供与停车需求相匹配的停车设施。

（三）全面推动城市建设重大突破，精心打造奥运文化与地域文化充分结合的城市风貌

把握奥运所带来的城市建设大发展和智能技术全方位应用的新机遇，努力争取国家和省的支持，抓好体现奥运文化格调的标志性文化体育设施体系建设，科学布局、规划新建一批彰显张家口文化形象、内含奥运元素的重大标志性城市建筑，形成富有奥运特质的城市文化标识。引导、鼓励和规范城市标识提高文化品位、体现文化创意、展现奥运风貌。各县可以根据自身文化特点，结合奥运主题，规划布局一批体现草原风情、冰雪文化、古道商贸、民俗艺术、名人古迹等文化符号的国内顶级文体设施和标志性建筑，打造若干具有独特魅力的城市建筑群落。形成建筑风格独特、文化特质鲜明、个性魅力彰显的奥运城市风貌。加快推进智能技术集中应用、智能服务高效便民，努力建设全面感知、泛在互联、高度智能的智慧城市。

（四）充分发挥冬奥会对旅游、体育、文化等服务业的加速推动作用，全力实现现代服务业发展的重大突破

以申办和举办冬奥会为宣传平台，以国际化视野为引领，充分发挥冬奥会对旅游、文化、体育等服务业的加速推动作用，全力发展奥运服务经济。一是全面整合张家口整个旅游系统，高起点、高标准地建设以崇礼、赤城等区域为重点的滑雪温泉大区；以张北、沽源、康保、尚义、察北、塞北等坝上区域为重点的草原风情大区；以蔚县、主城区、坝上等区域为重点的民俗精品大区；以主城区、涿鹿、阳原、万全、宣化等区域为重点的历史文化大区；以怀来、涿鹿、怀安、宣化县等区域为重点的"酒菜"品游大区。全面提升旅行社、宾馆饭店、景区景点、旅游商店的服务质量，积极完善旅游配套设施，规划建设全市旅游集散中心，重点推进公用卫生间、安全保卫、娱乐场所、游客接待中心等配套工程建设，建设具有国际水准的旅游服务体系。全面推动旅游业成为战略性支柱产业，建设国际知名的、全国向往的奥运旅游目的地城市。二是借力京张合办奥运及首都文化创新的优势，积极承接首都文化创意产业"溢出"效应，坚持文体、创意、金融、科技融合发展，大力实施文体产业提速工程，积极发展节庆赛会、文体用品制售、影视演艺娱乐、休闲养生健身、出版传媒、创意设计六大领域，推动文体产业成为全市新的经济增长引擎，形成结构合理、特色明显、合作共赢的文化体育产业发展格局。三是充分发挥冬奥会对张家口房地产、健康养老、现代物流、金融服务等生产性、生活性服务业的影响和带动作用，加快运用现代经营方式和技术全面创新、提升生产

性和生活性服务业，打造立足奥运服务、探索京张一体、辐射华北内陆的现代服务高地。

（五）大力推进制造业高端化发展，加快建设高水平现代制造业基地

以奥运为契机，加快应用高新技术和先进适用技术改造、提升张家口制造业的技术水平与生产能力，进一步做大提升骨干支柱产业、培育壮大战略新兴产业、改造升级传统优势产业，着力推进制造业高端化发展，加快建成绿色低碳、技术先导、附加值高、带动力强、有张家口特点和竞争优势的高端制造业产业群。一是借力奥运顺势加快机械装备、汽车及零部件、新能源三大骨干支柱产业发展，推动产业规模化、高端化、国际化，抢占三大产业发展制高点。二是依托奥运生态理念和发展环境优势，加快引进战略投资者，集中资源发展新材料、节能环保、新一代电子信息技术、生物及新医药、通用航空五大重点领域，推动战略性新兴产业跨越式发展。三是大力推动传统制造业结构升级、布局优化和产业链整合延伸，做优做强以文化创意和品牌带动为依托的绿色食品加工、日用轻工业和以高新技术改造升级的资源清洁转化产业，努力实现产品由低端为主向中高端为主转变。

（六）全面提升农业发展水平，建设安全高效的绿色农副产品和食品供应总部

充分立足全市现有农业资源优势和产业特色，以满足奥运需要和首都经济圈市场需求为目标，以质量安全为根本，加快农牧业向高效型、生态型、品牌型、外向型发展，加快建立与奥运城市地位相适应的都市型现代农业体系和绿色安全食品精深加工体系，打造立足奥运、服务首都经济圈的精品特色农牧业基地、农业高科技创新基地、国际农业合作与交流基地、优质农产品物流基地，把张家口市建成奥运绿色安全食品保障供应总部。

参考文献

符亚明、吴朋、沈凤武、陈金贤：《奥运对北京市第三产业直接影响研究》,《预测》2003 年第 4 期。

孙彬：《科技创新推动张家口市文化产业跨越发展》,《青春岁月》2013 年第 7 期。

广东省人民政府：《广州市国民经济和社会发展第十一个五年规划纲要（2006～2010)》,《广州日报》2006 年 4 月 3 日。

谢丽丽、沙银戈：《浅析奥运经济的形成、发展及奥运经济体制改革》,《中国集体经济》2009 年第 6 期。

王宪春、米卫娜：《略论奥运经济与经济奥运》,《时代经贸》2008 年 S2 期。

B.10

提高河北省民营经济
政策执行力研究

姚胜菊 *

摘　要： 河北省民营经济政策的数量与发达省份相比并不少，但民营经济发展速度和质量差强人意，根源在于民营经济政策的执行力偏弱。本文在对河北省民营经济政策制定和落实中应该遵循的原则及河北省民营经济政策执行力偏软的原因进行了探讨和分析之后，提出了增强河北省民营经济政策执行力的对策措施，主要包括：提高民营经济政策的可操作性；增强政策制定者和政策执行者在民营企业心目中的亲和力；强化民营经济政策执行的物质基础、人才保障、信息反馈和监督机制；提高民营企业对政策的消化吸收能力；建立民营企业政策效果评价机制等。

关键词： 民营经济　政策执行力　对策措施

　　所谓的政策执行力就是指政策制定者和政策推行者为了实现政策既定的目标和效果，对已有的各种资源进行统一的整合、调度和支配，力争将各种已经确定的政策和战略贯彻实施，达到一定的经济和社会效果，进而实现预期的社会及经济目标的能力。河北省民营企业绝大多数都是中小企业，势单

---

　*　姚胜菊，河北省社会科学院经济研究所研究员，主要研究方向为中小企业、民营经济、区域经济。

力薄，但对全省国民经济和社会发展的支撑作用却不容忽视。促进和扶持民营经济发展成为河北省宏观经济管理部门的一项重要任务。尽管河北省近年来陆续制定和出台了大量的促进、推动民营经济发展的政策措施，但与发达省份相比，民营经济发展的速度效果不够理想，如何充分发挥河北省民营经济政策的效力，以达到推动全省经济全面提升的目标，成为河北省经济工作的一项重要内容。民营经济政策的执行力主要分为政策制定和政策落实两个环节，因此，问题和对策也主要从这两个角度进行分析和探讨。

一 河北省民营经济政策制定和落实中 应该遵循的原则

（一）政策预期的效果要明确：政策制定前要合理确定河北省民营经济政策所应达到的目的

民营经济是以民间投资为主体的经济形式，与私有财产紧密相连，有了私有财产，才有了民营经济，它是利用个人资产、民间手段、社会力量，由私人个体或联合组成的经济组织。与国有经济相比，它们明显处于弱势地位，话语权和支配社会资源的能力偏弱，因此民营经济政策就要体现出保护作用和推动作用，这是现阶段河北省制定民营经济政策所应遵循的原则和宗旨。政策的保护作用主要体现在出台政策的出发点和立足点就是将民营企业作为一个弱者进行保护，在它们力所不能及的情况下为它们遮风挡雨，为它们保驾护航。这类政策常常属于阶段性政策，具有一定的时效性，而且需要时常进行调整和改进；消极性在于容易产生经济社会的不公平，出现特殊经济群体，它强调了民营经济的社会功能，强调了它们在促进就业、提高经济社会的稳定性、繁荣市场经济、提倡创新方面不可替代的作用。政策的推动作用主要体现在出台政策的长远目标和远景规划是将民营企业作为一个未来强者进行培养，政府的民营经济政策在顺应市场经济规律的基础上，对民营

企业在税收、金融、技术、人才等方面加以辅助，增强它们的市场竞争力，提高企业在市场竞争中的生存能力。民营经济政策的这两方面作用并不矛盾，有时更强调推动作用，有时更侧重保护作用。一般来说，民营经济发展初期更强调政策应具有保护作用，随着民营经济的日益壮大，无论是民营经济自身，还是经济管理部门都越来越将提高政策的推动和促进能力作为政策的侧重点。

总结各地实施民营经济政策的经验，在发展民营经济的初期或市场经济还不够成熟的欠发达地区，由于民间发展民营经济的自觉性较差，自发性不强，需要将政策的保护作用充分体现和发挥出来，给它们充分的施展空间，使其潜在能量尽可能地释放出来，这是一种保护，在它们受到外来冲击时为它们遮风挡雨也是一种保护，在它们遇到困难时为它们排忧解难同样是一种保护，具体采取哪种保护方式还要根据当地民营经济的发展情况、民营经济所遇到的具体情况而定。在民营经济发展到一定阶段之后，区域民营经济发展形成一定气候和规模，民间发展民营经济的热情被逐步激发起来之后，对民营经济政策的要求就逐步向推动作用方面侧重，在其需要的技术、人才、资金、环境等方面为企业提供帮助和扶持，这时，就需要一些社会服务职能及时跟进，提供到位的辅助。在这些方面，苏南模式、温州模式、珠江模式、中关村模式都是一路走来比较成功的例子。

（二）政策相连的关系要协调：政策制定过程中应正确处理与本领域原有政策及其他领域相关政策的衔接

每一项政策措施的出台都不可避免地要与本部门原有的政策和相关部门历年出台的相关政策进行衔接，因此就出现了政策之间的协调问题。扩展开来，就产生了民营经济政策体系中各种要素之间的关系如何协调的问题，包括政策主体、政策目标、政策内容与政策实施等。从现实来看，在这诸多关系协调中，表现较为突出的是各部门之间的利益关系和由此产生的政策之间的辅助和掣肘问题。由于民营经济政策往往涉及面较广、牵涉部门较多，这方面的问题较为突出，制定民营经济政策就是要沟通好各利益相关部门的诉求，做好政策之间的互联互动关系，为民营经济发展在宏观管理上创造良好的环境。

近年来，河北省出台了一系列的民营经济政策、非公有制经济政策、中小企业政策、促进就业政策、促进自主创业政策、激活民间资本等政策，这些政策具有极大的关联性，由于政策的适用范围不同、制定的部门不同，因此经常出现政策之间的矛盾与不协调，主要表现在两个方面：一是同一部门的政策、目标群体相同的政策之间由于出台的时间不同，社会大环境发生了变化，政策之间会出现某些不和谐的情况需要加以协调；二是不同部门针对相同的目标群体，政策条文会说法不一，造成政策的目标群体无所适从，对民营经济的发展产生不利影响。从这两方面来看，较容易出现问题且较难解决的是第二种情况，在政策征求意见时这个问题也是最难以协调的，各职能部门都从本部门的工作性质出发、从本部门利益出发，从本部门工作的方式方法出发、从本部门的习惯思维出发，不愿做出让步和妥协，造成新政策推行起来难度较大，尤其是与综合经济部门产生分歧时，政策的制定和推行就更难了，协调起来也更为艰难。

（三）政策涉及的措施要可行：民营经济政策的制定要与当地传统文化特点和经济发展现状紧密结合

一个地区民营经济的发展无不体现了当地丰富、浓郁的传统文化特点，无不体现了当地个性化的产业结构特点，同时也与当地的经济基础密切相关。从人文特点上看，有的地区崇尚商业，有的地区崇尚文化教育，有的地区崇尚仕途；有的地区民风内敛含蓄，有的地区民风激进张扬，有的地区民风热情奔放；有的地区百姓喜欢在家守业，有的地区百姓愿意四海为家。从产业结构上看，有的地区以传统手工业为主，有的地区以商业为主，有的地区以农产品加工为主，产业结构的不同特点要求民营经济政策也不同。从经济基础上看，有的地区发展较早，经济基础雄厚，人们发展经济的自觉性和实力较强，这就要求政策侧重于引导和规范；有的地区发展迟缓，经济基础薄弱，人们无论从主观意识上还是客观现实上都对发展民营经济的热情不

高，这就要求政策更加侧重于推动和鞭策。总之，不同的人文特点、不同的产业结构特征、不同的经济基础现状需要有不同的民营经济政策对它们进行推动和保护。

针对河北省的民营经济发展而言，老百姓求稳的意识较强，创新、开拓、冒险的意识与南方发达省份相比弱一些，在经济发展中患得患失常常限制了他们的进一步发展。这就要求民营经济政策侧重于做好保驾护航的工作，社会服务职能在政策中体现得充分一些；河北省的产业结构特点是以低附加值产品居多、重工业所占比重较大，民营经济与国有经济产业结构相似度较高，这就要求民营经济政策的制定要为新兴产业、高新技术产业、高附加值产业创造更多的发展空间，多开绿灯，而对需要逐步压缩的产业减少直至取消扶持措施。从民营经济发展较快的省份和区域所走过的路程来看，虽然都实现了民营经济的大发展，但由于其人文特点、产业特征、经济基础不同，采取的促进民营经济发展的措施各不相同，但都达到了异曲同工的目的。

二　河北省民营经济政策执行力偏软的原因分析

近年来，河北省陆续出台了大量的针对民营经济的政策措施，河北省的民营经济政策体系可以说较为完善，与周边省份相比并不落后，但表现出来的现象却是民营经济发展速度没有达到理想的效果，民营经济发展的热度不够高，民间创业的热情没有充分迸发出来，民营经济结构优化升级的速度不够快，民营高新技术企业的数量还不多。这些问题的存在集中说明一个问题：河北省民营经济政策的执行力有待加强。

（一）民营经济政策本身的不足

河北省民营经济政策法律体系的建立步伐与其他省份相比并不落后，从政策出台的背景来分，河北省的政策措施可分为两类：一类是为了贯彻落实国家的政策意见而相应出台的地方性实施政策，如基于国家出台的《中小企业促进法》而制定的、2007 年开始实施的《河北省中小企业促进条例》；根据《国务院关于进一步促进中小企业发展的若干意见》（国发［2009］36 号），河北省出台的《河北省人民政府关于进一步促进中小企业发展的实施意见》（冀政［2010］37 号）；另一类是在特定的经济形势下，当民营企业面临较为突出的共性问题时，或面临经济发展的现实需要急需政府从某些方面对其进行政策扶持时而出台的政策，如为了贯彻落实十八届三中全会关于全面深化改革和省委八届六次全会关于推动民营企业创新发展的要求，河北省在 2014 年上半年出台了《中共河北省委河北省人民政府关于大力推进民营经济加快发展的若干意见》，为了帮助民营企业缓解最难解决的资金问题，河北省陆续出台了一系列的关于金融支持民营经济发展的政策措施，可以说，融资问题是河北省扶持民营经济发展政策中下力气最大的一类政策措施。

纵观河北省已经建立起来的民营经济政策体系，主要存在以下几个问题：①对民营经济在全省经济发展中的地位和作用的认识深度和位置高度都略显不足。美国在《小企业法》中明确："美国私营企业经济制度的实质是自由竞争……维护和扩大这种竞争不仅是经济福利的基础，也是国家安全的基础。不促进和发展小企业现实和潜在的能力，就无法实现这种福利和安全。"美国将发展小企业作为维护市场竞争、保持市场经济活力和稳定的基础。欧盟更是将中小企业作为"欧盟经济的核心力量""区域经济活力和竞争力的主体"。而日本的《中小企业基本法》将中小企业定位在"创造新产业、创造就业机会、促进市场竞争和搞活区域经济的主体"，此后，还进一步提升到"经济牵引力和社会主角"的高度。而在《河北省中小企业促进条例》第一条道出了这部法规出台的目的："为改善中小企业生产经营环境，促进中小企业健康发展，扩大城乡就业，发挥中小企业在国民经济和社会发展中的重要作用，根据《中华人民共和国中小企业促进法》等有关法律、法规的规定，结合本省实际，制定本条例。"其根本目的基本上局限于为中小企业自身的发展服务，站位偏低。②政策法规的配套措施出台滞后。河北省民营经济的各项政策措施往往带有较强的指导性，需要一系列的相关文件与之配套才能贯彻实施，还有一些需要进一步地深入解读，但这方面的

工作却需要众多的部门相互配合协商才能实施，在细则的出台过程中就需要协商沟通，做大量的、细致性的工作，河北省在这方面较为欠缺，动作慢、部门配合协调能力不强。③公益性质的民营企业社会服务体系还没有健全起来。对河北省民营企业来说，半官方、半社会性的社会服务网络还没有建立起来，企业遇到生产经营中的问题经常不知到哪里去解决，只能是有病乱投医。④民营经济管理部门力量不足。随着机构改革的推进，原来由政府管理的部分职能要逐步交由社会力量承担，在政府机构改革快速推进，而社会服务网络又没有完全建立起来的情况下，造成了为民营经济服务的空白，不利于民营经济的发展。

（二）河北省民营经济政策执行过程中存在的问题

政策的制定是为了贯彻实施，而不是为了看着好看，所以能够落到实处的政策才是好政策，政策制定得再全面、再具有前瞻性，如果落不到实处，只能是一纸空文，只能是空洞的文字和纸上的政绩，毫无价值可言。河北省民营经济政策执行力偏弱的问题首先应该从经济管理部门找原因，其次还有民营企业自身的问题，同时也有社会服务体系不健全的问题。

第一，前些年经济管理部门将主要精力放在了政策体系的完善上，相对忽视了政策的落实监督。多年来，河北省在扶持民营经济发展方面，将大部分注意力都放在了政策的出台上，而对政策的落实抓的力度不够，两方面工作产生了偏颇，出现了短板，造成了目前河北省民营经济政策体系的完善程度优于政策的落实效果，由于后续工作偏软，致使政策出台的实际效果不够理想。

第二，经济管理部门发展民营经济的热情和决心与南方发达省份相比存在一定差距。民营经济的持续快速发展离不开政府的扶持和推动，各级政府发展民营经济的理念以及与这个问题紧密相关的政府职能转变在民营经济政策的执行中起着举足轻重的作用。政府是政策的制定者和推动者，没有政府的推进，政策就不会制定，更不会落实，可以说政府的执政理念左右着政策的制定和实施，因此，政策执行落实的效果如何很大程度上取决于政府的执政理念，它主导着民营经济政策的走向和出发点，主导着民营经济生存成长环境的好坏。由于传统上河北省国有经济占比较大，产业支撑和经济总量主要依赖于国有经济的发展，促进政策和推进机制对国有经济而言好操作、见效快、容易把握，所以经济管理部门习惯于将促进国有经济的发展作为工作的重点，而对推动民营经济发展时紧时松，跟着中央的节奏走，中央抓得紧，全省的热情就高一点，而如果中央在一段时间内工作重心有所转移，省一级层面发展民营经济的热度就降下来了，这些都影响了民营经济政策的持续强劲推进。尽管十八大对非公有制经济在整个国民经济中的地位和作用重新进行了定位，将其放在了与公有制经济同等重要的位置，"公有制经济和非公有制经济都是社会主义市场经济的重要组成部分，都是我国经济社会发展的重要基础"。但要真正将这一政策贯彻到实践中，真正使民营经济与国有经济享受同等待遇，还需要从根本上转变观念。

第三，经济管理部门与民营企业共同存在着观念误解，给政策落实造成障碍。民营经济是市场经济的主体，经济管理部门是为市场主体服务的，但在现实中却往往本末倒置，经济管理部门在市场经济中起着主导作用。造成河北省目前这种经济管理部门和民营企业之间所谓市场主体和服务辅助机构之间主次倒置的深层次原因有两方面：一是政府经济管理部门只对少数作为本地经济发展支柱的民营经济平等看待、礼遇有加，而对绝大多数民营企业的态度是不能平等对待的，总认为民营企业受我管理，有求于我，政府在地方经济发展中起着决定性作用，管理部门掌握着对地区经济发展起着支配作用的权力，所以民营企业要听从、服从于经济管理部门的绝对权威。二是民营企业自身常常想通过与政府部门搞好关系来获得稀缺资源，获得正常渠道得不到或不容易得到的好处和优惠，总认为"衙门有人好办事"。这两方面的原因使政府经济管理部门与民营企业之间的服务与被服务的关系问题，谁才是区域经济发展主体的问题在认识上产生了混乱和扭曲，从而严重制约了区域经济的发展步伐。

第四，河北省关于民营经济政策执行力的研究较为欠缺。与其他省份相比，尤其是与江苏、陕西等省相比，河北省针对民营经济政策如何落到实处

的研究较少，研究重视程度不够。一是因为全省的大环境重视政策的制定而忽视政策的实施；二是研究机构自身也针对这个问题没有引起足够的重视，致使政策对于民营企业而言是雷声大、雨点小，镜中花、水中月。每一项政策的出台总是上边热情、下边冷清。如果只是制定了政策，而不能很好地执行，那么政策的制定也就毫无意义，只能是一纸空文。政策执行者在执行政策的过程中，也是利益追求的过程，追求经济利益、追求社会利益，所以也是一个博弈的过程。政策执行者在政策执行过程中，应该追求什么样的经济利益和社会利益，如何追求符合自己身份的经济利益和社会利益，这是需要特别加以研究的。

第五，政策宣传不到位。民营经济政策落实的前提是首先要让民营企业了解政策，熟悉政策进而支持政策的实施，而河北省各级经济管理部门主动送政策到企业的意识不强，主动为民营经济提供政策服务、提供政策咨询的意识不强，一些政策民营企业根本就不知道，也就谈不上配合、支持政策的贯彻实施了。

第六，基层政策执行人的政策、知识、素质不能完全适应民营经济发展的需要。河北省的民营企业，尤其是县域民营企业的经营者文化水平不高、知识结构偏低，对政策不能完全理解，需要在基层工作的政策执行人员将政策深入浅出地向他们宣传解释清楚，而基层这方面的工作人员较少。一是缺乏市场经济管理的理论知识；二是缺乏政策理论；三是缺乏执政为民的思想观念；四是缺乏正确的工作方式方法，工作方式简单僵化。

三　增强河北省民营经济政策执行力的对策措施

贯彻落实是政策的生命力，因此提高河北省民营经济政策的执行力刻不容缓。

第一，要提高民营经济政策的可操作性。一是在政策制定前就要广泛听取政策相关各方对该项政策出台的必要性、可能性、效果预期、可能出现的问题、各方需要磨合的领域进行协商沟通，以达成最大限度的共识；二是要尽可能降低政策执行过程中可能产生的不公平，降低政策执行过程中由于宽严掌握不同而造成最终效果的巨大差异；三是在政策制定中要尽可能多地进行实地调查研究，尤其是要认真听取政策目标群体对该项政策出台的意见和建议，提高政策目标群对政策出台的理解、认同和支持，降低执行阻力；四是要保证政策制定者的高素质，由于民营经济政策的制定关联面较广，面对的问题较复杂，这就要求政策制定者不仅要有较高的业务素质，还要有较高的道德修养，更要有使命感和责任感。

第二，提高政策制定者和政策执行者在民营企业心目中的亲和力。提高民营经济政策的执行力，政策本身的质量固然重要，但政策制定者和政策执行者在政策目标群中的口碑更为重要，相互沟通与理解才是政策落实的法宝。同一项政策，为什么在不同的区域会产生不同的效果，人的因素至关重要，政策执行过程中相关各方的互相磨合实现关系融洽是政策得以顺利贯彻的关键。提高政策执行者的业务素质，加强业务学习和培训，使其对政策本身及政策出台的背景和政策执行中可能出现的问题做到了然于胸，提高政策执行的能力；加强政策执行者与政策目标群的联系和沟通，民营经济政策要想顺利、高效地推行下去，熟悉自己的服务对象是前提和条件，知道民营企业困难在哪里，了解民营企业需要什么，才能在政策推进中抓住要害，开展工作；培养政策执行者的使命感，任何一项政策的出台都是利益格局重新调整的过程，所以执行起来不会一帆风顺，总会遇到这样那样的困难，缺乏责任感和使命感，工作的开展只能是困难重重，必须抱着极大的热情才能获得民营企业的理解和配合。

第三，强化民营经济政策执行的物质基础、人才保障、信息反馈和监督机制。物质基础主要是指要加强政策执行中的资金供给，民营经济政策的推行和落实要有充足的资金做后盾，针对民营经济的政策中，金融政策占了相当大的比例，融资问题是民营经济发展的重点，也是难点问题。可以说，资金对民营企业来说是头等难题，民营企业担保基金的建立、民营企业创新基金的充实、民营企业服务体系的完善都离不开财政资金的大力支持；人才保障也是民营企业政策执行中的关键因素，政策的制定、落实、推行、协调、

反馈都需要有高素质的人才做保障，各个阶段对人才的要求不同，因此落实民营经济政策应该提早做好人才的储备，扫除人才障碍；信息反馈可以说是对民营经济政策落实情况的检测和回应，没有信息的反馈，就好像石沉大海，政策的推行也就打了折扣；监督机制对政策落实起到了保障作用，为政策的相关各方提供了一个进一步提高成效的渠道，没有监督就无法保证政策在既定的方向上得到贯彻实施。因此，提高民营经济政策的执行力需要物质基础、人才保障、信息反馈和监督机制共同发力。

第四，明确河北省发展民营经济的阶段性目标。发展民营经济可以扩大就业、活跃市场、满足百姓需要、增加税收，但各个时期发展民营经济的出发点和落脚点又有些差异，侧重点有所不同，例如，产业发展政策、对外贸易政策、就业政策、区域经济发展政策在不同的时期均会有较大差别，这就要求政策的制定部门和政策的执行机构在不同的时期认清经济形势，对民营经济的政策进行及时调整和修改，使当下的民营经济政策能够贴近现实经济发展的需要，只有贴近现实需要的经济政策才有生命力，才可能得以顺利贯彻落实。另外，国家、省级的综合经济政策也是民营经济政策的方向指南和约束因素，国家、省级的宏观经济政策、贸易政策、金融政策、区域经济政策都左右着民营经济政策的出台和实施，更是需要认真对待和执行的，应具体体现在全省的民营经济政策之中。

第五，提高民营企业对政策的消化吸收能力。政策的落实首先要使政策的执行者、政策的目标群体对政策有一个全面、准确和及时的掌握，尤其是要让政策的广大目标群对政策吃准、吃透，才有可能使他们接受政策、配合落实政策。当前，河北省的民营经济政策有一个普遍的现象，就是民营经济政策在民营经济中的知晓率较低，缺乏常规的政策宣传渠道，缺乏直通民营企业的政策传播通道，常常是政策抓落实的时候，民营经济才开始了解和学习，落实过程仓促且生硬，造成企业接受起来较为困难，也容易产生一些矛盾和症结，对政策的落实十分不利。一是在政策的制定过程中要充分、广泛地征求民营经济的意见和建议，将工作做在前头。前期可行性论证、中期多角度沟通、后期的细节商讨都是十分必要的。二是要在政策正式出台的第一时间将政策的出台背景、精神实质、实现的目标、主要内容认真细致地传达到所关联的民营企业，在抓落实前的相当一段时间就将民营经济对政策的消化吸收工作做早、做好、做细、做透，并且留出充足的时间进行政策的反馈和沟通，将政策落实过程中可能出现的问题在政策开始落实前尽可能地解决掉，有利于政策的顺利实施。三是利用官办的、民办的、社会团体办的民营经济服务机构作为中介，结合服务机构的工作方式和内容，将政策宣传到各个具体的民营企业。

第六，建立民营企业政策效果评价机制。建立民营经济政策落实情况第三方评估机制并使其成为长效机制。2013 年，国家工业和信息化部委托全国工商联对《国务院关于进一步支持小型微型企业健康发展的意见》（国发［2012］14 号）的落实情况进行了评估，这项举措得到了国务院的肯定，河北省可以将这项经验借鉴过来、推广开来。针对河北省民营经济政策的落实情况，省政府及政策的制定实施部门可以委托大专院校、研究部门、社会团体等机构采取实地走访、问卷调查、抽样调查等多种方式对某一项政策的落实情况或某一类政策、某一部门出台的政策进行效果评价，对政策的推进情况、政策的满意度、政策的知晓率等给出系统全面的评价。

参考文献

《美国小企业法》，机械工业出版社，1987。

《非公经济发展政策执行中的障碍分析及对策》，《陕西行政学院学报》2007 年第 1 期。

社 会 篇

Social Reports

B.11

2014年河北法治发展状况及
2015年展望

王艳宁*

摘　要：2014年河北立足科学立法、民主立法，加大创制性立法和
重点领域立法，法治政府建设立足于简政放权的目标和要
求，积极推进依法行政，加快建设法治政府。2014年是河
北的司法公开年，河北全省法院全景、立体式推进司法公
开，河北在法律服务、法制宣传、平安建设、环境法治等方
面都取得很大进展，同时，河北法治发展过程中还存在许多
不足，2015年河北的法治发展将提升到一个新境界。

关键词：法治河北　法治政府　立法

---

* 王艳宁，河北省社会科学院法学研究所研究员，主要研究专业和方向为行政法、反腐倡廉法
治。

2014年是中国全面深化改革的开局之年。2013年12月20日，中国共产党河北省第八届委员会第六次全体会议通过《中共河北省委关于学习贯彻党的十八届三中全会精神的决议》，提出了12个方面59条改革意见，对河北今后一段时间的全面深化改革做出了全方位的具体部署。提出要创新自己的和借鉴外面的，站在新一轮改革开放的起跑线上，彻底解放思想，抢抓机遇，赢得主动，将改革工作及时跟上，尽快把"规划方案"变成"施工方案"。

2014年，河北省继续加快科学立法步伐，与2013年相比，提高了立法数量，加大了创制性立法幅度，扩大立法听证范围，修改法规规章，提高河北地方立法质量；法治政府建设紧紧围绕简政放权、实施有效治理的目标，规范行政权力透明运行，转变政府职能，探索管理体制和管理方式改革；司法改革以司法公开作为重要突破点和推进力，着力提升司法公信力，维护司法公平正义；司法行政继续重视全民普法，司法为民，推动法律援助和律师依法规范诚信执业；环境法治逐步完善，执法力度进一步加强，环境质量得到逐步改善。

一 立法工作

2014年，河北人大立法围绕进一步提高立法质量，不断完善社会主义法律体系的目标，立足科学立法、民主立法，着重加强法规的修改完善，加大创制性立法，推动弥补法律空白。2014年，河北省人大完成14件省本级法规案的调研、论证和修改，立法活动呈现如下特点。

（一）加强重点领域和创制性立法

2014年，河北省人大制定了《河北省行政许可条例》《河北省电力条例》《河北省农民合作社条例》《河北省水土保持法实施办法》等7部法规，修订了《河北省人口与计划生育条例》，国土治理条例实现了重要突破。审查并经常委会批准7部较大市法规。以节约用水、餐厨废弃物管理、退役士兵安置等为重点，审查报备政府规章12部。

（二）法规清理成为新常态

进一步深化改革是中国当前的重要任务，立法也着力于为深化改革提供法治保障，清除改革路上的法制障碍。河北省人大立法围绕京津冀协调发展和全面深化改革的要求，针对法规中存在不适应、不协调和不一致的问题，积极开展了省本级地方性法规专项清理，把法规清理工作纳入常态化、制度化和规范化轨道，实现立、改、废并举，使法规既具有稳定性，又具有适度的前瞻性。2014年共废止了7部法规，修改了11部法规。

（三）注重保障立法质量的制度建设

2014年河北省人大从提升研究能力、全面加强组织协调、搞好论证评估、提高审议质量、推进常态化法规清理、强化备案审查、健全信息汇总功能、坚持开门立法、立法宣传、立法工作队伍建设10个方面入手，起草了保障立法质量的相关制度规定和指导意见，用以建立健全民主、开放和包容的地方立法机制，为推进精细立法提供制度保障。

二　法治政府

2014年，法治政府建设立足于简政放权的目标和要求，围绕正确处理政府和市场、政府和社会的关系，助力全面深化改革，转变政府职能，积极推进依法行政，加快建设法治政府，为河北全面深化改革和实现绿色崛起提供有力的法治保障。

（一）继续深化行政审批制度改革，建立"三个公开、三个清单"制度

改革行政审批制度，简政放权，规范行政权力运行依然是2014年法治政府建设的重要内容之一。自2013年以来，河北省政府部门共取消审批事

项 761 项，下放 132 项。截至 10 月份，省政府部门保留的审批事项共 688 项（不含不对外公开的 16 项涉密事项），行政许可审批 484 项，非行政许可审批 204 项。其中，除河北省自行设定的 12 项外，其余都是依据国家法律法规、国务院决定和国家部委规章及文件设定，并明确由省级实施的（依据国家法律法规、国务院决定设定的 581 项，依据国家部委规章及文件设定的 95 项）。

编制公开了《河北省省政府部门行政审批事项汇总目录（2014 年版）》，以锁定政府部门行政审批事项"底数"，目录以外的事项不得审批。为了防止"前清后立"、明放暗收和变相审批，编制公开了《河北省省政府部门历年取消下放行政审批事项汇总目录（2001～2014 年）》（取消 1618 项，下放 371 项）。据了解，在全国 12 个编制公开了行政审批事项目录的省份中，只有河北编制公开了历年取消下放的审批事项目录。

7 月 25 日，河北省委办公厅、省政府办公厅印发《关于全面建立"三个公开、三个清单"制度，进一步优化发展环境的意见》。按照职责分工，相关部门分别于 8 月底前制订并印发了政务公开、司法公开、执法公开和行政权力清单、监管清单、负面清单 6 个专项实施方案。

（二）加快重点领域立法，提高立法质量

按照急需先立与相对成熟的原则，坚持立改废并重，编制了 2014 年度省政府立法计划，努力为全面深化改革和京津冀协同发展清除制度障碍。在多年来立法工作的经验基础之上，起草了《河北省行政立法技术规范（征求意见稿）》，健全立法起草、论证、协调和审查机制，探索多渠道立法，适当扩大法制办直接组织起草、委托专家起草范围，扩大公众参与立法途径，进一步完善立法协商工作机制，初步建立了新的法规、规章会审制度，促进政府立法质量的提高。

（三）加强规范性文件和政府重大决策事项的合法性审查

加强对部门规范性文件前置合法性审查和设区市政府规范性文件备案审

查工作。1~5月，共审查18个省直部门前置合法性审查规范性文件36件，提出修改意见15件，不具备制定权限需报省政府制定的2件，内容违法或时机不成熟不宜制定或暂缓制定的9件，防止了违法规范性文件的出台。下发了《关于进一步加强规范性文件审查备案工作的意见》，进一步加强规范性文件审查备案。

（四）加强行政执法监督，促进严格规范执法

做好相对集中行政处罚权工作，大力推进和规范城市管理领域相对集中行政处罚权，积极协调张家口、邯郸两市相对集中行政处罚权工作的开展；全面清理行政执法人员，实行资格准入和动态管理，建立行政执法人员信息库，建立网上受理投诉举报平台；加强行政执法监督，全面落实行政处罚裁量基准制度，完善行政处罚裁量基准相关配套制度，正在起草《行政执法统计规定》《重大行政行为备案办法》《行政执法人员信息动态管理制度》《关于建立执法公开制度实施方案》等制度规定。

（五）发挥依法行政考核作用，积极推进依法行政

2013年，河北省委把依法行政考核纳入省委对党政领导班子和领导干部综合考核评价体系，2014年年初，组织了2013年度依法行政考核。2014年在总结经验的基础上，对依法行政考核指标进行了重新设计，形成《2014年度依法行政考核指标》，突出考核重点，创新考核方式，确保考核内容切合实际、程序公开透明、结果公平公正，充分发挥好考核的"指挥棒"作用，积极推进依法行政。

三 司法公开

2014年是司法公开的重要一年。河北省大力推进司法公开，以公开促公正，进而提高司法公信力，河北全省各级法院全景、立体式推进司法公开，取得显著成效。2014年河北法院建立了河北法院司法公开平台，其功能包括

裁判文书公开、审判流程公开、执行信息公开、诉讼服务等多项功能，加强数字化法庭建设，建成庭审直播平台，探索司法拍卖法官主拍，减刑、假释通过狱中科技平台审理，开通了微博、微信等，推动了法院工作的全面、实质公开。与2013年同期相比，全省法院一审案件上诉率降低16.95%，一审改判率降低0.2%。检察机关制定了《关于深入推进检务公开工作若干问题的指导意见》《河北省人民检察院官方微博微信运营管理暂行规定》，大力推进检务公开。

（一）各级法院完善立案公开各环节

全省法院大力加强立案大厅规范化建设，拓展了诉讼引导、立案审查、立案调解、司法救助、查询咨询、材料收转、判后答疑、信访接待等诉讼事务的"一站式"服务功能。省法院设置了视频接访室，开通网上申诉信访平台，并指导下级法院落实网上申诉信访和远程视频接访要求。目前全省法院已经实现与最高人民法院远程视频对接，建成远程视频接访系统，全部开通网上申诉信访平台。

（二）积极推动司法公开平台建设

2014年河北法院建立了审判流程公开、裁判文书公开、执行信息公开三大司法公开平台，全省三级法院全部实现了审判流程公开、执行信息公开和裁判文书网上公开。截至9月底，利用三大平台公开案件569669件，公开裁判文书157911份，发布公众静态服务信息近200多条。

全省各级法院加强了数字化法庭建设，省法院建成了庭审直播平台，能够实现同时在互联网上直播8路信号。河北高院民商事案件实现全部直播。有条件的中、基层法院自建直播平台。对于庭审直播的每一起案件，没有一起案件反映法官不规范、不廉洁等问题，收到了良好效果。

检察机关完善检务公开大厅建设，在检务公开场所配置统一的电子显示屏和电子触摸屏，逐步把对外接待、检务宣传、业务咨询、控告举报申诉受理、律师接待、视频接访、行贿犯罪档案查询、12309举报电话等功能整合在一起，推行"一站式"服务。利用官方门户网站，与高检院案件信息公

开系统建立链接，条件具备的地方通过微信平台与高检院案件信息公开系统建立链接，实现执法办案信息的多渠道共享。当前，全省各级检察院已经全部开通检察门户网站平台。

（三）拓展多途径审务公开

2014年全省省市法院全部建立完善了新闻发布制度，定期不定期地发布一些社会关注的重大、疑难、敏感案件的进展、法院重要工作开展情况等，积极开展"公众开放日"活动，加强与人大代表、政协委员和社会公众的沟通，各级法院还纷纷开通微博、微信等公开平台。

（四）司法拍卖实现网上运行

为规范河北法院司法拍卖工作，2013年6月正式启动了网络司法拍卖改革，引入第三方交易平台，在互联网上采用电子竞价方式进行拍卖，竞价过程全部网上自动运行。2014年直接与河北省产权交易中心对接，由法官主拍，省下50％的拍卖佣金，还惠于民。2014年底前有望实现网络司法拍卖的全覆盖。

（五）创造了减刑、假释的"衡水经验"

2014年1月，中央政法委下发了《关于严格规范减刑、假释、暂予监外执行切实防止司法腐败的意见》。4月，最高人民法院又出台了《关于减刑、假释案件审理程序的规定》。这些意见和规定对于办理减刑、假释案件提出了更为严格的要求。衡水中院顺应社会和百姓关切，创新减刑、假释工作思路，与深州监狱合作创建了"狱内数字化法庭"，对减刑、假释案件全部开庭审理并实行庭审视频狱内直播，堵塞减刑、假释案件的漏洞，自觉接受社会和公众全程监督。

（六）提高司法公开规范化水平

制定了关于全省法院庭审直播、流程公开、裁判文书上网的实施意见和

《河北法院阳光司法指数评估暂行办法》，引进了司法公开第三方评估，即由省法院统一委托独立的科研机构，并且吸收特邀监督员参与，对法院司法公开进行评估，这样更有利于评估结果的客观公正，增强阳光司法指数评估结果的可靠性和准确度。阳光司法指数评估体系通过评价、监测、引导等功能，约束了法官的言行举止，达到规范司法行为、促进法院依法履行职责的效果。

（七）拓展检务公开范围

借助最高人民检察院案件信息公开系统，做好人民法院所做判决、裁定已经生效的刑事案件起诉书、抗诉书，不起诉决定书和刑事申诉复查决定书等法律文书的公开工作；通过检务公开大厅、门户网站和官方微博、微信等平台对检察机关法定职权、各部门职能及工作流程、直接立案侦查案件范围及立案标准、办案期限等进行公开；及时公开有较大社会影响的职务犯罪案件的立案侦查、决定逮捕、提起公诉等情况，社会广泛关注的刑事案件的批准逮捕、提起公诉等情况，已经办结的典型案例以及重大、专项业务工作的进展和结果信息等；向与案件相关的人员和单位公开侦监、公诉以及民事行政诉讼监督、刑事申诉、国家赔偿类案件的案由、受理时间、办案部门、办案进程、处理结果等程序性信息。

（八）全面实行狱务公开

出台了《狱务公开目录》，建立提请减、假、暂案件六级审查公示制度、四级纪检监督机制和主动接受检察机关监督制度，实施执法办案质量终身负责制，强化执法过错责任追究；在全省各监狱设立计分考核查询系统、数字化法庭、电子公开屏，及时公开执法信息，对提请减刑、假释建议书和暂予监外执行决定书，全部进行上网公示；推行监狱"开放日"活动，全省监狱全部实行了"开放日"制度；加强狱务公开信息化建设，重新修订完善了《罪犯日常计分考核办法》，并重点加强了"三类罪犯"的从严管理，全面实行网上录入、信息共享、全程留痕。

河北蓝皮书

四　法律服务和法治宣传

2014 年，河北省积极推进司法行政体制机制改革，努力提高法律援助工作质量，增强法制宣传教育实效。

（一）做大、做强和做优法律援助

2014 年，河北省司法厅对县域综合法律服务中心建设、法律援助"绿色通道"、法律援助降低门槛、扩大法律援助服务面做出新规定，增加了 5 项援助事项，放宽经济困难标准。依托法律援助机构，整合律师、公证、人民调解等资源，在全省 52 个县区建立了综合法律服务中心，为基层群众提供综合性、一站式法律服务。同时简化服务流程，缩短受理周期，对残疾人等特殊人群实行预约式、上门式服务，保障更多的困难人员及时获得法律援助。2014 年 1 月至 9 月共办理法律援助 4.12 万件。

制定办理民事、刑事法律援助案件质量标准和办案质量评估办法、服务窗口规范化建设标准，明确法律援助的办案标准和监管措施，为法律援助人员办案提供基本遵循，为法律援助案件质量管理和质量评估提供依据。开设了法律咨询公益热线和"12348"法律服务热线，开展法律援助窗口专项整治和农民工"百日维权"等活动，为群众提供更加优质高效的法律帮助。

（二）推动实施"六五"普法，加强法治文化建设

积极推进领导干部、公务员学法用法，全面落实中心组集体学法、依法行政考核、干部法律知识考试制度，2014 年 9 月组织了 3.5 万名省直单位干部和各市副厅级以上干部参加法律知识考试。推进青少年课堂法制教育，村（居）民普法教育工作和"十户普法宣传员"的全覆盖。

配合省人大常委会组建了法律顾问团，法律服务人员共担任各级政府及部门法律顾问近 1700 家；全面推行村（居）法律顾问制度，全省 70% 的村

176

委会和居委会配备法律顾问，2015 年上半年将实现全覆盖。探索法治文化发展的新方式，与省委宣传部、省文化厅联合下发了《关于加强社会主义法治文化建设的意见》，在全省积极推广"个十百"工程，每个县市区至少设 1 个法治广场、10 条法治文化街、100 面法治文化墙。通过"法治人物""法治事件"命名评选以及法律知识竞赛等方式，不断扩大法治文化的引导力和影响面。

加强网络宣传，充分发挥门户网站、法治河北 QQ 群、"六微"（微信、微博、微电影、微课堂、微视频、微广告）作用，在人群密集区设置户外电子显示屏、图书角，在媒体开设"法在我身边""律师说法"栏目等群众喜闻乐见的形式，扩大法治影响，营造法治氛围。

五　平安河北

由于河北省独特的地域特点，平安建设是多年来的重点工作。2014 年河北推进源头治理、综合治理和依法治理，实现了全省社会治安持续稳定，群众安全感得到提升。

（一）推进"大平安"格局建设

2014 年，河北转变社会治理思路，把"大维稳"格局提升为"大平安"格局，以维护社会和谐稳定为首要责任，积极推进全省大平安格局建设。成立高规格平安建设领导小组，由省委书记任组长，省长、省委副书记、政法委书记、省委秘书长，分管政法工作的副省长任副组长，办公室主任由省委政法委书记、省综治委主任兼任。各市、县（市、区）也分别成立了相应的领导小组。做好平安建设顶层设计，提出了"更加注重"政治安全、经济安全、文化安全、社会安全、生态安全。出台了《河北省社会治安重点地区认定标准》《河北省平安建设考核办法》，整合综治、维稳、信访工作年度考核为平安建设考核，按照权重10%纳入各级党政领导干部和领导班子实绩考核体系。

（二）建设社会治理服务平台

以网格化管理为基础，以信息化为支撑，加大基层综合服务管理平台建设。至 2014 年 9 月底，全省 172 个县（市、区）、1959 个乡镇、3548 个社区、48641 个村全部建立了基层社会管理综合服务平台；全面构筑街面巡逻防控网、城乡社区村庄防控网、单位和行业场所防控网、区域警务协作网、技术视频防控网和网络防控网为内容的立体化社会治安防控体系，提高预防和打击犯罪能力，全省累计安装视频监控系统设施 220 多万个，主要街道、重点部位、案件多发地段和巡控节点的视频巡控达到 90%；河北作为京畿重地，始终把实施"护城河"工程当作一项政治任务，确保重大活动期间的安全。

（三）推进社区矫正工作

在司法行政部门增设社区矫正管理局，专司社区矫正工作，全省 11 个设区市、158 个县（市、区）已实现社区矫正机构单列。落实手机定位监管措施，对 82% 的社区服刑人员实现了手机定位跟踪监管。为了促进社区服刑人员顺利融入社会，累计对 1.9 万人开展职业技能培训，帮助 2.8 万名社区服刑人员就业和就学，为 4000 多人办理低保。截至 8 月底，全省累计接收社区服刑人员 85048 人，累计解除 46831 人，再犯罪率为 0.12%，低于全国 0.2% 的平均水平。

（四）全面加强调解组织和队伍建设

加强调解组织建设。2014 年在抓好村（居）、乡镇（街道）人民调解组织和队伍建设的同时，重点建设专业性、行业性调解组织，在全省 11 个设区市和 61 个县（市、区）建立医疗纠纷调解组织。到 2014 年 10 月，全省建立各类调解组织 58607 个，其中行业性专业性调解组织 732 个，全省人民调解员数量达到 38 万人，十户调解员、楼院调解员超过 20 万人，排查化解纠纷 19 万余件，防止民转刑 385 件，防止群体性事件 1238 件，有力地维护了社会稳定。

六 环境法治

2014 年环境法治以重点整治的方式，加大环境执法力度，治理违法排污企业。

（一）实施环境治理专项行动，进行目标治理

从 2013 年 11 月起，全省公安、环保系统第一次联合开展了为期半年的打击环境污染违法犯罪"利剑斩污"专项行动，集中查处了一批环境违法犯罪案件，重点整治了影响可持续发展的突出环境问题，提振了社会对环境治理工作的信心。2014 年 1～9 月，全省设区城市空气质量平均达标天数同比增加了 15 天，重污染天数减少了 11 天，全省 PM2.5 平均浓度下降了 12%，PM10 下降了 11.6%，二氧化硫下降了 27.2%，一氧化碳下降了 18.5%，臭氧下降了 12.7%，二氧化氮下降了 4.4%，数据显示，河北 2013 年大气污染治理的强力措施有了积极成效。

但是，河北省面临的环境形势仍然十分严峻。全省设区城市 1～9 月平均超标天数仍达 160 天，占 58.6%；重点流域水环境问题突出，劣 V 类水质断面占 31.2%。有的企业仍置法律法规于不顾，采取夜间偷排偷放，渗坑、暗管排污，无证排污等方式，进行环境违法犯罪，严重威胁百姓身体健康和环境安全。为此，省公安厅、省环保厅决定集中开展"2014 '利剑斩污'"专项行动，既巩固已经取得的环境治理成效，也继续改善环境质量。

（二）严格环境执法

环境执法人员充分利用网格化监管手段，整合人员力量，加强日常巡查，将所有污染源全部纳入排污费征收全程信息化管理系统。严格按照"编号登记、限期整改、专人负责、复查销号"的要求，及时登记建档，建立排查台账，明确整改内容，明确整改时限，明确具体责任人，做到整治一

件，销号一件，彻底消除隐患死角。

环境专项治理中，环境执法采用了"异地用警、提级侦办、追根溯源"等措施，运用了重点监控远程执法抽查系统，收到了良好成效。在监管中实行明察与暗访相结合、日常巡查与突击检查相结合、昼查与夜查相结合、工作日查与节假日查相结合，具体检查中坚持不定时间、不打招呼、不听汇报的"三不"原则和直奔现场、直接督查、直接曝光的"三直"原则，针对环境污染违法犯罪的规律特点，创造性地开展工作。

加强环境规范执法，增强执法精准性。全面梳理案件线索，强化案件证据意识，及时调查取证、固定证据，形成完整的证据体系。对监管中发现的问题，严格执法，实施处罚措施，凡是超标排污的一律停产整顿，明确整改时限和要求；凡是违反国家产业政策非法排污的一律取缔、关停；凡是发现的渗坑严格督促当地政府组织修复，同时严格查处造成渗坑污染的排污单位；凡是偷排偷放特别是利用渗井、渗坑进行排污造成地下水污染的，不正常运行大气污染治理设施的，以及未取得排污许可证排放污染物的，该处罚的按高限从严处罚，该关停的坚决关停，触犯刑法的移送司法机关，最大限度地挤压违法犯罪空间。

（三）建立联合环境执法制度

打击环境污染违法犯罪，必须充分发挥环保、公安联动优势，联合执法，整体配合，才能取得良好效果。一是完善联席会议制度。环保与公安部门加强沟通联系，定期不定期地召开联席会议，及时通报工作情况，协调解决工作中遇到的问题，相互支持，通力协作，推进环保、公安部门联查联办工作的制度化，形成环境治理合力。二是落实案件移交制度。严格按照法律法规正确认定违法事实，严格区分罪与非罪的界限，做好行政执法与刑事司法的衔接，对于违法行为，处罚到位，涉嫌犯罪的，及时移交公安部门，杜绝以罚代管、以罚代刑降格处理。三是严格规定监测报告认定时限。对于调查取证过程中，需要出具监测报告的，环保部门所属监测机构在完成样品采集后，除有特殊条件要求的样品外，都在 5 日内制作完成监测报告并上报，设区市环保部门在 5 日内出具初步审查意见，设区市、省直管县环保部门所属监测机构出具的监测报告，可以直接向省环保部门申请认可，省环保部门在 5 日内出具认可意见。

七　2014年河北法治发展存在的问题

2014 年的河北法治发展虽然取得了很大进步，但也存在一些问题和不足。审批事项取消下放质量不高，改革的协调联动不够，一些市县承接和放权不到位，审批事项仍然较多，一些地方和部门审批行为和过程不规范、不透明、效率低，政务服务中心作用发挥不够充分，企业和群众办事难、周期长、成本高等问题仍然没有从根本上改变，使群众和市场主体对改革红利的感受不够明显、不够满意。

（一）审批事项设置不规范不合理现象依然存在

一方面，在现有审批事项中仍保留大量非行政许可审批事项，且均有设定依据，国家部委保留348项，河北省仍有215项，形成了审批管理的"灰色地带"。对此类事项的清理尚需到明年上半年才能完成。另一方面，我国长期沿用前置审批为主的政府管理模式，现行法律法规设定的前置审批事项多。投资项目需规划、环评、用地指标、消防安全、地质环评等前置审批，工商登记前置审批就有195项，且有些审批事项互为前置，形成一个无法走出去的"怪圈"，对市场主体和群众办事造成极大不便，但此类事项清理需结合国务院改革进程，逐步到位。

（二）审批行为和过程还不尽如人意

尽管河北省各级各部门在优化审批流程方面做了大量工作，审批行为较之以前有很大改观，但仍存在审批流程烦琐、手续繁杂、材料标准不明确、审批时间长、运行效率低、自由裁量权大等问题，企业付出的时间成本、人力成本、跑办成本还是比较高。市县政务（便民）中心

"两集中、两到位"执行力度还不够,有的部门审批事项虽已进驻,但依然搞前店后厂、体外循环,没有真正做到一窗受理、现场审批、限时办结。中介服务混乱,与审批相关的评估报告、检测检验、环评能评、规划设计等中介机构运作不规范,甚至有的中介机构与审批机关利益挂钩,指定服务、垄断经营、收费过高、效率低下,蚕食消解了改革成效。权力运行透明度不高,各级政府部门信息平台各自独立、信息分散、公开形式单一、信息不对称,造成基层和群众对简政放权了解不够,查询不方便。同时,也存在一些基层工作人员素质不高、服务意识差、服务不到位的因素等。

(三)法院在全面、实质公开上仍存在不足

目前司法公开尚未成为法官的职业自觉。司法公开工作在开展初期,给法官增加了较大的工作量,在案多人少、人员老化的背景下,这一问题更加突出。同时,部分法官的素质、法官的职业能力与道德水平没有同步提高,还不能适应当前形势的发展,制约了司法公开推动的脚步。

司法公开机制建设尚未形成体系。一方面司法公开自身制度建设尚不完善,有的法院缺乏科学设计和长远规划,有的法院缺少统筹安排,司法公开的各项举措散见于个别规定,缺乏体系性,一些规定还不完善,对一些细节考虑不周全。另一方面与其他改革制度衔接不够,表现为司法公开与审判管理、执法监督、法院人事管理等制度之间缺乏有效的配合,以司法公开推动司法改革的价值尚未呈现出来。

实质公开尚缺乏足够的裁判说理支撑。在法院司法公开工作中,较重视公开庭审和公开宣判的过程,但对形成裁决的法官心证过程公开不够。裁判文书说理有待进一步加强。民事裁判文书方面,不能详尽阐释裁判依据是当前我国审判实践中所存在的一个较为普遍的问题。

硬件建设和技术保障还不能满足实际需求。司法公开的全面、深入推进需要信息化技术的保障,同时司法公开及信息化建设对法院网络管理人员提出了更高的要求,目前法院,尤其是基层法院,信息化技术的专业人员非常

少，技术力量还远远跟不上司法公开的需求。各级法院现在都开通了互联网、触摸屏查询系统、远程提讯、门户网站、微博微信、同步录音录像等新举措，但由于审判管理人员及技术人员有限，这些措施没有发挥应有的作用。

八 2015年河北法治发展展望

2015年，河北省将会根据《中共中央关于全面推进依法治国若干重大问题的决定》，在深化改革、建设法治国家的道路上，进一步完善立法、加强法治政府建设，推进司法体制改革，走向依法治国的新时代。

法治河北的路线图将会绘出。河北省会将重点放在落实《中共中央关于全面推进依法治国若干重大问题的决定》上，绘制出建设法治河北的路线图和时间表，有希望会出台《法治河北建设纲要》。

立法会更加科学和民主。立法将紧紧围绕建设具有中国特色的社会主义法治体系，建设社会主义法治国家，加强重点领域的立法，例如，打好四大"攻坚战"、京津冀协同发展、环境治理等方面进行立法，发挥法制的引领和保障作用。

法治政府建设会明显提速。将会在相对集中执法权，推进城市管理领域相对集中行政处罚权，理顺城市管理执法体制，提高执法服务水平，规范行政处罚自由裁量行为，全面清理行政执法人员，建立资格准入和动态管理制度。

将全面清理非行政许可审批事项。清理的目标是：将面向公民、法人或其他社会组织的非行政许可审批事项取消或依法调整为行政许可，将面向同级政府部门和面向市县政府的非行政许可审批事项取消或调整为政府内部审批事项，彻底取消"非行政许可审批"类别，只保留"行政许可"类别。清理工作将于2015年内完成。

司法公开将进一步拓展广度和深度。现代信息技术的发展与普及为审判工作的全面、实质公开提供了有力保障。法院会充分利用这一有利时机，加

强硬件建设，加大对数字化法庭、网站等信息化平台和网上诉讼服务中心的建设，适应新形势下人民群众对司法公开的要求。

司法公开与司法改革制度将更衔接和配合。司法公开作为具有强烈现实性和针对性的改革措施，是全面推进司法改革的重要突破口，不是一项简单、单一的工作目标和任务，将更注重完善司法公开综合性的工作目标体系。

2014年河北省行政审批
制度改革发展报告

麻新平*

摘　要： 2014年河北省行政审批制度改革全面推进，在加强组织领
导、全面清理审批事项、编制公开行政权力清单、监管清单
和负面清单及立法规范等方面做了很多工作，取得了阶段性
的成果，但仍然存在一些问题，影响了改革的进程。今后应
该在继续清理和减少行政审批项目、规范和优化行政审批程
序、大力培育和规范管理社会中介组织及完善对行政审批的
监管机制等方面加大行政审批制度改革的力度。

关键词： 行政审批制度改革　先照后证　行政权力清单

2014年，河北省行政审批制度改革全面推进，行政审批事项进一步减
少，行政审批期限进一步缩短，行政审批效率有了较大提高，行政审批制约
监督机制进一步健全，为经济社会发展提供了有力保障。

一　2014年河北省行政审批制度
改革的进展和成效

河北省行政审批制度改革工作启动于2001年1月，十多年来先后进行

---

* 麻新平，河北省社会科学院法学研究所研究员，主要研究方向为经济法。

了六轮审批项目清理和改革，至2014年4月共取消行政审批事项1618项，下放行政审批事项371项。[1] 2014年，河北省全面推进行政审批制度改革，加大行政审批清理力度，下放、取消和合并了大批行政审批事项，审批流程不断优化，行政审批项逐步"瘦身"，相关工作取得了明显成效，为促进经济社会持续健康发展提供了有力支撑。

（一）全面清理审批事项，加大简政放权力度

2014年，围绕简政放权，河北省重点做好以行政许可、非行政许可审批为主体的行政审批制度改革工作，取消和下放了一批行政审批事项。并明确规定，对取消的行政审批事项，各级各部门不得拆分、合并或重组以新的名义、条目变相审批，不得违法移交给下属事业单位、协会审批（国家另有规定的除外）。河北省被中央编办列为取消下放进展较快的4个省份之一。[2]

第一，消减了一批行政审批项目。衔接落实国务院取消下放行政审批事项。2014年1月28日，国务院《关于取消和下放一批行政审批项目的决定》（国发〔2014〕5号）颁布后，对应衔接国务院取消的11项行政审批项目，河北省相应取消了15项；接收国家有关部委下放行政审批项目20项，其中，18项由省级相关政府部门接收，2项由省政府部门接收后进一步下放到设区市和省直管县（市）；2014年7月22日，国务院《关于取消和调整一批行政审批项目等事项的决定》（国发〔2014〕27号）颁布后，河北省对取消下放的行政审批事项进行了衔接，衔接国务院取消行政审批事项12项，对应取消河北省行政审批事项13项；接收国务院有关部委下放行政审批事项14项，其中，13项由省政府相关部门接收，1项由省政府部门接收后进一步下放，接改为后置审批的工商登记前置审批事项31项。

---

① 河北省行政审批制度改革工作领导小组办公室：《关于公开省政府部门行政审批事项和历年取消下放行政审批事项汇总清单的说明》。

② 季然：《河北：编制公开历年取消下放行政审批事项清单》，长城网。

在做好衔接国务院取消下放行政审批事项的同时，河北省还进一步加大自行取消省本级行政审批事项力度。截止到 2013 年 10 月，从河北省保留的省本级行政审批事项中分两批取消、下放行政审批事项共 106 项，其中 2014 年第 1 批自行取消、下放行政审批项目 53 项，其中，取消 35 项，下放管理层级 18 项。2014 年第 2 批自行取消下放事项 53 项，其中，取消 15 项，下放管理层级 34 项，转移给社会组织 4 项。目前，省政府部门保留实施的行政审批事项共计 701 项（不含 16 项涉密审批事项），其中，行政许可 488 项，非行政许可审批 213 项。

第二，取消或调整省政府各部门非行政许可审批事项。大量的非行政许可审批无法律法规依据，有的是因为立法滞后而管理急需，有的则纯粹是以非行政许可之名以维护部门利益，容易滋生腐败，影响和制约河北省的发展环境。2014 年初，李克强总理主持召开国务院常务会议提出清理全部非行政许可审批，确需保留的要通过法定程序调整为行政许可，其余一律废止。为此，河北省政府下发了《关于清理省政府部门非行政许可审批事项的通知》，对省政府各部门的非行政许可审批事项进行了全面清理。清理对象是经省政府审定并已向社会公开的《河北省省政府部门行政审批事项汇总清单》所列的非行政许可审批事项。今后，河北省不再保留非行政许可审批审批类别。为了贯彻落实《通知》，2014 年下半年，河北省将继续全面清理，对省政府部门现有的 224 项非行政许可审批事项进行认真清理，取消非行政许可审批事项，年底前完成大部分清理任务，力争 2015 年 6 月底前全面完成清理工作。

第三，取消行政监管类别。从 2014 年 3 月份开始，清理规范省政府部门行政审批事项，对各部门的行政监管逐项进行审核。对省本级保留的 1267 项行政审批事项进行集中清理，取消了行政监管类别，由"三类事项"调整为行政许可、非行政许可审批"两类事项"，共取消 532 项，下放 18 项，其中，省本级自行设定的审批事项由 46 项减少到 14 项。目前，行政监管类事项的全面清理规范工作已经完成。

（二）编制公开行政权力清单、监管清单和负面清单，全面接受社会监督

编制和公开行政权力清单，可以为政府机关依法行政提供约束尺度，确保"法无授权不可为"，规范权力公开透明运行，接受社会的监督。

第一，编制公开行政权力清单。河北省对省政府各部门现有行政职权进行全面梳理，逐条逐项分类登记，摸清了现有行政审批事项的底数，并编制了《河北省省政府部门行政审批事项汇总清单》（2014 年版）和《河北省省政府部门历年取消下放行政审批事项汇总清单》（2001～2014 年）"两个清单"。按照"两个清单"规定，省政府部门目前保留实施的行政审批事项共计 701 项（不含 16 项涉密审批事项），其中，行政许可 488 项，非行政许可审批 213 项，除此之外一律不得审批，也不得对已经取消和下放的审批事项以其他名目变相审批。另外，"两个清单"还在省政府各部门门户网站和河北机构编制网对外公开，成为全国最早编制公开完整的行政审批事项清单的 12 个省份之一，唯一编制并公开历年取消下放行政审批事项清单的省份。①

第二，指导各设区市、县（市、区）编制公开行政审批事项清单。2014 年 4 月初，河北省审改办确定在邯郸市开展权力清单制度试点工作，8 月初在该市市县乡三级全面建立行政权力清单制度。目前，河北已在全省范围建立、列出了行政权力清单制度时间表。《关于在全省建立行政权力清单制度的实施方案》也已于 8 月 27 日发布实施，要求各级各部门行政权力清单和权力运行流程图在 10 月 7 日前公开，使权力行使接受公众的监督。如保定市政府编制并公布了第一批行政权力 4 份清单，包括负面清单、准许清单、监管清单和收费清单，并在保定市政府门户网站、保定市政府信息公开平台和保定市政务服务网公开，这标志着该市对行政权力正式实行清单管理。

第三，研究起草了《河北省行政审批事项目录管理办法》。《河北省行

---

① 季然：《河北：编制公开历年取消下放行政审批事项清单》，长城网。

政审批事项目录管理办法》对行政审批实行严格的准入制，该办法已进入省政府立法程序，为河北省全面建立政府部门行政权力清单制度奠定强有力的工作基础。

第四，编制公开了监管清单和负面清单。在编制公开权力清单的同时，河北省还按照"依法监管、权责一致、动态监管、公开透明"的原则，研究制定涉及市场经营主体的各种行政审批后续监管措施，编制了监管清单，并向社会公开；根据国家产业政策，结合河北省产业转型升级的要求，按照"非禁即入"的原则，制定全省统一的禁止投资产业目录和政府核准的投资项目目录，建立投资负面清单制度，并向社会公开。

（三）加强组织领导，统筹推进改革

根据省委、省政府《河北省人民政府机构改革实施方案》，省行政审批制度改革领导小组由常务副省长担任组长，将行政审批制度改革工作职责由省监察厅调整到省编委办，省编委办设立行政审批制度改革处，负责省政府行政审批制度改革工作领导小组办公室的日常工作。形成了党委、政府统一领导，办事机构组织协调，有关部门各负其责，集中各方面力量推进改革的工作格局。

（四）制定地方立法，强化对行政审批权力的监督制约

第一，针对行政审批存在的设定主体混乱、项目繁杂、自由裁量权过大和权责不一致等问题，为了切实减少行政许可、促进市场公平竞争，2014年9月26日，河北省人大会常务委员会第十次会议通过了《河北省行政许可条例》，这是继广东省之后全国第2个出台地方性法规的省份。[①] 条例以立法的形式约束行政审批人员的办事效率、办事流程，更加强调了行政许可程序的法制化。条例的颁布有利于促进规范对行政许可的设定、实施和监

---

① 刘常俭：《河北：立法严控新设行政许可 根本上防止"边减边增"》，《河北日报》2014年10月5日。

督，优化行政许可流程，强化行政许可权力监督制约，有利于优化河北省的发展环境，标志着河北省在构建权力运行制约和监督法制体系的进程中迈出了重要一步。

第二，为了促进和保障政府管理由事前审批更多地转向事中事后监管，进一步激发市场、社会的创造活力，河北省政府对 2013 年 12 月 15 日前公布施行的现行有效的省政府规章进行了清理，对《河北省减轻企业负担暂行规定》等 4 部省政府规章予以废止。

（五）改革工商登记制度，创造公平竞争的市场环境

通过简政放权和工商登记制度改革，直接带动了新增企业注册和就业人数的增长，充分调动了市场活力。

第一，加大对与经济增长、促进就业创业密切相关审批事项的改革力度。做好工商营业执照、组织机构代码证和税务登记证"三证合一"登记制度改革试点工作，待试点经验成熟后，在全省推广。

第二，改革"先证后照"为"先照后证"。"先证后照"改为"先照后证"，不是审批许可证件和营业执照办法顺序的简单位移，而是让政府更好归位，激发市场活力，建立规范统一市场规则和竞争有序的市场秩序。

7 月 22 日，国务院印发文件将 31 项工商登记前置事项改为后置审批，预计年底将在全国范围内推广实施。为了全面实施"先照后证"改革，河北省通过了《关于落实"先照后证"改革决定　加强市场监管工作的实施意见》和《河北省 31 项工商登记前置审批事项改为后置审批事项监管清单》两个文件，为贯彻落实国务院首批"先照后证"改革决定提供了省级政策依据。《实施意见》决定，按照"谁审批、谁监管""谁主管、谁负责"的原则，从 9 月 1 日起在省内全面实施 31 项工商登记前置审批事项改为后置审批，为审批事项逐一明确监管主体及其职责，由"重审批、轻监管"转变为"宽准入、严监管"，由事前审批为主转变为事中事后监管为主。

为了防止"先照后证"出现"一放就乱"的问题，河北省还将逐步建

立审批监管、行业监管、属地监管和综合监管相配套的市场监管机制，进一步建立健全信用约束机制，引导市场主体自律。

为实行"先照后证"，加强事中事后监管，河北省还开发完成了"河北省市场主体信用信息公示系统"，将领取营业执照的市场主体登记、备案信息通过公示系统向社会公示，供相关审批部门、社会公众查阅和监督，满足了改革对登记管理和信息公示的需求。

第三，建立"三级平台""两个代办"便民服务。河北省委、省政府出台了《关于建设"三级平台"、推行"两个代办"进一步完善便民服务体系的意见》，在全省大力推进市政务服务中心—县（市、区）政务服务中心—乡镇（街道）便民服务中心"三级平台"建设，普遍推行为民服务全程代办、重点项目全程代办"两个代办"制度，对行政审批和服务事项最大限度地进行清理和放权，在全省形成上下联动、层级清晰、运转高效、覆盖城乡的便民服务体系，打通了服务群众的"最后一公里"，是优化发展环境、创新和加强群众工作的重大举措。

二　河北省深化行政审批制度改革存在的主要问题

2014年河北省行政审批制度改革全面推进，在加强组织领导，全面清理审批事项，编制公开行政权力清单、监管清单、负面清单和立法规范等方面做了很多工作，取得了阶段性的成果，但仍然存在一些问题，很多困扰改革多年的问题依然没有得到很好的解决，影响了行政审批制度改革的进一步深化。

（一）行政审批项目依然较多

2014年河北省分两批自行取消下放了行政审批事项共106项，但从总体上来看，行政审批留存的项目仍然较多，一些取消下放的权限"含金量"不足，束缚企业生产经营、影响人民群众就业创业创新的事项取消下放还不

够；一些已经取消或调整的审批项目改头换面以备案制、审核制等方式出现，虽然形式上变了，但没有改变行政审批的实质。

（二）行政审批程序不规范

行政审批环节多。行政审批程序内部环节多、层级环节多，许多行政审批项目依然存在层层审批问题，一些项目的办理有的跑几趟甚至十几趟都办不下来，审批效率非常低；行政审批缺乏有效的告知渠道，告知内容不翔实，申请人对申请条件、受理和审查的时间、审批标准和条件、审查结果、救济途径等相关信息都无从知道。

（三）信息系统尚不能实现数据共享

虽然目前网上审批和电子监察的覆盖率逐步升高，但尚未实现互联互通，各个审批机关的信息系统之间封闭不兼容，不能实现数据共享，电子政务信息也不能实现有效整合，不能适应行政审批模式的变化，不能满足公众对行政审批质量和效率的要求。

（四）政务服务中心运作不规范

近年来，河北省各地相继建立了政务服务中心（或行政审批中心），把行使审批的机构集中起来，采取"一站式"服务，实现了"一门受理，内部运转，统一收费，限时办结"。但是，各地政务服务中心的运行不同程度地存在管理不完善、运行不顺畅、监督不到位等问题。有些政务服务中心只是实现了审批部门的物理空间的集中，但并不是所有审批项目都进中心，一些重要的服务项目、关键的办事环节仍放在原单位办理，窗口、机关"两张皮"的问题依然存在，审批职权整合集中尚未完全到位；一些政务服务中心缺乏专业技术力量，不能有效地介入对相关审批程度的管理，因此无法有效履行监督、协调、管理和指导等职责，这也直接影响了审批代办、并联审批等机制的运作效果。行政服务中心法律的定位尚未明确。虽然《行政许可法》确定了一个窗口对外，但是缺乏对行政服务中心职能职责、机构性质、管理模式、工作原则、窗口单位权利义务的具体认定，在工作中无法可依的情况依然突出。

（五）社会中介组织仍需培育和规范

社会中介组织发育不完善。行政审批制度改革后，一些行政审批职能要下放给社会中介组织，但是由于我国市场经济发育不成熟，社会中介组织普遍发育不完善，一些从业人员缺乏专业素质，真正有能力"接权"的社会中介组织并不多。因此，应重视培育和提升社会中介组织的能力，以满足行政审批制度改革的承接需求。

社会中介组织缺乏独立性。一些中介机构本身就是事业单位性质，是行政机构的下属单位，有些甚至是政府职能的延伸；一些中介机构与相关政府职能部门名义上脱钩实际上并未脱钩或者"明脱暗不脱"或者脱钩不彻底，仍然是体内运作，形成了事实上的垄断经营格局，影响了中介组织的独立性和公正性。

社会中介组织运作不规范。涉及行政审批前置性中介服务的项目过多；中介服务周期长、效率低、收费标准偏高；中介服务机构类型繁多，鱼龙混杂，业务标准和服务质量差异性较大，缺乏有效的制度约束。

（六）行政审批监管机制仍需完善

行政审批的事后监管机制不完善。目前重审批轻监管、重权力轻责任、以审代管的问题非常普遍。重审批轻监管，一些取消后的事项成了管理上的"真空"，造成管理上的缺位；重审批权力，轻审批责任和义务，对审批行为缺乏严格的监督和有效制约，一旦出现违法、违纪审批等情况，不易追究审批部门和审批人员的责任；审批过错问责制度不健全，尽管出台了行政审批的责任追究制度，但由于缺乏可操作的程序，问责很难落实。

对行政审批的监督机制不完善。内部监督乏力，无论是部门内部平级的监督，还是上下级间的监督，行政机关对自身的监督很难真正起到制约作用。近几年虽然建立了行政效能投诉、行政首长问责、行政审批电子监察、

行政效能评估制等监督制度，但是这些内部监督往往缺乏制约和强制性保障。外部监督虚设。外部监督虽然包括人大、司法、媒体等多种方式，但由于信息不对称、渠道不顺畅或公众意识淡薄等原因，导致监督滞后和功能弱化，很多监督形同虚设。

三 河北省进一步深化行政审批制度改革的思考

2014 年，河北省行政审批制度经过多年的改革，审批事项仍有 744 项，剩下的审批项目都是难啃的"硬骨头"。随着改革的不断深入，所触及的政府部门利益更广，阻力也会越来越大，特别是经济建设领域行政审批仍然过多，严重阻碍了河北省经济发展方式的转变和生产力的发展。为此，有必要推进行政审批制度的进一步改革，该放的要放到位，该管的要管好，真正处理好市场、政府、社会三者之间的关系，更好地发挥市场在资源配置中的基础性作用。

（一）继续清理、减少和调整行政审批项目

行政审批制度改革的根本宗旨，就是把市场和社会的权力全部交还给市场。为此，必须破除既得利益的阻碍，敢于啃"硬骨头"。对目前保留实施的行政审批项目应加大清理力度，逐项进行清理审核。凡是公民、法人或其他组织能够自主决定、市场机制能有效调节、行业组织或者中介机构能够自律管理的事项，均应该取消。应根据国务院及有关部门的工作部署，做好与国务院规定的衔接工作，对规定应当取消的行政审批项目，坚决地予以取消；对下放省级实施的项目，要抓紧制定具体实施办法，做好项目和程序上的衔接，确保规范运行；在河北省自行取消下放审批权限方面，应在投资项目、生产经营活动上做大规模地消减和下放，除了涉及国家安全、公民生命财产安全等外，凡是省本级设定的工商登记前置审批事项一律取消；加大清理非行政许可审批和行政监管项目的力度；全面清理前置审批事项，应下大力气解决部门之间审批条件互为前置、擅自增加审批环节的问题；减少行政事业性收费和资质资格许可。

（二）加快简化审批程序，切实提高审批实效

（1）对保留下来的行政审批事项，简化程序和方法，制定严格规范的审批程序，使行政审批行为公开有序，提高行政审批的效率。对于保留实施的审批项目，要在合法前提下规范审批行为，优化审批流程，压缩审批时间。

（2）完善网上审批程序。建立行政审批信息共享系统，实现政务服务中心与网上审批中心的有效结合，满足人民群众不同的申办需要；推进省市县三级行政审批系统信息共享，实现行政审批、政务公开、资源共享、咨询投诉、效能监察等职能有机整合；加强电子监察工作，全面监控省市县行政审批的办理情况，不断提高行政效能，为优化发展环境提供有力保障。

（3）推进政务服务中心建设。加强政务中心建设，凡与企业和人民群众密切相关的行政审批事项，均应纳入服务中心办理；积极推进政务服务中心标准化建设；明确政务服务中心的地位、职能设置、机构性质、管理模式、人员编制等事项，为政务服务中心工作提供政策依据。

（4）建立和完善听证制度。对于涉及重大权益或社会公共利益的行政审批事项，应在做出审批或许可决定前组织听证，防止政府机关随意增设行政审批项目。

（三）大力推进中介机构改革，形成公平竞争的市场秩序

应加强对社会中介组织的培育、管理和监督，使之能够规范地行使行政机关转出的职能。

（1）大力扶持和培育社会中介组织。应加强对社会中介组织在资金、人才、信息等方面的政策扶持，营造良好的生存和发展环境，扶持和培育其发展壮大。应放开中介服务市场，鼓励和支持民间资本举办各类服务机构，提高社会中介组织提供公共产品和服务的能力和水平。

（2）积极培育和引导社会中介组织进入政府退出的领域，承担起相应的管理职能。

（3）规范社会中介组织服务行为。要对社会中介组织办理的行政审批、行政处罚、检验检测等项目进行全面清理，防止将社会中介组织演变成违规事项的代办机构；加强对社会中介组织及其执业人员的监督管理，对存在严重违规问题的依法做出责令整改、停业整顿、取缔等处理，对负有责任的行政机关相关负责人予以问责。

（四）完善对行政审批的监管机制，使改革落到实处

行政审批制度经过多年的改革，目前已经进入了"深水区"，大部分容易的审批事项已经取消和下放，越往后改革的难度越大。但是，改革的目的不是单纯地减少数量，而是要真正地做到该管的管好，不该管的坚决地取消、下放。为此，在大力消减行政审批数量的同时，还需要完善对行政审批的监管机制。

（1）实现"事前""事中""事后"三方监管的统一协调、有效运作。完善新增审批事项的监督机制，对新增审批事项，必须有明确的法律、法规和规章依据，并按规定程序报批。行政审批公开不仅将调整或取消的审批项目公之于众，还应将新增的审批项目进行公开，接受人民群众和社会的广泛监督。

（2）向社会公开每一批取消和下放的审批事项，公开保留的审批事项和流程，还要公开监督和举报方式，加大对审批机关和审批人员违纪违法行为的投诉举报力度，畅通群众投诉举报渠道。

（3）加强行政审批权力的约束和监督，强化审批者的责任，对违法审批、越权审批或者审批不当造成严重后果的，要依法追究其相关责任。

参考文献

李林：《中国法治政府建设实践及完善路径——以行政审批制度改革为视角》，《学术前沿》2012 年第 16 期。

杜宝贵、杨学敏：《中国行政审批制度改革的特点与推进思路》，《行政科学论坛》2014 年第 3 期。

赵宝胜：《突破行政审批制度改革瓶颈的治理路径》，《法治研究》2013 年第 10 期。

江利红：《行政审批制度改革：从减量到优质》，《中国纪检监察报》2013 年 2 月 22 日。

王丽：《10 月 7 日前河北大晒"权力清单"行政权力接受监督》，《燕赵都市报》2014 年 8 月 29 日。

B.13

河北省社会矛盾状况及
预防、化解机制建设

刘淑娟*

摘　要： 在社会转型期，河北省各种社会矛盾凸显，在正确把握我们
面临的形势前提下，建立、完善、预防、化解矛盾的机制，对
于顺利度过转型期，促进经济社会发展具有现实、紧迫的意义。

关键词： 社会矛盾　纠纷　化解　机制

改革开放以来，经过30多年的发展，我国的综合国力和经济实力显著
增强，但是，随着改革的深入，新旧体制之间的冲突日益激烈，各种社会矛
盾逐渐凸显。有人把目前这一阶段称为"社会转型期"和"矛盾凸显期"。
如果不能很好地解决社会矛盾，协调各种利益集团的利益冲突，将会直接影
响中国特色社会主义建设的大局。而河北作为首都的门户，及时化解社会矛
盾、维持社会和谐稳定就具有更加重大的意义。

一　河北省社会矛盾的种类与特征

（一）贫富差距造成的矛盾

在改革开放之初，邓小平就提出，要让一部分人、一部分地区先富起

---

　* 刘淑娟，河北省社会科学院法学研究所副研究员，刑法、犯罪学研究室主任。

来，带动和帮助其他地区、其他的人逐步达到共同富裕。经过几十年的发展，确实有部分地区、部分人先富了起来，但是"先富带后富"的进程并不顺利。目前的状况是，贫富差距日益扩大，不同的阶层之间、城乡之间、地区之间、行业之间、所有制企业之间的差距都很大。根据国家统计局的统计，2008 年，我国的基尼系数达到 0.491。此后这一数字虽然在逐步下降，但到 2013 年，还是高达 0.473。贫富差距过大，表明社会分配不公，会造成人心失衡，社会矛盾也会越来越多，严重影响社会和谐。根据河北省统计局的数据，2013 年河北省城镇居民人均可支配收入 22580 元，农村人均纯收入 9102 元，城镇居民可支配收入是农村的 2.48 倍；从不同所有制企业来看，2013 年城镇非私营单位就业人员年平均工资为 41501 元，而私营单位就业人员年平均工资仅为 28135 元，二者相差 13366 元；从不同的行业来看，金融业平均工资为 80341 元，远高于全省平均工资 42532 元；电力、热力、燃气生产和供应为 70213 元，而农、林、牧、渔业仅为 13664 元，住宿、餐饮业为 27639 元，居民服务、修理和其他服务业为 28409 元。贫富差距将社会人群分裂成不同的利益群体，他们之间的矛盾可以称之为利益矛盾，这种利益矛盾构成了现阶段中国社会矛盾的一个主要的矛盾类型。这种矛盾主要是由于利益分配不公所导致的，处于社会底层的民众由于占有资源较少，享受的改革红利较少，甚至利益受损，会产生强烈的被剥夺感与社会不公感，处理不好可能会诱发群体性事件及各种摩擦，最后发展成一定范围的社会冲突。

（二）腐败现象造成的矛盾

贪污腐化、权钱交易等腐败现象造成社会不公，挥霍了大量由人民群众创造的社会财富，也极大地损害了党和政府的形象，人民群众对此深恶痛绝，也成为目前社会矛盾激化、群体事件多发的一个重要诱因。习近平总书记多次在多个场合提到腐败的危害，其中在十八届中共中央政治局第一次集体学习时指出，"近年来，一些国家因长期积累的矛盾导致民怨载道、社会动荡、政权垮台，其中贪污腐败就是一个很重要的原因。大量事实告诉我

们，腐败问题越演越烈，最终必然会亡党亡国。我们要警醒啊！"

2010 年，《人民论坛》杂志在人民论坛网、人民网等做了关于"中等收入陷阱"的问卷调查，调查结果是：在最可能诱发中国陷入"中等收入陷阱"①的因素中，排在前两位的分别是"腐败多发，民怨较重（占 52%）"；"贫富分化，阶层固化（占 44%）"。而在"跨越陷阱的最大忧虑"选项中，"腐败导致政府公信力降低"也排在第一位（其他排在第二、第三位的分别是"既得利益集团阻碍改革""社会保障和分配难题"）。腐败严重败坏了社会风气，使得"一切向钱看"的价值观盛行，为了攫取金钱不择手段，也直接诱发了抢劫、抢夺、绑架、盗窃等刑事犯罪高发；一些不法商人和腐败官员勾结，通过各种手段掠夺普通民众的权益，导致社会冲突和群体性事件发生；有的执法、司法人员徇私舞弊，暗箱操作，偏袒一方，使得弱势群体的权利受损，堵塞弱势群体的权利救济渠道，导致矛盾激化，弱势群体可能会以一种反社会行为来发泄，时常见诸报端的在公共场所实施放火、爆炸、杀人等的恶劣犯罪其背后的诱因常常与腐败和执法不公等有关。

（三）城市化、工业化进程中产生的矛盾

随着城市化步伐的加快和农村城镇化进程的推进，农村土地被征用，城市房屋被拆，由此产生的矛盾日益增多，并成为影响社会稳定的一大因素，因此导致的群体性事件也常常使各级政府疲于应对。就河北来说，到 2013年，河北省的城市化率只有 48.12%，远低于全国 53.73% 的水平。目前，政府加快推进城市化进程，在此过程中必然会涉及拆迁安置、土地征用；石家庄正在进行行政区划调整，一些周边的市镇纳入到石家庄市的区划中，土地征用、拆迁安置的数量将会有一个较大的增加；另外，随着京津冀一体化推进，一些企业、市场、学校等将由京津迁入河北境内，公路、铁路也将大量修建；治理污染，一些企业要迁出市区，这些都不可避免地涉及征地、拆

---

① "中等收入陷阱"是指当一个国家的人均收入达到中等水平后，各种矛盾集中爆发，自身体制与机制的更新进入临界，由于经济发展自身矛盾难以克服，发展战略失误或者遭受外部冲击，经济增长回落或长期停滞，从而陷入"中等收入陷阱"阶段。

迁,如果急于求成,缺乏用法治思维和法治方式来解决问题的理念,强行推进工作,就可能会引发一些纠纷和矛盾。综观已经发生的类似矛盾冲突,在一些地方,由于征地补偿费不公平或者不到位,缺乏对失地农民的后续保障机制,拆迁工作人员工作态度简单粗暴,拆迁补偿方案不公平、不合理;甚至一些地方的政府将拆迁工作交给开发商处理,开发商雇用黑社会人员暴力拆迁等现象的存在,损害了被征地农民和被拆迁户的合法权利,直接造成了暴力冲突,引发了恶性案件的发生。前不久发生在昆明晋宁的企业施工人员与被征地农民的冲突,造成8死18伤的严重后果,其直接原因就是征地补偿问题没有合理解决。此外,随着全民环境意识的提高,一些企业和项目的建设可能会遭遇当地居民的抵制,处理失当也会引发群体事件。

(四)失业群体权利无法保障产生的矛盾

随着国企改革的推进,大量国有企业职工下岗,而社会提供的新的就业岗位无法充分吸纳这部分人员,同时由于这些企业职工的年龄较大,文化水平普遍较低,自谋职业能力欠缺,造成了大量的失业人口,他们构成了新的城市贫民阶层;制造业的不景气,民营经济的不发达,使得在民营企业就业的人员经常面临失业的威胁;大学生群体的日益扩大,教育领域存在的教学与实践脱节现象,使得大学生就业面临严峻考验,部分大学生毕业即失业;新一代的农村青年,不愿意在农村务农,同时由于农业机械化的提高,农业用工减少,造成了很多农村青年无所事事,在农村或者城市游荡;城市流动人口的子女,也面临着无法也无意愿回归家乡,在城市又找不到自己位置的尴尬处境。这些因素均促成了失业人群的大量存在。在河北省,随着城镇化的加快,如果城镇不能及时提供新的工作岗位来消化这些由农业人口变为城镇人口的劳动力,将会对社会稳定和谐产生严重威胁。另外,河北省面临的产业升级、淘汰落后产能的任务很重,在此过程中必然涉及职工下岗转岗的问题,如果不能及时寻找新的经济增长极,创造新的工作岗位,失业群体的增长将是不得不面临的问题,由此产生群体事件的可能性较大。

（五）一般利益冲突造成的矛盾

在一个由各种不同的人组成的社会中，矛盾的存在是正常的，没有矛盾，完全和谐一致的社会是不存在的。可以说，社会的存在和发展就是在不断地产生矛盾和解决矛盾的过程中实现的。产生矛盾并不可怕，关键是用科学的方式和方法来化解矛盾，协调不同利益群体、人员之间的关系，最大限度地减少矛盾纠纷对社会和谐稳定的影响。广泛存在于社会主体之间的一般的矛盾纠纷都属于这一范畴。

二　预防与化解社会矛盾的方式与途径

（一）深化改革

当前的社会矛盾凸显，一个根本的原因是僵化的政治、经济体制与经济社会发展的要求不相适应，因此，要减少和化解矛盾，就要深化改革，改革那些不适应经济社会发展的政治、经济行政管理体制，这也是我们党和国家一直在大力强调的艰巨任务，尤其是到目前的攻坚阶段，改革必然会触及已经形成的既得利益集团的利益，会遇到各种各样的阻力。但是，改革是逆水行舟、不进则退。党的十八届三中全会做出全面深化改革的决定，提出"全面深化改革的总目标是完善和发展中国特色社会主义制度，推进国家治理体系和治理能力现代化"。"全面深化改革，必须立足于我国长期处于社会主义初级阶段这个最大实际，坚持发展仍是解决我国所有问题的关键这个重大战略判断，以经济建设为中心，发挥经济体制改革牵引作用，推动生产关系同生产力，上层建筑同经济基础相适应，推动经济社会健康发展"。随着改革的深入进行，市场经济体制的逐步成熟，市场的作用得到加强，政府与民争利的现象将会逐步减少，经济得以健康发展，行业差距、地区差距等有望逐步降低，人民生活水平稳步提高，人民的生存权将会在较高水平上得到保护。

（二）打击腐败

党的十八大以来，反腐倡廉取得明显效果，一大批贪官被揭露处理，使广大人民群众重新树立起对中国共产党保持纯洁性的信心。随着群众路线教育的开展和反腐倡廉工作的深入进行，干部作风的改进，干群关系终将得到改善，干群矛盾逐步得到化解，群体事件有望逐步减少。相对于"高压维稳"，这才是从根本上减少、化解社会矛盾的举措。

（三）深入推进依法行政，坚持依法规范公正文明执法

各级政府和国家工作人员肩负着社会管理的重任，他们每天的工作都和人民群众的权利和利益密切相关。因此，他们的工作方法、工作态度、价值理念，决定着工作的成败。依法、规范、公正、文明地执法，会使已经存在的矛盾得以化解；而不当执法则会制造矛盾和纠纷，或者使已经存在的矛盾激化，甚至诱发恶性案件。政府机关及其工作人员要依法全面履行政府职能，这是党的十八届四中全会对行政机关的明确要求。目前行政机关存在的最突出的问题是权限过大，甚至法外设权，同时对于没有利益的行为又相互推诿，怠于行使职权。依法行政，应该坚持"法定职责必须为，法无授权不可为"。行政权力不同于民事权利。民事权利的原则是"法无明文禁止即可为"，在民事范畴，只要是法律没有禁止的就可以做，但是，行政权力是人民赋予的，是人民通过法律明示的方式让渡的一部分自己的权利，因此，行政机关及其工作人员行使行政权力必须要有法律法规的明确授权才可以，否则就是违法，就可能侵害公民的权利。目前在一定范围内存在的"与民争利"现象，多是行政机关滥用权力的结果。另外，对于法律明确规定的职责和权力，行政机关必须执行，如果消极不作为，怠于职守，就是失职、渎职，如果因此造成矛盾纠纷或致使矛盾激化，就要受到严厉的惩罚。

（四）坚持法治理念，将大量可以通过诉讼解决的矛盾引导到法制轨道上来

"法律是社会关系的调整器"。社会矛盾，作为社会关系中不和谐的现象，毫无疑问也是法律调整的对象。在实行依法治国、建设法治国家的今天，将各种矛盾的解决引导到法治轨道上来，是有效化解社会矛盾，实现公平正义的必由之路。

（1）深化司法改革，提高司法公信力，引导矛盾双方通过法律途径解决矛盾纠纷。司法方式本来是解决矛盾最规范的方式，是社会公正的最后一道防线。司法机关通过法定的程序，依据国家制定的法律，通过审判的方式来"定纷止争"，当事各方可以在法庭上充分表达自己的意愿，陈述自己的理由，行使自己的权利。在一审判决以后，不服判决的还可以通过上诉程序来争取自己的权利。然而，多年以来，由于司法腐败的存在，以及司法领域存在的立案难、执行难等现象，司法公信力较低，人民群众在发生矛盾纠纷时，不愿意通过司法途径解决，而是希望通过信访途径，希望能够碰到"包青天"来为自己"排忧解难"；有的则寄希望于新闻媒体等的影响，试图通过社会舆论的压力迫使有关单位让步来达到自己的目的；更有一些人希望通过"闹"的方式解决问题。这些方式均存在不规范的情况，也不具有普遍性和可复制性，不利于公平正义的实现，不符合效率原则，甚至存在违法现象，可能激化矛盾，影响社会正常秩序和社会稳定。比如较为普遍存在的领导批示现象。矛盾纠纷的一方通过各种途径将材料呈送领导，领导看到的对事实的陈述只是一面之词，据此做出的批示很可能并不正确合法，如果有关部门依据批示来处理矛盾纠纷，就会侵犯矛盾另一方的利益。并且，在一些情况下，领导依法并没有处理这种矛盾的权力，则会造成违法行政，和依法治国的方略背道而驰。

因此，当务之急是深化司法改革，提高司法公信力，将依法应由法院管辖的矛盾纠纷纳入司法轨道，及时、公正地化解矛盾。

（2）继续推行全民普法，在全社会树立遵法守法的理念。党的十八届四中全会决定指出，"要引导全民自觉守法、遇事找法、解决问题靠法"。

要求领导干部带头学法，国家工作人员学法用法，在全社会弘扬法治精神。如果全社会都能按照法律规定来行使权利，履行义务，恪守自己的权利边界，就会减少摩擦与纷争，即使产生矛盾纠纷，按照法律的规定来处理，也可以避免矛盾激化，及时化解矛盾，理顺社会关系。

（五）健全依法维权和化解矛盾纠纷机制

由于社会矛盾的广泛性和复杂性，仅仅使用某种单一的方法无法解决所有的矛盾，必须建立健全一整套制度体系，保证人民群众能够依法保护自己的权利，依法解决矛盾纠纷。

1. 畅通民意表达渠道

加强民意沟通是有效化解社会矛盾的前提和基础。建立和健全民意沟通机制，需要进一步拓宽和畅通民意沟通的渠道，让人们表达和释放不满情绪，才能缓解社会矛盾。目前的民意表达渠道主要有：①信访机构。信访机构是群众利益诉求的集中受理、办理机构，是党委和政府联系群众的桥梁和纽带。目前，信访机构在中央、省、市、县甚至乡级都有设立，它们接访了大量群众的诉求，然后根据社会矛盾纠纷的种类，将群众诉求转达给相应的部门。信访部门虽然本身没有解决问题的权力，它提供给群众的只是一个诉求表达渠道，但是，群众在这里充分表达自己的意愿，满怀的怨闷情绪得到疏解，社会矛盾得到缓解，防止了矛盾恶化。同时，信访部门在了解群众诉求后，会依法将诉求转到有权部门进行处理，或者引导群众采取合法的方式反映诉求，寻求权利救济机制，并且有权督促有权部门依法及时处理，有利于问题的解决。加强信访工作，需要进一步健全信访长效机制，健全领导干部群众信访接待日制度，以立法的形式赋予信访机构以监督的权力，规范信访工作程序，做到信访案件件件有回音。完善信访终结机制，对于已经做出处理的信访案件，经过包括听证在内的一定的程序后，将案件予以终结，以解决无理信访现象。②建立健全人大代表联系群众制度。人民代表大会是我国的基本政治制度，也是人民群众表达诉求的一个重要途径。要建立健全人大代表与选民的联系制度。人大代表要经常到群众中间去倾听民意，并且把

民众的诉求反映到人大和政府等权力部门。要建立和加强人大代表的问责权，人大代表具有监督政府各个部门的权力，对于群众反映的问题，人大代表有权问责，有关部门必须给出解释和处理。③充分发挥人民团体、社会组织在表达民意、纾解矛盾方面的作用。人民团体、社会组织作为群众自治组织，是政府和群众的沟通桥梁，反映民意、沟通民情是其重要作用之一。应该大力发展群众自治组织，拓展群众自治组织在社会管理中的作用，通过公民自治来减少矛盾和解决纠纷。

2. 健全矛盾排查防范机制

针对社会矛盾多发生在基层的特点，将化解机制前移，变事后处置为事前防范，增强工作的主动性和实效性。健全矛盾隐患通报、纠纷信息反馈、重大情况通报等制度，做到上下联动、及时处理，将矛盾纠纷化解在萌芽状态。矛盾排查要有重点，对于一些群众反映强烈的矛盾、较为普遍性的矛盾、对抗激烈，容易产生严重后果的矛盾要及时发现、重点解决。例如土地征用、拆迁补偿、企业改制、劳资纠纷、环境污染、安全生产、社会保障、社会治安等是目前多发和影响较大的矛盾，应当及时排查，采取适当措施予以解决。

3. 建立健全矛盾风险评估机制，用立法的方式将风险评估作为重大政策、事项实施的前置条件

不经过风险评估，政策、措施就不能实施。要设立独立的风险评估机构，风险评估机构应该和事项的实施者没有利益关系，评估人员应该对评估的公正性、科学性负责。

4. 完善利益协调机制

习近平指出，维权是维稳的基础，维稳的实质是维权。社会矛盾多数是由利益失衡引起的，完善利益协调机制，解决利益失衡是预防和化解矛盾的根本途径。因此，一是要转变思维方式，处理好维稳与维权的关系，以保障人民权利来维护社会稳定，而不是以高压来维护表面的和谐。完善利益协调机制，要建立健全利益分配体制。贫富差距过大，主要是由于财富初次分配严重不公所致，而二次分配的不合理则加剧了不公。要加大劳动在初次分配

中的比重，改革垄断行业的收入分配制度，改变体制内外劳动者不同待遇的现状，增大居民收入在国民收入中的比重，加大社会保障资金的投入。二是要建立健全利益约束机制。要运用法律和道德手段教育社会主体合理选择利益目标，自觉调整利益需求，依法妥善地处理利益关系。目前社会上存在"一切向钱看"的价值取向，为获取利益不择手段，不惜触犯法律；在利益面前，毫不退让，亲情友情都抵不过利益的诱惑，这直接导致了相当多民事纠纷的产生。如果每个社会主体都能够依法设定自己的利益诉求，在利益面前互相谦让，很多矛盾就不会产生，社会和谐局面有望达成。

5. 整合已有的多种矛盾解决机制，完善多元化纠纷解决体系

我国现有的社会矛盾解决机制包括：人民调解、司法机关调解、法院调解、仲裁、判决、行政复议、诉讼、信访等多种矛盾解决机制，但是，要充分发挥这些机制的作用，需要把它们整合成一个统一的系统，使各种解决方式各司其职又相互配合，做到无缝对接。

要继续完善"三调联动"大调解工作体系。"三调联动"大调解工作机制是指以人民调解为基础和依托，人民调解、行政调解、司法调解三种调解方式结合起来，协调配合，衔接联动，多形式、多层次、多渠道地化解矛盾纠纷的工作机制。2013 年 12 月，为深入贯彻《中华人民共和国人民调解法》，河北省委办公厅、省政府办公厅出台了《关于加强新形势下人民调解工作的意见》，意见要求，每个村（居）建立一个人民调解委员会；乡镇（街道）人民调解委员会未建立的，要在 2014 年 3 月底前建立，力争 2014年 6 月底前完成行业人民调解组织建设。并且要求建立完善学习培训、重大纠纷集体讨论、纠纷回访、档案管理等制度，逐步形成有效预防人民调解化解矛盾的工作体系。要求力争 95% 的矛盾纠纷解决在村（居）和乡（街道）。这是一项非常艰巨的任务，调解委员会成员不但需要有饱满的工作热情、认真负责的精神，更需要有从事群众工作的经验和具有心理学、社会学、法律等方面的知识，因此，调解委员的培训和学习是必要和紧迫的任务。行政调解是指国家行政机关根据有关法律法规，对属于自己职责管辖范围内的民事纠纷进行的调解。由于行政机关职责的广泛性，行政调解也非常

广泛。司法调解是指人民法院主持的调解，包括诉讼前调解和诉讼中调解。当事人在起诉时，法院工作人员如果认为当事人有调解意愿的，可以组织纠纷双方进行调解，达成协议的就不再立案处理，这样既减轻了当事人的讼累也节约了司法资源。在案件审判过程中，审判人员还要主持调解，即诉讼中调解。以调解方式结案，有利于当事人之间的关系修复，有利于社会和谐。

对于调解未能解决的纠纷或者对于不适合调解的矛盾，要及时引导矛盾双方通过诉讼或者仲裁、行政复议等方式解决纠纷，以免矛盾激化，产生恶性案件和社会不稳定因素。一些纠纷当事人尤其是普通民众，对于解决纠纷的机制、渠道并不了解，甚至因为知识的缺乏导致超过诉讼时效，或者超过法定的复议、仲裁期限，而失去对自己权利的救济渠道。为保障群众利益，人民调解员、行政机关工作人员、司法人员在做出行政决定时或者调解纠纷时，要及时告知群众的相应权利，包括复议、申请仲裁、提起诉讼的权利和渠道，做好调解和诉讼、仲裁、行政复议等各种矛盾解决机制的衔接，多渠道解决矛盾纠纷，维护群众权利和社会和谐稳定。

参考文献

周文夫：《河北经济社会发展报告》，社会科学文献出版社，2014。
人民网（北京）：《调查称腐败高发成中国社会矛盾爆发最大诱因》。

河北省城镇化进程中的
邻避事件及应对经验

——基于对河北几起典型邻避案例的分析

蔡欣欣　宋　鹏*

摘　要：　从河北省近年来发生的邻避事件分析邻避事件的影响，邻避事件会使相关项目停建、改建或搬迁，邻避设施周边居民与企业等产生矛盾纠纷，产生新的社会矛盾考验社会治理能力等。邻避现象的发展趋势是发生领域向纵向延伸，活动过程极易极端化，网络成为邻避发生、发展的重要平台，并诱发其他类型的群体维权连锁反应。解决邻避事件，要增强风险意识，树立新型的环境安全观，加强调查评估和公众利益需求分析，完善防范机制，建立公众参与机制，实现决策程序正当，增强信息公开，确保公众的知情权，对邻避设施周边公众给予一定的补偿，采取有效措施，减轻不利影响。

关键词：　河北省　邻避　影响　发展趋势　解决经验

　　近年来，我国城镇化进程高速推进，河北省的城镇化进程也在不断加快。伴随着城镇化进程的不断加快，给周围居民带来负外部效应的城市基

---

* 蔡欣欣，河北省社会科学院法学研究所助理研究员；宋鹏，河北省维护稳定工作领导小组办公室主任科员。

础公共服务设施也大量兴建，并随着公众环境意识和权利意识的不断增强，河北省各地也出现了一些周边居民为保护自身生活环境而抗议、抵制重大项目建设的群体性运动，使得"邻避"这一个陌生的舶来词逐渐为人们所知晓。邻避〔NIMBY——不要在我家后院（Not in my backyard）〕是指特定的居民由于担心规划和建设的垃圾场、核电厂、殡仪馆、机场等市政公共建设项目对身体健康、环境质量、生活品质和资产价值等带来诸多干扰或受到负面影响，从而激发人们的厌恶情结，滋生反对心理，集体反对甚至抗争的公众环境运动。邻避已成为世界各国在当前的工业化和城镇化进程中必然要遇到和必须要面对的普遍问题，也是考验各级政府社会管理能力的重要课题之一。

一 近年来河北省邻避事件的影响及其发展趋势

随着公众对环境的重视，一旦发现生活的周边环境遭到破坏，极易产生沸腾的"民意"，迅速引起集体反应，且参与人数众多、规模较大，有的方式极端，给当地正常的生产生活、社会稳定、经济发展、社会和谐造成极大的冲击，暴露出仍处在管理初级阶段的城市在发展繁荣现象背后的重大问题。导致邻避事件的原因众多。客观的原因是邻避设施本身就存在实际或潜在的、触及公众底线的对生命健康或财产安全的危害，民众特定的社会文化背景，地区的经济发展程度，城镇化水平等；主观的原因是目前相关法律法规不健全、政策决策配置不均、经济补偿不到位、公众权利意识增强、环境信息公开不全面、邻避设施管理和运行不透明和缺少监督等。

（一）停建、改建或搬迁相关项目

公共设施是一种普遍意义上的福利设施，建设公共设施是为了提升城市居民的生活品质，满足城市居民在教育、医疗、交通和卫生等方面的需求，虽然与社会类设施、能源类设施、废弃物类设施等有关的邻避设施可以服务更大范围的使用者，为更大范围的民众带来利益，但邻避设施附近的居民却承担着包括可能影响生活质量、安全健康等负成本。与国内其他省份一样，河北邻避运动的发生也在呈逐年上升趋势，这给公共政策的制定和执行、公共项目的选址和建设等提出了严峻挑战。从以往发生邻避事件以后来看，在相当长的一段时间以内，相关政府部门与邻避项目周边居民间的关系趋于恶化，很难解决问题，甚至是长期解决不了，不仅造成重大的社会经济影响，最终的结果则是加大了城市的建设成本。如选址在石家庄市桥西区玉村西部的西二环路和西三环路之间的石家庄市其力垃圾发电厂（以下简称其力垃圾发电厂），在2003年被国家环保总局列为我国"北方地区生活垃圾处理示范工程"，在2009年被石家庄市政府列为"十大亮点工程"。其力垃圾发电厂的东面400米是玉村，再往东400米是居民小区，西面500米是南豆村，西南200米是东良厢村，东北是新玉村小区，与其力垃圾发电厂一墙之隔的是19栋住宅小区，往西不远处是为明渠的南水北调工程。自2004年其力垃圾发电厂筹建以来，邻近的居民害怕其力垃圾发电厂排放的二噁英、垃圾粉尘等有毒物质会对身心造成严重的影响，而不愿与其毗邻，希望其力垃圾发电厂搬迁，有众多村民向政府有关部门多次反映情况，并引起了政府的关注。① 后来村民发起了散发传单、围堵工厂大门、张贴大字报、万人签名等抵制行动。《中国青年报》在2010年1月6日以《垃圾发电悬在居民头顶，谁管?》为题对其力垃圾发电厂进行了负面报道和曝光。② 城市居住区居民的这种自利的邻避思维让政府左右为难，而舆论报道之后，经石家庄市政府研究决定，其力垃圾发电厂最终搬迁重建。

（二）周边居民与企业等产生矛盾纠纷

全社会共享邻避设施的好处和收益，而却主要由邻避设施周边的居民承担其负面的风险和成本。因此，邻避设施的周边居民与企业、政府发生矛盾纠纷。这种矛盾纠纷是一种因民生而起的冲突，并不是政治冲突。但如果这

① 石家庄其力垃圾发电厂，http://tieba.baidu.com/f? kz=660402073，访问时间：2014年10月23日。
② 《垃圾发电悬在居民头顶，谁管?》，《中国青年报》2010年1月6日。

样的矛盾纠纷不断发生且得不到妥善处理，就有可能发生群体性事件，导致政治冲突。如 2006 年，张家口大唐国际沙岭子发电厂周边的村民因火电厂污染，造成黑色汽车车身有被硫化的白点，运煤车辆撒煤落煤，火电厂的储煤场飘扬大量煤尘①，村民多次到大唐国际沙岭子发电厂门前静坐，也多次到北京上访。由于其选址经过了政府部门的批准，因而村民也把矛头指向了政府，通过到市政府上访、堵塞张宣公路等形式进行抗议，并扬言寻求国际绿色和平组织或国内外媒体的舆论支持，后来经过当地政府多次与大唐国际沙岭子发电厂协商，大唐国际沙岭子发电厂在消除污染并赔偿损失后，才解决问题。2013 年，衡水武强县东北助剂化工有限公司（以下简称东北助剂化工厂）厂门遭到了当地小流屯村、武安庄村、南三堤村、小漳村几个村的村民封堵，理由有两个：一是自 2002 年东北助剂化工厂搬来之后，半夜总能闻到东北助剂化工厂排放出的废气味，甚至在白天也能闻到，排放的废气导致附近村民近 3 年癌症高发，小流屯村 3 年 59 人患癌症，小漳村因癌症去世者为 8 人，南三堤村患癌症人数为 9 人（包括健在者），武安庄村也在 10 人左右。② 二是部分村民怀疑是东北助剂化工厂通过围墙孔洞外排废水，厂区附近农作物大面积枯死。③ 当地数个村的村民高举条幅、支起帐篷，24 小时封堵东北助剂化工厂厂门，禁止输送原料的车辆进入东北助剂化工厂，要求东北助剂化工厂搬迁，双方对峙长达一个月之久。武强县环保局对东北助剂厂下达了停产调查的决定，后经有关部门协调，双方未激化矛盾而造成大规模冲突，围堵村民也予撤离。

（三）发生领域向纵向延伸

在城市发展的大背景下，随着城市人口规模的迅速扩大，垃圾和废弃物

---

① 《大唐国际张家口沙岭子发电厂污染严重，不符合国家防护距离，村民受污严重》，http：//bbs. tianya. cn/post－828－584544－1. shtml，访问时间：2014 年 10 月 23 日。
② 《衡水东北助剂化工厂被停产调查》，http：//info. chem. hc360. com/2013/09/050845401768. shtml，访问时间：2014 年 10 月 23 日。
③ 《群众围堵东北助剂化工厂事件再调查》，http：//www. zgdiandu. com. cn/news/show－58629. html，访问时间：2014 年 10 月 23 日。

的排量也随之增大，确实迫切需要一些大型的诸如污水处理厂、垃圾焚烧厂等基础设施。通过分析因这些设施给周边居民带来的外部负效应而发生的群体性冲突事件——邻避事件，可以看出，当前引发邻避事件的领域越来越广泛，且从化工厂、污水处理厂、火力发电厂等类型的公共项目，逐步扩展到了火葬场、加油站、移动基站、高速铁路等民生类项目。邻避运动发生领域的延伸，不仅充分反映出邻避现象背后的环境正义的问题，也反映出公众在不断提高对于生活环境质量的关注度。如在京沪高铁的建设初期，沧州部分路段的沿途村民因担心高铁运行后产生的噪声影响日常生活，经常到部分路段阻碍高铁施工。从我国大范围来看，发生邻避问题的区域也越发广泛，从最早在北京、上海、江苏、广州、深圳、大连等沿海地区较为开放的发达城市，近几年逐步向内陆或者不发达的地区扩展，从城市逐渐扩展到了农村。公众对环保的焦虑已经成为影响一个地区的经济发展和社会稳定，甚至是经济安全的重要因子，使邻避问题成为各地城市建设和发展的难题。

（四）活动过程极易极端化

从河北省范围来看，河北发生的几起邻避事件中，群众因邻避设施向政府施压的程度越来越强。在初期，别有用心之人在社交类媒体传播信息——某涉环保项目将在某地建设，可能会对居民生活环境、生活质量造成严重影响等，进而唤起周边居民对生活居住环境的焦虑和对相关设施的抵触心理，自发组织请愿、抗议、申诉等活动，维护其环境权益。在中期，一些居民通过网络进行炒作，采取联系记者采访、起诉企业或政府等方式，扩大事件的影响面，引发社会广泛关注，传统媒体再跟进事态的发展进程，并对建设项目进行分析和解读，让社会舆论的关注度进一步上升。在后期，部分人员煽动、鼓吹政府"欺软怕硬"，让谣言盛行和怨恨升级，激化直接利益相关者的情绪，进而采取大规模的聚集、串联、上访、以"散步"名义上街游行、示威等非暴力的抗争形式，引起政府注意，向政府表达意愿、提出要求，希望政府赔偿和补偿其因污染所受到的损失，尤其是当非暴力方式难以达到理想的目的时，这部分群众极有可能因情绪的群体性感染和行为的群体性模

仿，脱离正当性需求，而采取占领施工工地、围堵企业大门、堵塞公路等极端的维权方式，甚至还极有可能演化为打砸、械斗等暴力骚乱事件，与政府对峙，迫使政府让步，达到不与之为邻、一闹就停的目的。

（五）网络成为重要平台

互联网有发布信息快捷、隐匿、即时、低成本等特性，使其成为发动、组织邻避事件的重要载体，是邻避事件发生和扩大发展的重要环节，对邻避运动的最终走向起着决定性作用。在秦皇岛抚宁县潘官营村村民抵制秦皇岛西部生活区垃圾焚烧发电项目的事件中，组织者通过在网上发帖，寻求外部势力关注，最终在当地村民和外部势力的干涉下，该项目至今仍处在停建状态。在秦皇岛北部工业区部分居民小区抗议耀华玻璃厂排放有毒有害气体的事件中，一些居民就建立了维权QQ群，以互通情况。邢台巨鹿县生活垃圾发电项目在选址筹划阶段时，巨鹿贴吧就有网民提出了对该项目选址和可能会造成污染等方面的质疑。对于其力垃圾发电厂，周边小区的业主都在各自小区的论坛上表示关注，如与其力垃圾发电厂直线距离只有1.2千米的紫阁，就有"燕都紫阁业主论坛"[1]，在其力垃圾发电厂附近的五星花园、百年华府、安联青年城等，分别有"五星花园业主论坛"[2]"百年华府业主论坛"[3]"安联青年城业主论坛"[4] 等。在安联青年城业主论坛上，还列举了其力垃圾发电厂周边2500米范围内的部分社区[5]。

---

[1] 《燕都紫阁业主论坛：其力垃圾发电厂对紫阁的影响?》，http://sjz. focus. cn/msgview/ 330747/186351722. html，访问时间：2014年10月23日。

[2] 五星花园业主论坛：《其力垃圾发电厂，危害太大了》，http://sjz. focus. cn/msgview/ 330334/166107819. html，访问时间：2014年10月23日。

[3] 百年华府业主论坛：《其力垃圾发电厂离咱们有多远啊》，http://bainianhuafu. fang. com/ bbs/1310482823 ~ -1 ~852/43083924_ 43083924_ 2. htm，访问时间：2014年10月23日。

[4] 安联青年城业主论坛：《其力城市生活垃圾发电厂为重大污染项目，但它周围居民密度很大，看了看好像没有咱们安联小区》，http://qingnianchengal. fang. com/bbs/1310590463 ~ -1 ~919/68281970_ 68292314. htm，访问时间：2014年10月23日。

[5] 安联青年城业主论坛：《其力城市生活垃圾发电厂为重大污染项目，但它周围居民密度很大，看了看好像没有咱们安联小区》，http://qingnianchengal. fang. com/bbs/1310590463 ~ -1 ~919/68281970_ 68292314. htm，访问时间：2014年10月23日。

（六）产生新的社会矛盾考验社会治理能力

作为当前一种显性的社会冲突，邻避事件可以折射出当下社会的国民面相和政治生态，考验政府社会治理能力。已经建成的市政公共项目本身让全社会共享公共设施的好处和收益，但由相关公众承担了多方面的外部负效应，这部分存在邻避思维的公众不愿意将其建在自己家附近；但市政公共项目本身也关系着众多从业人员的切身利益，解决了就业问题。政府为解决邻避问题，必然会对有关邻避项目或相关企业采取停建、改建、搬迁等措施。而这些措施对于非周边的居民来说，难以满足其刚性需求，还可能会使相当多的从业人员失去就业机会，激起从业人员的不满情绪。这样就出现了城市设施选址、建设与社会稳定、治理的两难境地和客观矛盾。非周边居民也极有可能因自身利益受损而谋求其他利益诉求，形成新的利益诉求群体，引发新的社会矛盾，考验政府社会治理能力。2014年张家口怀来县为治理大气污染，拟关停京西北2000亩煤场，煤场的关闭直接影响了近3万从业人员的就业问题，因此部分煤场工作人员情绪激动，组织、串联，准备集体上访。

（七）诱发其他类型的群体维权连锁反应

河北近些年的邻避事件的抵制模式与结果如出一辙：民众反对的规模越大，抗争的手段越激烈，政府面对稳定与发展客观矛盾，就会以再论证项目的可行性为由而暂停或终止相关建设。这种民众与政府"对抗"而成功的事例，在社会广泛关注和媒体舆论的深入报道之下，极易给其他的维权群体产生不良的示范效应，形成只要利益诉求活动涉及人员多、规模呈螺旋式上升、持续时间长，就很有可能在与政府博弈中获得胜利的误区，可能间接鼓励各地越来越多的抗议潮，向政府施压，以满足其利益诉求。虽然邻避事件诱发其他类型的群体维权连锁反应，且转变或被激发为集体理性或非理性的抗议形式，但连锁反应较为单一，并没有像西方国家那样，包含种族平等、环境主义等主题。

二　河北省邻避事件的解决经验

在西方国家，民众知道如何表达诉求，政府及相关部门也已经形成一整套预防和解决邻避事件的运作模式，邻避运动已经不多见。河北经济、社会等各方面在社会转型与建设的实践过程中取得了重大的成就与发展，同时也使各种利益冲突和矛盾纠纷不断累积且呈现尖锐趋势。邻避事件正是经济社会发展与社会矛盾交织、互动的结果。从某种意义上说，邻避现象的发生率不仅是公众环境意识的觉醒和增强的重要指标，也可以作为判断政府由经济增长型向民生服务型的转型标准之一。从管理角度而言，政府要客观和理性地看待邻避事件，必须加强和改进社会管理，做好妥善预防、处置和有效治理邻避事件的制度设计，完全可以规避邻避风险，杜绝邻避时代的到来，构建大平安格局，建设一个充满和谐的社会。

（一）增强风险意识，树立新型环境安全观

安全的环境能保障人的生存和发展，个人和公共对环境安全的需求也与日俱增。因此，当前个人和公共最基本的需求就是环境安全。如果环境危机无法预料，整个社会就会对环境安全产生焦虑和深度不安，这种焦虑和不安全感则会助燃邻避事件。这就需要政府正视邻避事件，增强风险意识，统筹考虑经济发展与环境、民生以及维护社会稳定的关系，树立新型的环境安全观，依法维稳。树立新型的环境安全观，既要认识其对社会政治稳定的危害性，也要关注其背后的环境正义问题，不能因为民众利益诉求的极端化表达就花费更高的成本停建或搬迁邻避设施，而损害政府决策公信力。项目建设前，政府要提升治理能力，强化政府对于邻避设施兴建的监管职能，建设相关设施必须首先依法合规，符合各项环保要求，达到国家标准，预防邻避事件；如果发生邻避问题，不能采用老模式，不回避，不拖拉，与公众主动沟通，严格落实责任倒查机制，对违反有关原则和程序，未通过风险评估论证仓促上马的项目，如发生危害当地环境、影响社会和谐稳定的事件，严肃追

究有关责任，增强公众的信任感和争取群众的支持。如2012年8月，廊坊市生活垃圾焚烧发电项目厂区门口被周边村民围堵，两天后，项目全面停工。当地政府积极采取应对措施，组织村民代表考察垃圾焚烧发电厂，打消村民疑虑；组织各部门及专家进村，与村民座谈，为村民答疑；由有关市领导亲自调度，召开协调会，明确责任主体和推进方案；加快项目环评补充报告的审批；落实有关部门责任，做到规范运行，达标排放，确保不出现安全及环保问题，最终取得了周边村民的理解和信任。对于群众围堵东北助剂化工厂这起邻避事件，武强县政府部门回应村民诉求，向村民做出承诺，对东北助剂化工厂查封、断电，不达标不开工，要求后续问题不解决不开工，并赔偿农作物受损情况。

（二）加强调查评估和公众利益需求分析，完善防范机制

邻避问题，绝不仅仅是环保问题，也不仅仅是技术问题，它更多涉及人与人之间的伦理与关系。仅仅依靠环境经济学是不够的，也要依靠环境社会学，进行调查评估和分析公众利益需求，完善邻避防范机制。调查评估要有针对性，包括对项目的安全性、环保性及周边居民的接受程度等各类可能风险的评估和利益冲突进行细致分析，以科学依据推断项目建设的可行性，避免盲目建设造成公共资源的浪费，避免部门利益化带来的倾向性偏差。利益在社会矛盾的根源中起普遍作用，主要表现是人们在社会关系中的不同需要，进而可以解释一切错综复杂的社会现象和矛盾冲突。在邻避事件中，只有分析清楚邻避事件中邻避项目周边公众的利益需求，充分尊重民意，才能有效地调整政府解决邻避事件的应对策略。邻避事件的直接利益相关者的基本利益需求呈现多元化的形势，一般是希望能够赔偿和补偿因污染所受到的损失，也存在希望通过利益诉求来谋求其他利益的情况，如因为土地纠纷、债务纠纷、同行竞争或其他矛盾所引发的利益冲突。因此，要摸清邻避事件中矛盾纠纷的利益点，找出解决邻避事件的最优策略。还要制定应对邻避事件的预案，加强各部门协调，完善预警机制，正确处理好与民众的矛盾纠纷，严防邻避事件的发生。如河北省环境保护厅在2014年就出台了《处置

邻避问题引发规模性集体上访应急预案》，确定了处置邻避事件的指导思想和基本原则，组织指挥体系及职责，划分邻避事件等级的具体标准，依据不同等级的具体处理程序，以及后期的处置工作等。

（三）建立公众参与机制，实现决策程序正当

公众参与机制就是为达到一个获得公众普遍支持的高质量决策，政府机构在决策的过程中融入作为利益相关者的公众的关心、需要或价值取向的自下而上的决策模式。《环境影响评价法》和《环境影响评价公众参与暂行办法》都规定了公众参与制度。参与不顺畅或参与形式化，公众必然会对封闭式决策体制不满，强化其猜疑心态，导致抵触心理，使协商难以为继，引发群体性的理性甚至非理性的抗议；有效的公众参与，可以缩小公众与政府之间风险认知的差异，公众能够接受经过反复讨论而得到的共识和方案，促进双方的信任，克服双方在邻避项目选址过程中的猜疑，提升决策的可接受性，增加过程的公平性。政府在决策过程中，要保障利益相关者的参与权，充分听取当事人的意见，确保程序正当，在制度上缓解邻避事件，这也是行政法的要求。解决邻避问题，实现邻避设施决策过程的公平与效率的均衡，应注重程序正当和重在事前预防，不能为了巨大的商业利益和诱人的政绩数据而忽视人民的真正需求，应保障公众的平等参与权和话语权，畅通政府与公众对话的渠道，建立一套行之有效的公众参与机制。因此，要优化政府决策过程，通过公众参与，政府与公众进行风险沟通，最大限度地吸纳公众意见。这样既可以提升公众对风险的正确认知，补充技术信息的不足，也可以增加风险评估的透明度，最终获得利益相关者的支持，让公众认可邻避设施决策。如对于重大涉环保项目，在前期的规划审批阶段，通过召开听证会等方式充分听取邻避项目周边公众的意见，增强其与政府的互动，增加公众参与的权重，做好风险沟通和协商，并将公众的合理意见和利益需求纳入决策，由公众和政府共同制定合适的规划和建设方案。还应让拥有相关知识以及各类实证信息的非政府组织等多元主体参与决策，消除民众关于环境风险的顾虑，争取公众的接纳、认可和支持。

（四）增强信息公开，确保公众知情权

邻避项目的选址与兴建是一项关系社会公众福祉的公共决策问题，不仅需要高度专业化的知识，也会涉及公众的价值判断。公众理解高度专业化的知识会有障碍，但理解政府的决策却相对容易。在出发点上，政府与公众必然会在观念及利益等方面存在某些差距，如果政府在公共项目的决策、论证过程中忽视这些差距，片面强调政府决策的公益性，把公众出现的邻避思维归结为自私自利，而故意隐瞒邻避项目对周边居民可能造成的危害，封闭式地决定邻避项目的规划和建设方案，公众与政府难免会发生冲突。这是因为，政府与公众存在着严重的信息不对称，公众对信息有着不足感和求足感。在邻避事件的发生和发展过程中，也充满着不确定，这种不确定极易引发公众的焦虑和恐慌心理，使得与发生邻避事件相关的各种信息成为公众渴求的目标，希望更早、更多、更充分、更全面知道与邻避事件相关的专业知识、数据、材料、防范措施、紧急应对等，以便做到心中有数，及早防范，尽量减少对自身生命健康的威胁和财产安全的损失。如果公众的信息需求得不到满足，有可能会采取其他盲目、冲动和不理性的方式与政府对抗。因此，在公共项目的决策和论证过程中应营造较好的舆论环境，加强信息的公开透明度，确保公众知情权，尤其要向公众尽可能充分地公布和说明项目建设的重要性、必要性、可能带来的负面效应以及采取的防范措施。还要对公众进行科学知识的普及，让公众做出合理判断，预防公众为规避一切风险做出的不理智选择。只有增强信息公开，确保公众知情权，政府才能与公众良性互动，达成共识。

（五）进行适度的合理补偿，满足公众的经济利益

一般来说，发生邻避事件不是因为单一的公共环境利益，而是反对征地拆迁、同业竞争等各种利益诉求的集中爆发。因此，邻避事件中公众的利益诉求与利益纠葛也相对复杂。因此从根本上说，邻避事件是邻避设施周边居民与多数受益民众或政府的利益冲突，邻避设施虽然对多数人有益，但是邻避设施对于周边的少数人的伤害却远远大于对于多数人的益处。政府可以通

过一整套谈判以及利益补偿和平衡机制，与邻避设施周边受影响的公众谈判协商，在与邻避设施建设方分配成本、重新分配收益、评估损失和保证政府、企业和相关公众公平公正的基础上，给予其可接受的、适度合理的经济性补偿或非经济性补偿，缓解和抚平邻避设施对于他们的伤害。在邻避事件中，还要谁受益、谁补偿，邻避设施建设方也要与邻避设施的周边居民形成有效的协调机制，如邻避设施建设方为使令人讨厌的邻避设施变得不讨厌，并接受邻避设施，可以在实践中探索和试验采用"环保回馈"的方式，在邻避设施周围设立公园、活动中心等，免费对周边的公众开放，或是减免邻避设施周边公众的电费与水费、给予邻避设施周边公众孩子奖学金、对邻避设施周边的基础设施进行改造，提升当地公益、福利设施和服务等措施，降低邻避设施周边居民的抗争，提高其生活水平。如对于群众围堵东北助剂化工厂这起邻避事件，武强县政府回应村民诉求，以公告的形式向村民做出承诺：核实农作物受损情况，组织赔偿。① 邢台市内丘县建滔焦化有限公司项目扩建时，遇到邻近村民的强烈反对，项目一度停滞，该公司派专人会同环保局专家为村民做工作，并为邻近村庄打井、修路、解决就业，让村民得到了实惠，也得到了村民的支持，项目顺利建成，企业与村民关系融洽。

（六）采取有效措施，减轻不利影响

在项目建设选址时，要严格遵守国家法律法规对有关项目设施的建设要求，科学论证，优化城市功能区划，尽量选择远离人群或对环境污染较小的地方，减少邻避设施对周边居民的不利影响。要加大资金和技术投入，鼓励技术改造和创新研究，对旧有设备进行升级改造。解决邻避问题不可能单靠政府，企业也要强化管理，采用先进的处理技术为邻避项目周围的公众提供缓解可能损害的保险性措施，降低邻避项目对社会的减损效应，将邻避项目的负面效应减少到最小程度，减轻居民预期恐惧与不安，弱化反抗动机，并得到周边居民的理解和支持，实现可持续发展。

---

① 群众围堵东北助剂化工厂事件再调查。《中国环境报》2013年9月11日，第1版。

B.15
2014年河北人才发展报告

——以人才工作创新铺就河北科学发展、绿色崛起之路

姜兴　王建强*

摘　要：　经过近几年的发展，河北省人才工作成绩斐然，党的十八届三中、四中全会和河北省委八届六次全会的召开使得全省人才工作又面临新的重大挑战，实施人才工作创新既是新形势下全面深化改革的要求，又是实现河北科学发展、绿色崛起的必由之路，为此，需要从京津冀人才协同发展、加强法治人才队伍建设等方面作为人才工作创新的突破点。

关键词：　河北省　人才创新　绿色崛起

中共河北省委八届六次全会提出了"要坚定不移地走绿色崛起之路，努力建设全面小康的河北、富裕殷实的河北、山清水秀的河北"的目标，并且通过了学习贯彻党的十八届三中全会精神的决议，对河北省全面深化改革进行了研究部署，这是省委根据河北正处在转型升级、爬坡过坎的关键时期的现状，为解决河北省经济社会发展中存在的各种困难和问题而做出的科学决策。破解发展中的难题，实现绿色崛起必须走改革创新之路。人才资源作为改革创新的实施主体和核心要素，对于既定目标的实现至关重要，因而，实现绿色崛起，必须进一步加强人才工作，不

---

* 姜兴，河北省社会科学院人力资源研究所副研究员、博士；王建强，河北省社会科学院人力资源研究所副所长、研究员。

断推动人才工作创新发展,以人才工作创新铺就河北科学发展"绿色崛起"之路。

一 人才工作成绩斐然

(一)人才政策相继出台

2013 年和 2014 年是实施《河北省中长期人才发展规划纲要(2010 - 2020 年)》的重要年份,河北围绕重点人才工作,出台了一系列政策性文件。如通过制定《河北省社会工作专业人才队伍建设中长期规划(2012 - 2020 年)》(冀组〔2013〕9 号),明确了河北省社会工作专业人才队伍建设的指导思想、基本原则和战略目标,对其主要任务从教育培训、大规模开发使用、重点培养等方面进行了部署安排;《河北省专业技术人才知识更新工程实施方案》是以人才能力建设为核心,以大力提升专业技术人才队伍科技水平和能力素质为目的的政策性文件;《河北省"三三三人才工程"实施方案》(冀人社发〔2014〕25 号)是根据国家《百千万人才工程实施方案》(人社部发〔2012〕73 号)和《河北省专业技术人才队伍建设中长期规划(2012 - 2020 年)》精神,在原有《新世纪"三三三人才工程"实施方案》基础上进行进一步修订的结果;《河北省政府特殊津贴专家选拔管理办法》是在取消河北省有突出贡献的中青年科学、技术、管理专家选拔办法以后的新兴人才选拔管理办法。另外还有《河北省青年拔尖人才支持计划实施办法》(冀办字〔2013〕19 号)、《燕赵文化英才工程实施方案》等,这些文件的出台为人才工作创新发展进一步指明了方向、提供了重要保障。

(二)人才投入持续加大

2013 年河北省研究与发展(R&D)经费支出为 290 亿元,比 2012 年增长 18.2%,占全省生产总值的 1.0%,同比提高 0.08 个百分点。全年专利申请量达 27619 件,授权量 18186 件,分别比 2012 年增长 18.8%、18.7%。

截至 2013 年底，有效专利为 7404 件。2013 年，河北建成省级以上企业技术中心 409 家、工程技术研究中心 175 家、重点实验室 87 家。[①] 唐山曹妃甸区"海内外高层次人才曹妃甸创业园"挂牌开园。新增 10 个博士后科研工作站、2 个博士后科研工作站分站，使全省设站总数达到 115 个，有 119 名博士后人员进站从事科学研究；新增 22 个博士后创新实践基地，使全省博士后创新实践基地达到 42 个。[②] 组织滚动实施的国家和省高新技术产业化项目 205 项，在建国家重大专项和示范工程项目 47 项，新增国家重大专项和示范工程项目 20 项。2013 年河北省决定设点每年 5000 万元的人才资源开发专项资金，用于支持重点人才工作项目，2013 年支持了科技型中小企业"双百人才"，取得了显著效果。

（三）人才培养成效显著

2013 年，河北省的普通高等学校达到 118 所，比 2012 年的 113 所增加了 5 所，招生人数 34.7 万人，增长 1.3%；在校学生数为 117.4 万人，比 2012 年的 116.88 万人增加 0.52 万人，增长约 0.5%；毕业生 33.4 万人，增长 5.9%。中等职业学校在校生 75.2 万人，比 2012 年的 90.34 万人减少 15.14 万人，普通中学在校生 318.1 万人（见表 1）。研究生教育招生 1.3 万人，比 2012 年增长 4.9%；在校研究生 3.8 万人，比 2012 年的 3.59 万人增加 0.21 万人，增长约 5.3%；毕业生 1.1 万人，增长 7.7%。2013 年末全省共有技工学校 170 所，各类技工学校在校生为 13.5 万人，2013 年全年有 46.1 万人参加了职业技能鉴定，有 40.7 万人取得不同等级职业资格证书，其中取得技师、高级技师职业资格 2.55 万人。全省参加专业技术人员资格考试 56.7 万人次，其中取得专业技术人员职业资格证书的有 5.65 万人。2013 年全年技工学校面向社会开展培训 16.7 万人次。2013 年年末全省共有就业训练中心 265 个，

[①] 《河北省 2013 年国民经济和社会发展统计公报》，http：//gov.hebnews.cn/2014 - 03/03/content_ 3810546_ 7.htm。

[②] 《2013 年河北省人力资源和社会保障事业发展统计公报》，http：//www.he.lss.gov.cn/tztg/121176091.shtml。

全年有7.8万名下岗失业人员参加了再就业技能培训,5.22万人参加了创业培训。公务员招录方面,2013年度通过全省四级联考招录公务员8853名,基层政法机关定向招录培养了563名干警,全年共招录9416人。①

表1 2013年各类学校招生、在校生和毕业生情况

单位:所,万人

指　标	学校数	招生数	在校生数	毕业生数
普通高等学校	118	34.7	117.4	33.4
中等职业学校	636	22.1	75.2	33.7
普通中学	2944	115.9	318.1	107.2
小学	12538	99.6	546.2	84.0

资料来源:《河北省2013年国民经济和社会发展统计公报》。

(四)专家评选有序开展

2013年河北省人力资源和社会保障厅共评选出"三三三人才工程"一层次人选16人,二层次人选135人,国家"百千万人才工程"国家级人选5人,河北省杰出专业技术人才② 30人,河北省"优秀留学回国人员"10人,河北省"科技创新团队"5个③,河北省优秀出国培训专家84人,百人计划第4批人选15人;省委宣传部遴选出"河北中青年社科专家50人工程"人选20人,河北首批燕赵文化英才工程人选33人;河北省社会科学界联合会评选出河北省社会科学优秀青年专家9人;省委组织部评选出河北省首批青年拔尖人才支持计划人选120人。2014年河北省人力资源和社会保障厅开展了享受国务院政府特殊津贴专家评选工作,有72名人选入围;评选出河北省"百人计划"第5批人选16人和第五届全国杰出专业技术人才2人;省委组织部开展了河北省第7批省管优秀专家选拔工作,评审产生出

---

① 资料来源于《2013年河北省人力资源和社会保障事业发展统计公报》,http://www.he.lss.gov.cn/tztg/121176091.shtml。

② 前两届被称为"河北省优秀专业技术人才"。

③ 科技创新团队都有一个领军人物,这一领军人物堪比专家。

180 名省管优秀专家人选。这些专家队伍的不断壮大对河北省实现科学发展、绿色崛起的目标发挥了重要的"领衔"作用。

二 人才工作面临的挑战与机遇

（一）河北人才发展面临的巨大挑战

人才发展与经济社会的发展是紧密相连的，分析人才工作所面临的形势一定不能脱离河北省目前所处的整体发展环境。从国际国内情况来看，挑战主要来自于以下几方面。

1. 国际环境的复杂多变使得人才"赤字"大幅增加

目前世界经济处于深度调整时期，总体上发展速度放缓且处于延续状态，资源环境的硬约束和刚性压力增大，特别是国外对我国形成的经济和政治"围剿"形势使得我国应接不暇，众多不确定因素依然存在。这种形势有可能使得我国的人才"赤字"大幅增加，人才外流加剧，间接导致我国发展受阻。

2. 国内整体经济的下滑使得人才创新创业更加艰难

2014 年我国前三季度经济增速平均为 7.4%，约为前几年高速增长时期增速的 2/3，速度换低挡使得增长的内涵和质量发生了较大变化，经济进入中高速增长"新常态"，结构升级、动力更替、改革深化、开放提升、矛盾增多成为这一时期的新特征，经济下行压力较大，产能过剩矛盾仍然突出、企业生产经营困难加剧、潜在金融风险不断攀升，政府在稳定经济增长、化解产能过剩、防范债务和金融风险等方面还有大量工作要做。这种经济中高速增长的"新常态"与经济高速增长时期具有很大差异，人才创新创业将更加艰难。

3. 国内反腐的高压态势使得党政领导人才更加谨言慎行

党的十八大以后中央反腐力度不断加大，资料显示，2013 年，全国纪检监察机关共接受信访举报 195 万件（次），函询 1.8 万人，谈话 4.2 万人，

了结处理 4.3 万人；立案 17.2 万件，结案 17.3 万件，给予党纪政纪处分 18.2 万人，涉嫌犯罪被移送司法机关处理 9600 多人。① 尽管如此，一些党员干部仍不收手甚至变本加厉，有些地方出现"塌方式腐败"。这说明，党风廉政建设和反腐败斗争形势依然严峻复杂，中央抓党的作风建设已成为新常态。在这种情况下，党政领导人才将更加谨言慎行，在一定程度上会产生不作为、少作为现象，这对于他们团结带领广大人民干事创业或多或少会产生一定的影响。

另外，从河北省内部环境和条件来看，挑战仍然不可小觑。一是产业结构调整和化解产能过剩要求必须提高人才创新能力。产业结构调整的主要方向是使经济由资源依赖型的外生性增长方式转化为以创新和技术为先导的内生增长发展模式，因此，牢牢掌握"创新"诀窍成为必然要求。实现产业转型升级也必须着落在"创新"方面，化解产能过剩，淘汰落后产业而又能提高劳动生产率，保证使企业可盈利、财政可增长、就业可保持、民生可改善、环境可持续也只能依靠创新，这不仅能解当前之困，也是谋长远之基，创新既要聚焦在"有中生新"上，即用创新改造提升传统产业，同时也要聚焦在"无中生有"上，即大力发展战略性新兴产业，无论哪一种都需要创新为先导，而创新的主体和核心要素是人才。因而，提高人才创新能力成为必然，提高人才创新能力是产业结构调整和化解产能过剩倒逼之举，而提高人才创新能力又谈何容易！二是河北省独特的环京津区位和人才生态环境使得紧缺急需人才难以引进。河北距离京津较近，京津特殊的"户口"政策，使得其"虹吸效应"更加明显，河北省高端人才不进反出。创业平台方面，河北的高校层次较低，科研条件有限，重点实验室缺乏，为外地普遍看好的沿海区域如曹妃甸区、渤海新区也处于起步阶段，创业载体匮乏。河北省产业以资源型产业为主，转型升级任务艰巨，高新技术企业和战略性新兴产业创新能力较低，夕阳产业遏制人才积极性加剧，加之土地、税收、房产方面的制约，使得人才难以引进，即使来了也留不住。机关事业单位引

---

① 吴戈：《当代我国反腐败形势与治理对策》，内部资料。

入人才编制紧缺，子女就业、养老、医疗接续还不畅通，人才仍有后顾之忧，薪资待遇方面又处于全国中下游水平，缺乏外部竞争力。全国竞争的形势也给河北省引进人才带来了阻碍，用人主体所给人才的待遇也不能满足人才要求，从而使其转向沿海其他省份。河北省人才工作喊得多，做得少，归根结底还是重视不够，"一把手"抓人才工作没有落到实处，还没有将人才工件的成效纳入干部考核体系，这些问题给河北省引进人才带来了巨大的挑战，如河北省防治雾霾和保护生态环境要求大量增加环保类专业人才，而这类人才难以引进。

（二）河北人才发展的主要机遇

河北省已进入经济增长换挡期、结构调整"阵痛期"、前期刺激政策消化期相叠加的特殊阶段，尽管面临的困难和矛盾非常突出，但总的来看，其发展的潜力和机遇也进一步凸显。

1. 河北省制定的贯彻落实党的十八届三中全会精神决议，将大大激发河北省经济社会发展的内生动力和活力，人才创新创业仍然大有可为

中共河北省委第八届六次全体会议通过了《中共河北省委关于学习贯彻党的十八届三中全会精神的决议》，全会根据中央精神，结合河北实际，提出了现阶段河北要集中力量进行的 12 个方面的改革，主要包括：深化激活市场主体改革，增强经济发展活力；深化财政金融体制改革，提高服务经济发展能力；深化科技体制改革，提高创新驱动发展能力；深化开发体制改革，培育经济合作竞争新优势 4 项经济方面的改革，另有民生、政治、环保等众多改革措施。这些改革，从市场主体到市场规则，从财政金融到政府放权等，全方位、多层次地进行深化改革，通过改革必将进一步解放和发展生产力，大大激发河北省经济社会发展的内生动力和活力，进而为人才创新创业提供充分的机会和条件。

2. 环渤海地区这一新的增长极，将成为带动全省转型升级的新引擎，为河北加快各类人才向沿海区域集聚提供历史性机遇

河北沿海地区是环渤海地区对外开放的重要门户和东北亚区域经济合作

的桥头堡，在参与国内外产业结构调整，承接国内外产业转移、资本转移、技术转移中有着十分重要的地位，扮演着十分重要的角色。促进环渤海地区经济发展，依托区位、港口、产业等优势资源，加速省内产业向沿海地区聚集是当前河北省经济发展规划中的浓墨重彩，重点培育和发展的精品钢铁、石化产业、装备制造产业、高新技术产业、现代物流、高端旅游休闲六大沿海绿色产业以及世界领先的节能技术、水处理技术、垃圾处理技术、可再生能源技术的应用，都将使这一区域成为名副其实的环渤海地区新兴增长极，随着其成为京津城市功能拓展和产业转移的重要承接地、全国重要的新型工业化基地、我国开放合作的新高地和生活品质提高、文明程度提高、社会管理水平提高、生态环境质量提高的我国北方沿海生态良好的宜居区，环渤海地区必将在引领全省转型升级中为各类人才提供发展平台，吸引各类人才集聚，形成人才的天然聚集地。

3. 京津冀协同发展的加速推进，使得人才区域合作向纵深发展，互通共融机制将更加完善

目前，京津冀协同发展已上升为国家战略，如何借助对接协同发展的大势，扬长避短，大力集聚京津乃至国内外人才智力，已成为河北必须面对的重大而紧迫的现实课题。实施区域人才合作创新，把人才区域合作放在更加突出的位置来抓，把握京津冀协同发展为河北人才工作带来的重大机遇是河北人才工作服务科学发展大局的一个重要着力点。一方面，京津人才资源开发利用潜力巨大，其不仅人才数量多、规模大、密度高，而且门类齐全，总体质量高，尤其是科技人才、创新人才最集中，高层次、高端人才数量居多；另一方面，京津高等学校云集，学科覆盖面广，科研机构众多，是一个人才、智力和科技资源富集的"巨矿"。加快人才合作创新，借助京津优势，将其与河北资源、要素融合，使其内化为河北经济发展源源不断的强大动力，从而带动河北实现转型升级和科学发展，助推河北绿色崛起应是题中之意。随着京津冀协同发展国家战略的提出和实施，京津冀区域经济发展将进入一个加速发展的时期，将进入一个各种要素、资源大规模加速聚集的时期，随着区域内整体产业布局、结构调整、项目建设的推进，必然要求人才区域合作向纵深发展，建立更加完善的互通共融机制，确保人才、智力的大规模"迁徙"和"位移"，有力地促进河北对京津人才的引进和利用。

4. 党的群众路线教育实践活动深入开展和十八届四中全会的召开，必将为各类人才干事创业进一步创造良好的环境氛围

以为民务实清廉为主要内容的党的群众路线教育实践活动，是对党的优良传统的继承和发扬，着力解决了人民群众反映强烈的突出问题。随着党的群众路线教育实践活动深入开展，党的先进性和纯洁性得到了保持，有效防止了腐败的发生，使广大党员干部在新形势下做好群众工作的能力得到了提高，为人才干事创业做好服务的能力也相应得以提升。党的十八届四中全会提出要建设中国特色社会主义法治体系、建设社会主义法治国家，要在中国共产党的领导下，坚持中国特色社会主义制度，贯彻中国特色社会主义法治理论，形成完备的法律规范体系、高效的法治实施体系、严密的法治监督体系、有力的法治保障体系，形成完善的党内法规体系，坚持依法治国、依法执政、依法行政共同推进，坚持法治国家、法治政府、法治社会一体建设，实现科学立法、严格执法、公正司法、全民守法，促进国家治理体系和治理能力现代化。同时全会提出要不断加强和改进党对全面推进依法治国的领导，明确了党必须在宪法和法律的范围内活动，必须领导立法、保证执法、带头守法。这些重要论断及其执行，必将带来一个经济发展、政治清明、文化昌盛、社会公正、生态良好的全新的法治国家，必将充分调动广大人民群众的积极性、主动性，为人民群众首创精神的发挥和最大限度地激发全民族、全社会的智慧和力量提供优良环境，更能激发各类人才干事创业的信心和潜力。

三 人才工作创新的突破点

实施人才工作创新是新形势下全面深化改革的要求，我们必须脚踏实地，一切从实际出发，找准突破点，以求创新取得实效。

（一）以环渤海地区新增长极的崛起为契机，加快人才特区建设

河北环渤海区域作为国家战略基地，理应成为优质生产要素富集的特殊载体和较为活跃的区域经济中心。随着曹妃甸新区、渤海新区、北戴河新区和秦皇岛临港产业园区的逐步成型和发展，我们完全可以将其打造成为整合优质资源的战略平台，广泛承接京津产业和技术转移之地，将其建设成为全省新的开放区域，通过技术创新和梯度辐射，发挥其"新引擎"作用，带动河北整个区域不断向前发展。特殊区域应当赋予特殊政策，因而人才工作创新形式之一就是将这一区域打造成河北省的"人才特区"，以最宽松的政策环境推动这一区域成为新一轮率先发展的典范。要树立创新意识和"特区"理念，最大限度地解放思想、下放权限，打造"政策洼地"，在吸纳京津产业转移方面给予最大限度的优惠。同时，营造区位明显竞争优势，对人才形成巨大吸引力以造就人才集聚现象。更为关键的是要制定实施沿海区域"人才特区建设"意见，改革用人机制，如可实行全员聘任制、竞争上岗制、绩效考评制等，要明确哪些来此创新创业的人才可以享有"特殊政策"，其所享有的"特殊政策"有哪些，同时还要明确此类人才的义务以及违反特区规定所应承担的责任，使权、责、利对等，逐步增加区位优势对人才聚集的驱动力，巩固区域"率先发展"的地位。

（二）充分把握京津冀协同发展的大好机遇，推进京津冀区域人才协同发展再上台阶

京津冀三省市协同发展正面临千载难逢的良机，要不断推进高层协调机制建立，加强发展规划、基础设施、产业布局、环境保护等方面对接。通过北京新机场建设、京张共同申办冬奥会等具体合作事项，建立与京津深度合作机制。人才方面，京津冀三省市建立区域人才合作机制具有一定的基础，区域人才合作领域进一步得到拓宽，区域人才合作力度不断加大。北京作为全国人才最密集、智力优势最明显的地区，河北"借鸡下蛋""柔性引才"条件得天独厚，当前主要是要营造符合三方利益的制度环境，在不断清理规

范环京津地区土地、财税等优惠政策，在与京津接轨的招商引资、环境保护和土地开发等政策体系中不断完善人才制度体系，打造人才集聚的"强磁场"，变三方人才竞争为人才合作、协同发展。在合作中的"柔性引才"方面，要发挥河北省历史悠久、文化积淀厚重的优势，弘扬河北人民的"善行"品质，不断塑造诚心、细心、热心、用心的服务人才理念，形成亲才、引才、敬才、安才的浓厚氛围。从一定程度上说，区域政策环境、制度因素对人才的配置至关重要。一个能够为人才提供良好发展氛围之地，必然有利于人才个体价值的实现，从而可以提高人才的聚集程度，更有利于充分发挥人才的集聚效应。因此，在完善相关人才政策的基础上，要进一步出台符合区域经济一体化要求的人才共享政策，建立一体化的人才配置体制和人才扶助、互融共通的一体化人才管理机制。要充分发挥河北省已经建成的"人才家园工程"，不断吸引北京的高层次人才到河北省投资创业。同时要健全企业投资后续服务体系，对来河北工作和投资创业的高端人才，提供消费、休闲、娱乐、子女入学、就医等各种便利条件，切实帮助他们解决在生产生活中的各种问题和困难。

（三）改革人才培养模式

"十年树木，百年树人"，人才培养不是一朝一夕之事，但却是功在当代，利在千秋，必须进行长远规划。要注重人才质量，不能把人才搞成"速成品"，不能揠苗助长，违背人才成长规律。从近期看，当前主要是要解决教育公平问题，要合理配置师资力量，在义务教育阶段加大校长、骨干教师交流轮岗频率，禁止和取消一切校外课程班、先修班、奥数班等不利于学生减负的文化课，坚决杜绝从幼儿开始就择校的风气，利用现代化的信息手段加强学校之间的教学交流，取消一切优秀教师评选活动，同时提高教师工资待遇，使其安心为教育事业贡献自己的力量。从长远看，应提倡个性化的人才培养模式，在高等教育阶段，宜实行严格意义上的学分制。技能人才教育实行学校与企业合作培养人才模式，寓教于实，解决高校人才培养与实际用人单位脱节问题，扩大高校自主办学权，将开设专业权力下放回归学

校，实行备案制度。逐步推进考试招生制度改革，使人才培养模式由"畸形"发展回归正常。

（四）将人才工作纳入综合考评体系，提高党管人才工作整体水平

党政领导人才是实施改革创新的直接领导者，将人才工作纳入综合考评体系，建立新型考核评价制度，有助于他们解放思想、明确方向，使他们意识到重视人才工作就是重视经济社会发展工作，只有重视人才工作才能实现经济转型，只有重视人才工作才能完成改革创新，只有重视人才工作才能化解产能过剩、提高经济效率，只有重视人才工作才能达到实现科学发展、绿色崛起的终极目标，才能全力破解发展难题，推动经济社会科学发展。要进一步贯彻落实中组部《关于改进地方党政领导班子和领导干部政绩考核工作的通知》和《中共河北省委关于创新和完善干部目标综合考核评价机制的意见》精神及3个配套考核办法，实行分类差异化考核以引导党政领导干部以优良作风促进经济社会发展，坚决反对四风，坚决反对腐败，建设廉洁政府，做到干部清正、政府清廉、政治清明，不断提高党管人才的工作水平，使党对人才工作的领导更加有力，使全社会都来重视人才工作，形成支持人才发展的浓厚氛围和人才辈出、人尽其才、才尽其用的生动局面。

（五）建设专业化职业化的法治人才队伍，为完成"改革、调整、巩固、提升"任务提供人才保障

党的十八届四中全会提出了依法治国的基本方略，将建设中国特色社会主义法治体系、建设社会主义法治国家作为全面推进依法治国的总目标。河北省贯彻落实党的十八届三中全会会议精神决议中指出，实现今年经济社会发展目标，必须全力以赴抓好"改革、调整、巩固、提升"四大任务，而完成四大任务必须建设专业化职业化的法治人才队伍，必须以法治人才队伍保障四大任务的顺利完成。这是新形势下党对法治人才队伍建设的基本要求，贯彻落实好这一要求，对于建设中国特色社会主义法治体系具有重要意义，各级党委和政府一定要从战略高度重视法治人才队伍建设的重大意义。

法治人才队伍是众多人才队伍中的一支，重视和落实好法治人才队伍建设既是当前贯彻落实党的十八届四中全会精神的具体要求，又是人才队伍建设的重要一环，同时也是人才工作改革创新的突破点。按照全会要求，大力加强法治专门队伍建设，不断地发展壮大社会法律服务队伍，以提高法治工作队伍思想政治素质、业务工作能力和职业道德水准为人才工作的着力点，深入研究建设法治工作队伍的特点和规律，探索法治人才队伍选拔、任用、管理的机制和办法，创新法治人才培养机制，从而不断提高法治工作队伍建设的科学水平，进而为完成"四大任务"保驾护航，为最终实现科学发展、绿色崛起提供保障。

参考文献

《〈中共中央关于全面推进依法治国若干重大问题的决定〉辅导读本》，人民出版社，2014。

《河北省 2013 年国民经济和社会发展统计公报》，http：//gov. hebnews. cn/2014 - 03/03/content_ 3810546_ 7. htm。

《2013 年河北省人力资源和社会保障事业发展统计公报》，http：//www. he. lss. gov. cn/tztg/121176091. shtml。

李建国等：《2012 河北人才发展报告》，河北人民出版社，2013。

B.16

京津冀协同发展背景下河北
引用京津人才的思路与对策

周爱军　李建国*

摘　要：　随着京津冀协同发展国家战略的提出和推进，中央顶层设计
对三地产业整体布局进行了互补式安排，这为河北打破长期
以来引进京津人才难的局面提供了难得的契机。本报告首先
阐述了当前国际国内形势下河北引用京津人才的必要性和紧
迫性，接下来从产业发展、市场主体、载体平台、政策体
系、资金投入、政府服务、协调机制、综合环境八方面重点
剖析了京津人才引进难的问题根源，并提出了相应的破解
对策。

关键词：　京津冀协同发展　人才引用　京津人才

　　人才问题是关系京津冀协同发展的基础性、战略性问题。推动京津冀协
同发展，必然要求实现京津冀区域内人才资源的自由流动和优化配置，充分
释放区域内人才发展红利，最大限度地发挥人才要素在京津冀协同发展中的
支撑和引领作用。但长期以来形成的经济鸿沟和心理落差导致京津对河北人
才的"虹吸效应"越来越强，而京津人才向河北流动的内在动力极度不足，
造成三地人才资源分布得极不平衡，一方面无法满足河北承接新的产业布局

* 周爱军，河北省社会科学院人力资源研究所助理研究员，主要研究方向为宏观人才学；李建
国，河北省社会科学院人力资源研究所研究员，主要研究方向为区域经济与人才学。

对人才的迫切需求，另一方面也造成京津人才的巨大浪费。这种不平衡是京津冀协同发展面临的最大制约和矛盾。要破解这种不平衡，关键在于补齐河北这一人才"短板"，而最直接有效的方式就是就近引用京津人才。从实际调研情况来看，河北引用京津人才的总体成效甚微，尚处于协同发展的初级阶段。在这样的宏观背景和现实条件下，重新审视并深入研究河北引用京津人才问题，对中央进行京津冀协同发展的顶层设计和省市地方决策都具有十分重要的意义。

一 河北引用京津人才的必然性和必要性

（一）国际国内新形势新任务给河北引用京津人才带来了新的机遇和挑战

要对河北引用京津人才进行科学定位，找准切入点，首先必须对当前世情、国情进行准确把脉和科学研判。从国际看，新一轮的科技革命和产业变革正在孕育兴起，全球已进入一个创新密集、创造至上的时代。人才资源与科技水平，日益成为大国角逐的决定性力量。从国内看，我国正处在加快转变经济发展方式、推动科学发展和全面深化改革的关键时期，在持续30多年的快速发展之后迎来爬坡过坎的转型期，投资驱动、规模扩张、出口导向的发展模式空间已越来越小，唯有通过人才和科技创新引领支撑经济发展和社会进步，才能最大限度地让社会创新创造活力竞相迸发。实施创新驱动发展战略，推动经济发展方式转变，关键靠科技，根本在人才。人才与科技不仅是让我们立足于世界科技革命和产业变革不败之地的核心要素，也是我国转方式、调结构的内生动力与提高民生福祉、实现可持续发展的中坚力量。目前，京津冀协同发展上升为国家战略，河北如何借助对接协同发展的大势，扬长避短，大力集聚京津乃至国内外人才智力，已成为河北各级党委政府以及人才工作者必须面对的重大而紧迫的现实课题。

（二）用足用好京津人才是河北实施"环首都""沿渤海""冀中南"等重大发展战略的题中之意

把人才放在更加突出的位置来抓，用足用好京津科技人才是河北人才工作服务科学发展大局的一个重要着力点。一方面，京津人才资源开发利用潜力巨大。从京津人才资源总体状况看，不仅数量多、规模大、密度高，而且门类齐全，总体质量高，尤其是科技人才、创新人才最集中，高层次、高端人才众多。据不完全统计，首都科技活动人员 60.6 万人，R&D 人员 21.7 万人，科学家和工程师数量位居全国第一，"两院"院士 718 人，占全国总量的 48%，入选国家"千人计划"专家 770 人，占全国总数的 46.6%；[①] 天津在津"两院"院士 37 名，入选国家"千人计划"专家 97 人，国家"973 计划"项目首席科学家 33 名，国家级优秀创新群体和团队 30 个，在站博士后 850 人。[②] 从人才培养开发平台看，京津高等学校云集，达 200 多所，拥有 1/4 的全国重点高校，全国 1/3 的研究生院，本科生培养和毕业规模居全国之首，硕士博士生培养和毕业规模占全国的 1/5，国家一级学科、二级学科的覆盖率达到 98%。拥有科研机构 600 多所，国家重点实验室、工程技术研究中心 100 多个，占全国总数的 1/3。[③] 由此可见，京津地区是一个人才、智力和科技资源富集的"大矿"和巨库。另一方面，借助京津的资源优势，加快河北的绿色崛起和跨越发展，是"环首都""沿渤海""冀中南"三大战略的基本内涵。其中，京津尤其是首都最重要、最具有利用价值的资源是人才、智力和科技资源。依靠这些资源，将其与河北资源、要素融合，使其内化为河北经济发展源源不断的强大动力，从而带动河北实现转型升级和科学发展，是实施三大战略、打好"四大攻坚战"的题中之第一要义。

---

① 数据来源于《北京人才发展报告（2011~2012）》。
② 数据来源于《2013 年天津市国民经济和社会发展统计报告》。
③ 数据经《中国统计年鉴 2012》测算得出。

（三）大规模有效引用京津人才是推进京津冀人才协同发展的重大战略选择

京津冀人才协同发展，就是要在京津冀区域内实现人才的自由流动和优化配置，从而使整体产业布局、社会需求与人才分布结构达到完美契合，更有效地发挥人才的创新创业作用。随着京津冀协同发展国家战略的提出和实施，京津冀区域经济发展将进入一个加速发展的时期，以及各种要素、资源加速大规模聚集的时期，随着区域内整体产业布局、结构调整、项目建设的推进，必然要求人才、智力的大规模"迁徙"和"位移"，特别是环京津的河北5市，无论是作为北京大都市圈的副中心城市，还是产业承接地，对京津人才的引用和承接都必将大幅度增加。尤其是5市设立的高层次人才创业园区、科技孵化基地及新兴产业示范园区建设，战略新兴产业等重点产业发展，更需要大量人才尤其是科技创新创业人才的支撑、引领和带动。面对快速增长的人才和智力需求，特别是高层次科技创新人才与智力需求，仅靠河北自身根本不可能予以满足，大规模就近引用京津人才智力是最佳选择。因此，承接引用京津人才既是京津冀协同发展战略对外疏解的内在要求，也是推动河北实现绿色崛起的战略选择，对国家、省级层面两大战略的实施和战略目标的实现，对推进京津冀人才协同发展，均具有决定性、关键性意义。但需要特别指出的是，河北对人才的引用不应仅仅局限于京津两地，而需要以更加宽广开放的视野引聚海内外人才。

二 河北引用京津人才的现状和问题分析

（一）现状评估

京津人才引用问题既是河北省多年来一直求解的老问题，也是当前推进京津冀协同发展面临的新的重大课题。长期以来，尽管河北对京津人才，特别是智力引用不断取得进展，对促进当地经济社会发展起到有力的推动作

用，但总的来说，成效还很不理想。从引才数量和质量来看，2013年，河北共引进京津人才17972人，其中，硕士学历以上人数不足1/4，副高职称以上人数仅占1/5，两院院士、国家"千人计划"特聘专家、"长江学者"等国内顶尖人才不足百人，相对京津富集的人才资源，这只是冰山一角，说明河北对京津人才的利用还很不充分。从引进人才的分布情况来看，地域分布仍然是集中在环京津一带，呈自然辐射状，产业分布集中在河北传统优势产业中，引领战略性新兴产业的创新创业科技人才极少，难以创造新的经济增长点以弥补压减产能形成的产业空白。从引进人才作用发挥情况来看，一是解决全省重大关键性技术难题，主要是依托院士联谊会、院士工作站、海外高层次人才创新创业基地等平台载体，引进"两院"院士和国家"千人计划"特聘专家来完成；二是拉动地方产业发展，主要是通过实施一批符合实际富于特色的人才项目，吸引京津高校和科研院所进行产学研合作来实现。但不足的是，这只局限于个别国企和地市，尚未形成规模和风气。综上所述，河北引用京津人才工作仍处于起步阶段，亟须实现突破和深入。要扭转这种局面，需要我们抽丝剥茧，追根溯源，找到问题的症结所在。

（二）问题剖析

1. 产业发展与人才吸聚相互制约的矛盾亟待突破

产业发展与人才聚集相互促进、相互制约，共生共存、相辅相成。从调研情况来看，一方面，虽然产业发展带来了一定数量的人才集聚，但现有人才结构与产业转型升级的要求还有诸多不相匹配的地方。就河北现有产业而言，总体规模仍然较小，对人才的吸纳聚集规模和能力还很有限，承载力仍处于较低水平，虽对人才有较大需求，但由于传统产业层次较低，结构优化度不高，规模扩大潜力有限等，使人才引聚，特别是高层次人才引聚受到较大制约，同时，又因受到人才制约而得不到优化升级。就新的项目建设和新的产业发展而言，因受到土地、资金等要素的严重制约而难以实现，从而制约人才的吸纳和聚集，同时又因受到人才制约而得不到又好又快建设与发展。另一方面，产业结构和功能定位趋同导致地区间对人才的恶性竞争。如各县、市、区的产业发展规划和重点存在明显的趋同现象，都将战略性新兴产业作为主导产业和发展重点，涉及的都是高科技、新能源、新材料等，都搞高层次人才创业园区、科技孵化基地等。如此，难免脱离一些县、市实际，不仅难以实现，还会造成投入、资源等浪费，也导致在人才吸纳引用上的相互竞争，提高人才引进成本。

2. 市场主体对人才的吸纳能力亟待增强

一个区域对人才的吸纳，根本上取决于用人主体对人才的需求程度和吸引力度。从调研情况看，引进的京津人才流向事业单位的占引才总数的2%，流向国有企业的占21%，流向民营企业的占71%，由此可见，河北引用京津人才，企业是吸纳人才的最主要载体。但进一步分析，河北企业虽然在引用人才数量方面远超于高校及科研机构，但自身仍有许多亟待完善的地方。一些企业对人才重视程度还不够高，引用人才积极性、主动性不强；一些企业满足现状，招聘的都是一些初级人才或技能人才；一些企业中落后的传统型家族用人机制仍然起主要作用；一些企业分配机制不灵活，创新人才价值得不到充分体现。

3. 载体、平台的人才吸聚承载能力亟待提高

人才资源能否成功落地，归根结底要靠优良的载体。但从调研情况来看，河北境内的人才载体总量不少，但层次偏低，承载能力有限。从高校来看，河北省内11所骨干本科、12所一般本科，但只有河北工业大学一所是"211"院校，且不在河北境内。从园区来看，全省现有的150个主要园区，大部分集中在郊县，囿于地方的能力水平有限，多数园区在初始建设时就存在规划不够科学合理、建设标准起点不高等致命问题，与国内一流园区、基地相比，存在很大的差距。许多园区的基础设施和服务设施不完善，功能不健全，特别是缺少科技研发创新和成果转化的上下游发展平台；有的创业基地、科技孵化基地，项目孵化成熟后，因政策、土地等问题解决不了，人才带着项目落之异地的情况亦较为常见。从企业来看，由于河北民风保守，开放程度低，市场经济不发达，客观造成了企业整体实力不强，缺乏活力。全省27.6万家民营企业，收入超百亿元的仅有12家，比江苏少60家，比山

东少 50 家；中国民企 500 强中，河北仅有 16 家，而浙江有 139 家，江苏有 93 家。尤其是中小企业实力很弱、技术含量低、生存空间小，吸纳的就业人员大多是从事简单商贸加工业、餐饮休闲娱乐等初级服务业，对中高层次人才的需求很少。

4. 有竞争力的引才政策体系亟待创建

在人才竞争日趋激烈的情况下，一个区域能否将人才与智力吸引过来，不单单在于你是否出台了引才政策，而更多的是取决于双方引才政策的孰优孰劣。从调研情况来看，河北的引才政策主要存在以下问题：一是力度小，没有比较优势。以引进"千人计划"专家为例，除国家支持的 100 万元外，河北省配套补助 100 万元，而浙江金华一个地级市配套补助是 500 万元，差距之悬殊可见一斑。二是配套差，缺少人文关怀。除事业发展平台、物质待遇外，对引进人才的居住、生活、社保、出行等缺乏明确细化的人性化配套服务政策，引进人才难以产生认同感和归属感。三是政策趋同，缺少特色，地方优势不突出。各地市对京津人才需求研究不够，对各地人才政策研究比较不够，与本地实际结合不够，在引才标准、政策措施等方面存在明显的趋同现象，未能将地方自身具有的引才优势体现到政策上。四是政策体系不完善。特别是创新创业的支持政策还不健全，缺少对科技人才咨询服务、兼职，以及知识、技术、管理参与分配等方面的相关具体政策措施，缺乏具有国内国际竞争力的具体政策和制度设计。

5. 人才引用的资金投入亟待加大

人才投入是赢得未来的战略投入，是效益最大的投入。但从调研情况看，河北在引进京津人才的收入待遇、创业扶持、分配激励、贡献奖励、住房保障、医疗保险、家属安置等方面均缺少必要的资金支持。以最为核心的人才待遇为例，从省级层面来看，河北对柔性引进的院士智力，每年仅有 3 万 ~6 万元的生活补贴；新引进的海外高层次人才"百人计划"专家，省里支持的 100 万元规定要用于科研与学术交流，而个人补贴方面缺少明确且力度大的支持措施；高校、科研机构新引进的博士生，科研启动资金多数只有 3 万 ~5 万元，有的学校甚至没有；全省拔尖的专家团队——省管优秀专家，每月的工作津贴仅有 400 元。市、县两级对引才大多没有专门的支持措施，有个别市、县参照省里评出拔尖人才，每月给予几百元的津贴，对引进人才的奖励与支持范围与力度也明显低于省里，有个别市、县以无偿划拨土地为代价吸引人才创业、项目落地，但显然不可持续，不是长久之计。

6. 完备优良的引才服务体系亟待构建

一个地区的服务环境优劣直接影响着人才是否来创新创业的主观决策。从调研情况来看，河北目前在人才引用服务方面存在诸多问题。一是有关部门服务职能作用发挥不够，服务意识不强，主动性不足，缺少人本化服务、个性化服务、特事特办的服务、全程服务和跟踪服务，"脸难看、事难办"等现象仍在一定程度上广泛存在。二是服务组织网络尚未建立健全，缺少面向或直接为京津人才服务的专门服务机构，服务触角延伸不够，信息网络服务系统尚未构建起来。三是服务效率不高，服务手段、方式和机制创新不够，缺少一站式服务平台和机制。四是政府"搭台"，企业"唱戏"，组织开展各种引才引智活动，人才与项目对接、人才和科技交流合作的活动等开展得不够，面向京津人才的专业化中介服务组织有待建立。

7. 人才引用的政府组织协调机制亟待健全

大规模引用京津人才与智力，需建立健全政府组织协调机制，协调解决和处理涉及人才和智力引进、人才流动和使用的各种问题。从调研情况看，目前，围绕京津人才和智力吸纳流动的政府组织协调机制尚不健全。一是各级地方政府及其部门与京津和国家各有关部门的协调机制不健全；二是省内各级政府、各部门、各单位、各地上下左右之间的组织协调机制尚不健全；三是民间协调组织有待建立和发展。由于缺少必要的组织协调，使得人才引用多处于自发无序状态，各自为政，造成不必要的人才竞争与内耗，难以形成党委统一领导、各部门各司其职、全社会广泛参与的引才合力，难以分区域、分产业、有秩序地引进所需人才，难以产生人才引用的规模效应和最大化收益。

8. 人才引用的综合环境亟待优化

人才流动主要取决于人才对综合环境的评价和预期。所谓综合环境是指一个由经济环境、政策环境、服务环境、人文环境、自然环境构成的动态开放系统。从河北实际来看：经济实力相对薄弱，2013 年，河北实现GDP28301 亿元，居全国第 6 位，但城镇居民人均可支配收入仅为 22580 元，排在全国第 19 位，与京津差距悬殊。政策机制相对滞后，虽出台了一些引才政策，但与先进地区和周边省份相比，在政策的创新性和投入的突破性上还需要进一步加强。公共服务水平相对低下，现有的人才市场和中介服务机构大多条块分割，资源分散，社会化、产业化、专业化的程度较低，服务功能非常有限，很难适应优化配置人才资源的要求。文化传统相对保守，河北文化中存在根深蒂固的"怕乱求稳"的传统思想，这种思想严重压抑了河北人创新创造的基因。自然生态环境相对恶劣，最为明显的是弥漫在城市上空的雾霾，河北的空气污染指数一直"名列前茅"。

三 河北有效引用京津人才的总体思路及对策选择

河北引用京津人才，必须紧紧围绕京津冀协同发展的大局，牢牢把握"人才共享、三地共赢"的发展前提，严格遵循市场规律和人才流动规律，充分利用三地整体布局的契机，让首都功能疏解的推力和河北引才政策的拉力同向共同发力，才是解决问题的根本之道。

（一）加快建立人才引用与产业发展相互协调的良性互动机制

要实现河北产业大发展和人才大集聚并现的良好局面，就必须构建起人才引聚与产业发展的良性互促互动机制。具体而言，就是要借鉴江浙的"以产业聚人才、以人才兴产业"的发展思路，从京津冀区域产业布局和河北发展实际出发，在搞好产业发展定位和重点选择的同时，搞好人才引用重点选择。一要紧紧围绕京津冀协同发展国家战略布局，结合河北"环首都""沿渤海""冀中南"三大战略部署，从京津两地大力吸纳引用所需高层次创新创业人才。二要着眼化解过剩产能、推动传统产业升级和培育新兴产业需要，大力引进紧缺急需人才。三要采取切实可行的破解路径与对策，增强人才、科技、产业工作与政策的协调性和配套性，促进人才、科技、产业协同发展。四要编制发布产业人才需求目录，指导产业人才、智力引进。五要建立产业人才工作协调机构，形成产业部门和人才主管部门齐抓共管、密切配合的产业人才工作新格局。

（二）以柔性引用为主要方式，广泛、多方式引用京津人才和智力

对河北而言，柔性引才是当前和今后一段时间内最可行、最适用、最有效的引进方式。具体可从以下几方面着手：一是鼓励采取"星期六工程师"、兼职、受聘担任技术顾问、管理顾问、技术职务等方式引才引智。二是鼓励支持采取出资委托或联合进行研发及购买专利和科研成果的形式，引人引智。三是鼓励支持将专利、专有技术、科研成果等在河北进行转化，入股创办企业，广泛打造京津人才的科研实验田、科技成果转化的中试车间和创造高科技产品的工厂。四是进一步加强与京津高校、科研院所及大企业、跨国公司的科技合作，以项目为纽带引才引智。更为可取的是，与京津知名高校、科研院所建立长期合作关系，形成科技创新战略联盟，长期、可持续地引用京津高层次人才和智力。

（三）以区域人才合作项目为龙头和核心，大力引用京津人才和智力

项目既是产业发展的基础和起点，也是人才引用工作与产业发展工作的结合点，是破解产业与人才相互制约矛盾的重要突破口和关键环节。一要把省校合作建成全国人才区域合作的示范项目。落实好省政府与清华大学、北京大学全面合作框架中关于人才合作的各项要求，在进驻院士工作站、设立学生社会实践基地和教学实习基地、孵化基地建设、民营企业家和干部培训、选派访问学者、互派干部挂职、联合技术攻关、产学研合作、追加招生计划等方面开展全方位、多领域、深层次、实质性的合作，建立省校合作长

效机制。二要积极推进河北和北京市政府联合签署的与中关村全面合作项目。建好用好中关村海淀园秦皇岛分园，同时，积极协调其他地市促成与中关村建立合作帮扶关系，引进一批高科技项目和创业精英，让中关村的创新文化、创新理念、创新资源与河北地方需求实现互动。三要主动争取天津滨海新区向河北沿海地区辐射一批人才项目。突出唐山、沧州两市与滨海新区接壤的区位优势和承接资源辐射、加快发展的战略地位，通过优势产业链延伸带动滨海新区人才向周边地区聚集，加强与滨海新区在人才培养、引进和使用方面的深度合作。

（四）围绕吸纳京津人才创新创业着力打造省内一流载体和平台

在综合环境难以短期内快速改变的情况下，能否大量吸纳京津人才，主要取决于能否打造出国内一流的人才对接载体和平台。一要强化河北院士联谊会对区域内高端人才智力的承载。按照转型发展对其提出的新要求、新任务，在引进方式、内容、重点以及共赢机制上不断完善创新，全力推进院士智力引进工作向全方位、深层次、实效化发展。二要把白洋淀科技城打造成承载京津人才智力要素外溢的人才新城。充分发挥区位和生态优势，尽快制定出台优惠政策，促进各类优势整合，广泛吸引京津两地战略科学家、产业领军人才和科技骨干来科技城创新创业，努力使科技城成为京津人才创业的首选平台。三要强化中国·廊坊5·18经贸洽谈会对区域内人才合作交流的支撑。发挥主场优势，坚持招商引资与招才引智并举，把招才引智工作列为"5·18经贸洽谈会"的重要安排，办好环首都绿色经济圈招才引智大会，着力将其打造成延揽京津人才的主要承载地。四要高起点、高标准、科学地搞好园区和基地的规划和建设，建设一流的政策、服务等软环境及基础设施、配套设施等硬环境。统筹规划好各市、县园区建设，合理调整规划方案，解决目前各市县园区建设规划、产业定位雷同问题，确保各市、县各有特点，各有重点。建立人才、项目引进评估机制，做好人才和项目评估工作，确保引进真正的高端、高水平创新创业人才。

（五）全力构建具有国际竞争力和地方比较优势的京津人才引用政策体系

河北能否如愿引进用好京津人才智力，关键在于其引才政策是否更具有吸引力、竞争力和比较优势。要构建这样的政策体系，需把握好以下几个原则：一是要做到知己知彼，深入研究比较其他省市的引才政策，明晰其优劣，制定出台更为细致、更有针对性和比较优势的政策条款。二是要紧扣京津人才在创业、事业发展等方面的实际需求，找准政策的激励点、着力点和优势点，力争出台的政策真有用、出实效。三是要立足河北自身引才政策链条上的薄弱环节出台新政新规，力求实现政策创新与突破。四是要错位竞争，在引才政策中充分体现河北的比较优势，包括诱惑力足够大的岗位和薪酬、承载力足够强的载体和平台、满意度足够高的环境和前景，以及是否能够在"柔性引智"方式方法上取得更大的突破。

（六）努力建设完善高效的京津人才引用服务体系

要保障京津人才引得进、用得好，良好的服务必不可少。一是建立京津高端人才引进服务绿色通道。从人才发现、联络、岗位推荐，到办理调动手续、户籍迁移、配偶随调、子女入学入托，以及职称认定及评审、住房保障等，专人负责、跟踪到位。二是建立京津人才来冀创业服务绿色通道。根据人才创业需要，在启动资金、创业融资、厂房租赁、贷款申请、风险投资、工商、税务等方面予以配套服务支持，帮助其实现创业梦想。三是建立健全人才服务机构及增设服务职能。在省内，各级政府所属人才服务机构设立京津人才服务中心，开设服务窗口。在省外，在京津设立人才工作站或服务中心，及时发布人才需求信息，办理人才引进、合作日常事务。四是每年组织京津高层次人才河北行。五是建立京津人才引进信息网络平台。六是推动三地间基本公共服务均等化。一方面，要逐步消除三地户籍制度方面的差异，淡化户籍标签，破除流动障碍；另一方面，要加快三地之间社会保险联网互通、职业资格互认等工作进程。

（七）全面优化引才环境，提高河北综合环境对京津人才的吸引力

人才的竞争实际上就是人才环境的竞争。一是夯实基础的经济环境。着力打造沿海发展增长极，培育环京津地区新的发展增长极，做大做强县域经济。要立足"有中生新"，改造提升传统产业。要加快"无中生有"，发展战略性新兴产业。二是提供舒适的生活环境。实施"收入倍增计划"，切实提高城镇居民的人均收入水平。抓紧实施地铁1号线和2号线工程，切实改善城市交通环境。继续扩大社会保险覆盖率，提高离退休工资水平，增加基础医疗设施，切实提升社会保障服务水平。三是营造创新的人文环境。大力弘扬科学精神和创新文化氛围，大力改革传统教育体制，真正地变应试教育为素质教育，为创新人才的脱颖而出创造良好的基础教育环境。四是共建绿色的自然环境。全力实施"蓝天行动"。以控制煤炭总量、挥发性有机物污染、机动车尾气污染和扬尘污染，搬迁城区重污染企业为主要内容，切实改善大气环境。全力推进"碧水行动"。以保护饮用水源地、防治重点流域和输水沿线、重点海域湖淀和地下水污染为主要内容，全面提升水环境质量。全力开展"绿地行动"。以城乡绿化、农村面源污染整治、矿山修复治理为主要内容，不断提高生态修复与保护水平。

（八）进一步健全京津人才引用领导组织体系和协调机制

第一，由国务院牵头，京津冀三地主要领导参加，成立京津冀协同发展领导机构，并努力争取把推进京津冀人才协同发展作为一项重要任务列入其职能范畴。第二，京津冀三地各级党委政府也要把推进区域内人才自由流动和优化配置作为共同的工作职能，并责成三地人才主管部门共建专门的协调机构，责任到人，合力推动。第三，与之相对应的，河北省内各级政府和有关部门要就人才引进工作积极谋划并建立健全与京津和中央有关部门的协调机制，河北省、市、县三级和各部门、各单位之间也要建立健全上下左右全方位的人才引用工作协调机制。

河北省就业形势趋势分析及促进对策研究报告

李建国　周爱军*

摘　要：　本研究报告在对河北省就业形势趋势进行科学分析及主要制约性问题进行深入分析的基础上，对未来一个时期扩大就业路径和对策进行了系统研究。

关键词：　就业　形势　对策

就业是民生之本。扩大就业、实现更高质量就业，是河北省经济社会发展始终面临的重大任务。今后一个时期，要实现河北省就业战略目标和任务，必须全面深刻地认识就业工作面临的新形势、新趋势、新要求、新任务及新机遇与新挑战，明确并采取正确路径与对策，切实有效地促进就业规模扩大和质量提高。

一　河北省就业形势与趋势分析

（一）面临的有利因素和机遇

当前及未来时期，河北省实现扩大就业的目标和任务既有有利因素和条件，也有难得机遇。

* 李建国，河北省社会科学院研究员；周爱军，河北省社会科学院副研究员。

1. 经济稳定增长和产业结构调整，带动就业规模扩大和结构优化

目前，我国经济已迈入发展新阶段，转入新常态。未来的"十三五"时期，国家、河北省都将采取更有力、有效的措施，推动经济持续稳定增长，这将对就业产生更有利的影响，积极效应将不断显现。一是经济稳定增长带动就业稳步增长，规模继续扩大。虽然在经济新常态下增速降低，但因增长基数增大，带动新增就业总量和空间仍将大于"十二五"时期。未来几年实现河北省经济稳定增长从而带动就业稳定增长的促进因素主要是：加快发展现代农业，推进农业产业化，推进农村基础设施建设，继续实施农村面貌提升工程；产业调整、振兴规划将继续实施，进一步大力推进第二、第三产业发展，推动工业化和信息化的融合发展，重点培育发展新能源、电子信息等战略性新兴产业和现代服务业，高新技术产业和绿色产业得到更快更好发展；加快产业园区、聚集区和各类开发区建设和发展，建设一批新的产业基地和特色园区；环首都绿色经济圈建设、沿海经济隆起带建设、冀南经济区建设步伐加快。这些都将大大带动产业发展、经济增长和就业规模扩大。持续、稳定的经济增长将创造出更多的就业机会和岗位。二是转方式、调结构，转型升级，既带来就业机会、空间和数量的增加，也带动就业结构的积极变化，带动就业结构向着产业结构优化方向发展，并带动就业结构升级。

2. 社会事业的不断发展，带动就业岗位增加

社会事业发展是社会发展进步、全面建设小康社会的重要方面，直接关系民生和就业，对扩大就业也具有重要带动作用。未来时期，国家和河北省将更加重视加快各项社会事业发展。随着社会事业的不断发展，公共事业、社会服务、社会建设领域将不断开辟出新的、更多的就业岗位。加快教育、科技、医疗、卫生、体育、文化、生态环保、社会服务等社会事业发展，加大社会事业领域基础设施、大型项目建设的力度，加大公益性岗位的开发，扩大政府购买公共服务项目等，必将带动就业扩大。同时，社会事业领域结构调整优化，将带动其结构性就业需求增长，促进就业结构调整优化。在结构调整中，随着基层医疗服务业、健康服务业、幼儿教育等发展，将开辟出一些新的就业领域和岗位。总的来看，未来社会事业领域吸纳就业的绝对量将会不断增加。

3. "新三化"带动就业扩大的引擎作用进一步增强

"新三化"（新型农业现代化、工业化、城镇化）既是我国经济社会发展的引擎，也是带动就业增长的引擎。"新三化"要求以人为核心，注重民生尤其是就业，要求统筹城乡就业，形成城乡统一就业市场，实现城乡就业平等化、均等化公共服务，从而对城乡就业扩大具有重大而积极的影响和作用。国际经验表明，发展中国家在完成或实现"三化"前，"三化"既是经济增长的主要动力，也是就业增长的主要动力。尤其是随着城镇化发展综合水平持续稳步提高，将极大地带动就业增长，为劳动力带来广阔的就业空间。目前，"新三化"已进入加快推进时期。随着"新三化"协调发展快速推进，就业扩大新引擎作用进一步明显，尤其是对农村劳动力转移就业、城镇就业产生重大促进作用。

4. 京津冀协同发展成为拉动就业增长的强大新动力

京津冀协同发展，有利于三地之间劳动力和人才的自由流动和人力资源优化配置，有利于实现三地就业市场、政策、服务等一体化，促进三地充分就业。京津冀协同发展，是河北省经济和就业增长的强大新引擎。京津冀协同发展的不断加快推进，全方位深化与京津地区合作，将对河北省就业产生越来越大的促进作用，持续为河北省带来越来越多的就业机会和岗位。随着京津冀各项合作协议的签署与实施，交通、生态建设、环境治理、旅游、市场等一体化推进，产业链分工协作推进，曹妃甸、北京新机场临空经济合作区、中关村在河北转化基地建设、张承地区生态环境建设、物流业协同发展、高新技术产业深化合作等的共同推进，机场、城际铁路、公路等交通、生态环境、市场等大型工程项目建设，将带动河北省就业的大量增加。随着京津产业转移、功能疏解，必将带动河北省就业规模的扩张。随着三地协同发展的推进，必将带动河北省第一、第二、第三产业发展，特别是现代农业、旅游、物流等产业发展，就业增加，以及向京津劳务输出的扩大。

5.全面深化改革对就业的影响重大而深远

我国已进入全面深化改革的关键时期、攻坚阶段。未来时期，围绕发挥市场决定作用和更好发挥政府职能作用的体制机制改革对就业将产生重大影响。从各领域看，经济、科技、文化、教育等各领域各方面改革都将对就业产生积极影响，特别是直接关系就业的人力资源和社会保障等改革对就业的积极影响将更为突出。建立完善发挥市场决定作用和更好发挥政府职能作用的人力资源配置和就业体制机制，是全面深化改革的重要内容和任务，必将得到加快推进。总的来说，改革的全面深化，有利于完善我国的就业制度、政策、服务，健全就业体制机制，改善优化就业环境，促进就业的扩大，使改革红利在就业领域得到更大释放。

（二）面临的主要矛盾、问题和挑战

在今后一个时期，无论从全国还是从河北省看，扩大就业都仍面临诸多矛盾、问题和挑战，就业形势依然严峻。尤其是仍将面临就业总量压力大、结构性矛盾突出的困局。

1.劳动力供大于求的矛盾压力有所增大

劳动力总供给大于总需求的矛盾仍将是我国及河北省在今后一个时期内持续存在的主要就业矛盾。基于这一矛盾的劳动力总量相对过剩带来的就业压力不仅依然存在，而且会有所增大。从新成长劳动力情况看，虽然近几年河北省新成长劳动力逐年减少，但因为人口基数大，每年新成长的劳动力仍然是相当大的数量。而据第6次全国人口普查资料推算，"十三五"时期，又将出现新成长劳动力增长小高峰。2011~2015年，河北省每年新成长劳动力人数分别为76.68万人、63.93万人、61.25万人、63.87人、63.73万人，2016~2020年，河北省每年新成长劳动力人数分别为74.6万人、76.8万人、77.14万人、71.42万人、86.20万人。总体上看，未来几年，大中专学校毕业生（应届和往届）、农村富余劳动力、未能升学的初高中毕业生、下岗失业人员、复员转业军人，残疾人等困难群体及城乡其他需就业人员会集一起，数量庞大，使河北省劳动力供应量仍居高不下。未来几年，虽然经济仍将持续快速发展，创造出大量就业岗位，但这些新增加的就业岗位远远不能满足劳动力就业的需求。今后一个时期，因经济增长由高速转入中高速，发展方式转变、结构调整和转型升级、房地产投资持续下降等多种原因带来就业弹性系数下降，劳动力需求量相对减少，对就业扩大形成较大的制约。

2. 结构性就业矛盾依然突出

结构性就业矛盾是我国也是河北省长期面临的更重要的就业矛盾。目前，由劳动力供求不对接、不一致，即劳动者素质、能力、专业、知识、就业观念和要求的待遇、条件等与岗位要求不适应、不相符，劳动力供给结构与需求结构不一致等造成的结构性就业矛盾仍较突出。这主要表现在一方面有大量用人需求，另一方面大量人员不能就业，招人难与就业难并存。未来一个时期，结构性就业矛盾不仅依然存在，而且有新的发展。这主要表现在：在毕业生、农村劳动力、下岗人员等人员因素质、能力、就业观念、过高要求等与招聘岗位要求不适应而不能就业的问题依然大量存在的同时，由于转变发展方式和产业结构调整、转型升级步伐加快，加快推进节能减排、绿色崛起等，使得这一矛盾得到发展和增强，引发的结构性失业问题及再就业难的问题更加突出。即，不仅造成下岗人员失业及再就业难问题更加突出，而且造成大量需就业人员、待业人员，包括毕业生、农村劳动力等因不适应产业结构调整升级、新兴产业发展需要，不能实现就业或转移就业，造成失业半失业、再就业难的问题更加突出。可见，未来一个时期面临的结构性就业矛盾，不仅不会趋缓，而且在某种程度上会有所增强。

3. 重点群体就业难问题仍较严重

第一，毕业生就业难问题仍较突出。这主要是因为：一是毕业生总量仍将继续增加，而提供的就业岗位难以满足就业需求，使得毕业生供求总量矛盾加大。二是因教育体制、结构、模式等原因造成的毕业生素质、能力、专业等与需要不适应，知识结构和个人素质不符合用人单位要求等问题，以及导致的毕业生就业结构性供求矛盾不仅依然存在，而且在一些方面有所扩展。三是毕业生就业中意愿与现实的矛盾依然存在。许多毕业生就业观念没

有转变，不愿意到落后地区、艰苦地区、农村地区和基层单位就业，自我创业意愿不强。同时市场提供的就业岗位层次低，薪酬福利少，与毕业生的意愿相差甚远，形成"有业不就"现象。在劳动力总供给大于总需求的矛盾和结构性就业矛盾严重存在的大背景下，毕业生就业难题依然存在。第二，农村富余劳动力转移难度加大。今后一个时期，河北省虽然每年农村劳动力转移总量减少，但随着农业现代化、工业化、城镇化不断推进，仍有相当数量的农业富余劳动力需要转移就业。预计今后几年河北省每年还有60多万农业富余劳动力需要向第二、第三产业转移就业。但农村劳动力转移仍面临着诸多问题和困难，不仅受到自身文化素质、专业技能低，不适应新产业发展和产业结构调整升级需要的制约，也受到房地产业、建筑业、钢铁等产业下滑、化解产能过剩等的不利影响，同时面临就业岗位竞争中往往不具优势的不利情况。第三，就业困难群体规模增大。一是失业问题有所加剧，下岗人员增多、群体规模扩大，失业人员再就业难度加大。下岗人员普遍年龄偏大、文化偏低、技能落后，与其他人群相比，就业的竞争力不强，再就业困难，除得到政策安置的人员外，其他难以实现就业岗位转移。目前，因国企改制改组、兼并重组造成的下岗人员再就业问题（"4050"问题）已基本成为历史，但结构调整、转型升级，化解过剩产能，特别是节能减排，带来的新一轮下岗失业和再就业问题凸显，使得就业形势更加复杂。二是残疾人就业、零就业家庭等就业任务仍较大。目前，河北省尚有80多万达到就业年龄的残疾人没有实现就业，且每年将新增残疾人劳动力1.8万人。

4. 就业竞争更加激烈

未来时期，各类群体之间、城乡之间、不同区域及国内国外之间的就业竞争都将更加激烈。城市化带来的农村劳动力转移给城镇就业带来了更大压力，使得城市就业竞争不断加剧。各类群体就业竞争日趋激烈，造成各类群体就业难度普遍增大。由于劳动力供求总量矛盾、结构性就业矛盾的存在，毕业生、农村劳动力、城镇新成长劳动力、下岗人员、待业人员、复员军人等对同一行业、单位、岗位的就业竞争日趋激烈。激烈的市场竞争不仅表现在大量毕业生失业和待业，而且表现在博士生抢硕士生的岗位，硕士生抢本科生的岗位，本科生与大中专生争饭碗，大中专毕业生与未升学的劳动力、农民工争职位。僧多粥少，竞争激烈，既反映就业供大于求的矛盾，也反映供求等结构性矛盾，综合和直接反映出就业形势的严峻性。

5. 就业质量问题成为需着力解决的重要问题

目前，一些就业群体，尤其是农民工、部分毕业生、下岗再就业人员等群体就业质量普遍不高，普遍存在工资待遇低、缺乏社会保障及劳动条件差、权益得不到保障等影响就业质量和稳定性的问题。许多民营企业、中小企业就业者，就业质量不高、不稳定问题依然大量存在。特别是农民工，劳动条件差，缺乏社会保障，就业层次低、稳定性差的问题仍很突出。灵活就业人员、间歇就业人员、隐性失业就业人员等的增多，虽然缓解了一些就业压力，但这些人就业质量不高、稳定性差的问题日益凸显。

6. 体制机制和环境等与扩大就业的要求还不完全相适应

当前，就业体制机制、公共就业政策和服务、市场体系和服务、就业环境等方面仍存在一些比较突出的问题。这些问题与应对严峻的就业形势，完成繁重的就业任务，落实党的十八大提出的实现更高质量就业的新要求、新任务，满足人民群众对扩大就业新期待、新希望，劳动者对就业的更多更高需求等，还不完全适应。

（三）面临的就业新趋势

1. 就业领域、渠道不断拓宽，就业方式多样化趋势更加明显

近些年，国家和河北省出台的一系列政策对中小企业、微小企业和民营经济发展及就业创业扩大起到了重要推动作用，中小企业、微小企业和民营经济对就业吸纳的主渠道作用不断增大。未来时期，国家、河北省将进一步完善强化促进中小企业发展的政策法规体系，促进中小企业更快更好发展，从而对就业创业产生更大促进作用。预计未来几年河北省中小企业将以更快的速度发展壮大，进一步成为吸纳劳动力就业的主要领域。同时，也将进一步加大民营经济发展支持力度，强化完善政策措施，促进民营经济特别是城镇私营、个体经济的较快发展，从而使其吸纳劳动力数量和比重将继续呈上

升势头。同时，随着现代网络技术发展，就业观念的转变，社会保障体系不断完善，工作和就业将更加弹性化、灵活化、便利化，从而使得就业方式越来越多元化、多样化，家庭就业、"钟点"就业、网络就业等各种灵活方式的就业人员将大量增加，灵活就业人员所占比重继续提高。

2. 创业对就业带动作用进一步扩大，大众化、草根化趋势明显

未来时期，国家和河北省已出台的一系列鼓励创业的各项政策措施，将对创业和就业增长继续发挥推动作用，创业政策服务体系将进一步完善，服务型政府建设步伐加快，将继续深化行政管理体制的改革，加快转变政府职能，进一步简政放权，并进一步推出新的有力举措，破除一切束缚发展的体制机制障碍，释放市场的潜能和发展的动力，从而使得创业门槛、成本降低，创业环境更加优化，为创业者提供更有利的条件，释放出更多的改革红利，促进更多人创业和就业。尤其是将进一步解除对个体、对企业创新创业的种种束缚，优化营商环境，促进投资创业便利化，这些鼓励大众创业的新举措，将充分调动创业的积极性，鼓励每个有创业愿望的人都投入创业，形成万众创业的新浪潮。

3. 就业结构调整步伐加快，逐步趋向合理与优化

未来时期，河北省产业结构调整和升级优化步伐将进一步加快，就业的产业结构调整和升级优化也将随之加快。一是随着三次产业结构调整优化，三次产业就业结构将得到调整优化，第一产业的就业比重将稳步下降；第二产业的就业比重将进一步增加，第三产业的就业比重以较快速度增加，越来越成为扩大就业的主要增长点。二是就业的行业结构也将趋于优化，钢铁、水泥、玻璃等这些优势传统产业在就业结构中的比重将得到较大的降低，新能源、电子信息和生物等战略性新兴产业和现代物流、金融、旅游、文化创意等现代服务业将得到大力发展，成为扩大就业的新增长点。三是城乡就业结构进一步优化，随着"新三化"进程加快，城镇就业人员进一步增多，比重上升，农村就业人口进一步减少，比重下降。四是就业的所有制结构进一步发生新变化，个体、私营等非公有制经济将继续加快发展步伐，个体、私营和灵活就业的人数将有大幅度提高，非公有制经济从业人员占城镇就业

人员的比重提高。五是就业人员素质结构进一步优化。随着国民教育体系进一步完善，职业教育、高等教育不断发展，就业人员受教育程度继续提高。在就业人员中，拥有中专大专及以上文化程度的人员所占比例上升。

4. 就业综合质量提高，就业环境进一步改善

目前，就业质量问题已引起政府重视和社会关注。未来时期，提高就业质量将越来越受到政府重视和成为人民群众的普遍期待，随着人力资源开发力度加大，收入分配格局的调整，各类就业者收入待遇的普遍提高，社会保障的完善，和谐劳动关系的构建及相关政策法规的完善，就业质量将不断提高，就业稳定性将普遍增强，就业环境将不断改善。农民工等突出的就业质量低、就业稳定性差的问题将得到明显缓解。同时，党和政府更加重视推进就业平等化、均等化，各种就业歧视将被打破消除，城乡劳动者就业不平等问题将进一步得到解决，不同身份者将享有平等的就业权利及就业政策和公共服务，就业将更加平等化、均等化，就业环境将更加公平、公正、和谐。

5. 市场对人力资源配置和调节就业的决定性作用大大增强

未来时期，我国将按照党的十八大提出的市场发挥决定性作用和更好发挥政府职能作用的体制机制改革要求，全面深化人力资源配置及就业体制机制改革创新，进一步健全"劳动者自主择业、市场调节就业、政府促进就业和鼓励创业"的机制，完善市场体系、功能与机制，市场对就业调节作用大为增强，同时也将加快推进政府职能转变和服务型政府职能建设，健全就业宏观管理调控手段、体系与机制，完善公共就业政策和服务体系，使政府对就业的责任进一步增强和职能作用得到更好的发挥。

二 河北省扩大就业的主要制约性问题分析

（一）经济发展问题对扩大就业的制约分析

1. 扩大就业受到经济增长换挡降速的制约

目前，就全国而言，经济发展正迈入新阶段，经济增长已由高速转入中

高速。2014年以来，世界经济形势错综复杂，国际经济不景气对实体经济的影响越来越明显，我国经济增长态势放缓，下行压力加大，对就业的拉动作用相对减弱，稳定就业、扩大就业面临更大困难，经济增长问题与扩大就业的矛盾凸显。从河北省看，今后一个时期，河北省经济增长虽仍将基本保持稳定，但增长速度也将进一步放缓，经济增长对就业拉动作用相对减弱。制约河北省经济增长从而制约就业增长的主要因素有：一是化解过剩产能和淘汰落后产能任务艰巨，钢铁、水泥、玻璃、建材等传统支柱优势产业增长受挫严重，不仅不会增加就业反而会减少就业。从2013年开始，河北省经济增速下滑严重，很大程度上是因为大气污染治理、治理雾霾和化解过剩产能力度加大所致。二是我国经济发展进入新的调整阶段，房地产、建筑业发展进入新的调整周期，房地产投资下降，对就业带动作用下降。三是新兴产业尤其是战略新兴产业发展受到人才、项目、资金等因素制约及市场竞争更加激烈等的制约，短时间难以带动大规模就业需求和岗位增加，且这些产业发展对低素质劳动者就业带动作用下降。四是三产尤其是现代服务业对就业带动作用虽不断增强，但发展仍然落后，带动就业的作用受到产业规模的限制及诸多问题的制约。

2. 扩大就业受到转变经济发展方式的制约

当前，扩大就业与转变发展方式、转型升级的矛盾已经显现。以要素增加、投资扩张为主和以数量为重的粗放式经济增长，对就业带动主要表现为低素质或一般劳动力需求的大量快速增长，而以科技创新驱动为主、以质量效益为核心的集约式增长，对就业带动主要表现为高素质能力劳动力、人才需求的大量快速增长，而对一般劳动力需求相对下降。因土地、资源、环境等压力加大，加快科学发展、绿色崛起，加大治理污染、生态文明建设的任务艰巨而紧迫，要求河北省必须加快转变发展增长方式，从而势必对就业产生更大影响，对就业扩大的制约增大增强。

3. 扩大就业受到产业结构调整优化的制约

随着新科技革命加速发展，新一轮产业结构调整优化、转型升级步伐加快，对就业影响也日益增大。产业结构调整优化、转型升级，一是导致一些产业，如传统产业不景气、萎缩或被压缩、淘汰，对就业带动作用下降，使得这些产业劳动力需求减少，同时对传统产业改造升级造成现有劳动者素质能力与新技术、新工艺等的不适应，形成下岗失业或隐性失业。二是虽带动新兴产业兴起，带动其对劳动力需求增加，使其成为吸纳就业的新领域，但对劳动者素质能力要求提高，造成许多低素质劳动者因与之不相适应而出现"有业不能就"。三是一方面一些新兴产业培育发展有一个过程，短时间内对就业需求带动难以快速大幅度地提升，另一方面传统产业的调整压缩、化解过剩产能等须在较短时间内完成，相比之下这方面要快得多，造成传统产业对就业带动作用迅速下降，下岗失业问题很快形成，两方面形成的时间差造成结构性就业矛盾、就业再就业难问题加剧。当前，产业结构调整升级导致的就业矛盾已经凸显，对扩大就业已提出新挑战。

（二）人力资源开发、人才培养问题对扩大就业制约分析

当前，劳动者素质能力问题仍是制约就业扩大和质量提高的主要因素，扩大就业仍受到人力资源开发、人才培养问题的根本性制约，扩大就业与人力资源开发、人才培养问题的矛盾仍较突出。劳动力供求不一致矛盾、结构性就业矛盾仍是扩大就业面临的主要矛盾，而人力资源开发和人才培养问题则是造成以上矛盾的主要、根本原因。如农民不能转移就业或再转移就业问题，就业质量不高、稳定性差等问题，都受到农民素质、技能等制约，而这又受到农民人力资源开发、人才培养，农村各级各类教育发展和农民培训的制约。结构性失业和下岗职工不能再就业，受到其素质能力不适应产业结构调整、转型升级的需要的限制，而这又受制于对这些人员的培训开发。特别是毕业生就业难的结构性问题，受到毕业生素质、能力等的制约，进一步说受到教育问题、人才培养问题的制约，由人才培养与社会需求脱节、不适应、不协调、不一致而造成。毕业生素质能力等自身条件不符合岗位需要，就业创业创新能力低的问题仍是制约毕业生就业的主要因素。其他困难群体就业难问题同样如此。过去时期，河北省人力资源开发、人才培养力度加大，各级各类教育不断发展，深化改革取得新进展，各类就业群体的培训加

强，取得明显成效。但是，在人力资源开发和人才培养上仍存在一些突出问题，制约各类人员就业和就业质量提高。从劳动力培训看，主要是面不够、效不高，政策、资金、工作、服务支持力度不够等问题。从各级各类教育看，以就业为导向、以提高就业创业创新能力为导向的教育体系、体制、机制、结构及人才培养方式模式等还未形成和建立起来。总体上看，教育改革滞后，人力人才资源开发的教育体系与机制亟待创新和完善。就高等教育和职业技术教育而言，人才培养与经济社会发展需要还不完全适应，特别是与产业发展特别是新兴产业发展需要不相适应，与产业结构调整优化、转型升级需要不相适应，教育发展方式亟待加快转变，教育水平、质量亟待提升，结构亟待调整。尤其是教育结构问题仍不适应经济社会发展需要，是扩大就业的突出制约，学科、专业、课程、教师、层次、各级各类教育等结构亟待加快调整。

（三）市场服务问题对扩大就业的制约分析

过去时期，河北省就业市场服务体系建设不断推进，市场服务功能不断完善，市场机制逐步健全。但目前，在就业市场体系和服务方面也还存在一些需解决的制约性问题。主要是：人力资源市场体系需进一步完善，人才市场、劳动力市场需进一步深度融合，城乡一体化、统一、开放、竞争、有序的人力资源市场体系尚未完全形成。城乡尤其是农村人力资源市场建设需进一步加强。区域性大型人才市场创建、建设不够。专业人力资源、人才市场需进一步培育，技术人才、经营管理人才等专业性人才市场发展不够，农民工、大中专毕业生、技能人才3个专业市场需加强。人力资源服务业发展落后，专业化、信息化、产业化的人力资源服务体系需加快建立，人力资源开发配置和服务就业能力、水平亟待提升，服务功能需不断完善。缺少一批知名的在河北乃至全国叫得响的人力资源服务品牌。人才中介服务组织、机构存在着良莠不齐的状况，许多组织、机构规模小、功能单一、信誉度低、专业人才匮乏、服务能力低，服务专业化、标准化水平有待提高。

（四）公共政策问题对扩大就业的制约分析

近几年，国家和河北省制定出台了一系列促进就业创业政策，就业创业政策体系建设取得较大进展。但目前在政策方面仍存在诸多问题，制约就业扩大和创业的发展。一是促进扩大就业创业、就业优先的产业政策体系尚未完全建立起来。产业政策与就业政策不完全协调。促进市场潜力前景广阔的劳动密集型产业发展的政策支持力度较小，专项政策欠缺。产业结构调整、转型升级政策与扩大就业政策不协调，配套政策欠缺，化解产能过剩中就业安置政策还不完善。房地产业、建筑业等产业政策左右摇摆，不能遵循市场规律制定。二是科技政策与就业政策不完全协调、配套，创业科技政策需进一步完善，创新政策与创业政策需进一步融合。三是工商、税收、财政、金融、外贸等政策需进一步细化和精准化。四是促进各类群体就业政策有些力度小，有些创新不够，有些难落实，有些过笼统、操作性差。五是政策系统性、协调性、配套性、集成性不够，在构建上下贯通、彼此融合、相互协调、叠加发力的就业创业政策体系上尚需下功夫，教育、人力资源开发、就业、收入分配、社会保障等政策协调不够。六是政策更新不够，政策不能适时修订完善。七是就业创业政策落实不够，落实机制需完善。八是缺少政策实施评估机制。总体上看，就业公共政策体系仍不完善，政策环境需进一步优化。

（五）行政管理体制和公共服务问题对扩大就业制约分析

目前，在就业行政管理体制机制和公共就业服务方面仍存在一些制约就业扩大的问题。一是就业管理体制机制还不完全适应扩大就业的需要。就业及人力资源开发、人事、社会保障等相关管理体制机制改革滞后，亟待加快深化改革创新。发挥市场决定作用和更好发挥政府职能作用相结合、相统一的就业体制机制尚未完全建立起来。政府职能转变步伐不快，服务型政府建设亟待加强，政府在人力资源和就业方面的职能作用尚未实现由传统的"管理型"向"服务型"的根本转变。劳动就业、人事、人才、社会保障等

管理职能亟待整合优化，人力资源和社会保障、教育及其他职能部门的就业工作和管理服务协调配合不够。政府与事业的关系、政府与市场、企业的关系、事业与企业的关系仍未理顺，政府尚未从市场竞争性业务中退出，把主要力量用于弥补市场不足，加强基础性、保障性的就业公共服务上来。二是公共服务体系尚不完善，公共服务能力和效率有待提高。覆盖城乡、上下连通、统一、规范、高效，由省、市、县（市、区）、乡镇（办事处）、村（社区）5级构成的就业和人力资源公共就业服务体系需进一步完善。城乡基层就业服务机构建设需加强，街道（乡、镇）社区基层服务机构人员不足，素质不高，经费不足，服务功能薄弱，服务质量低，难以适应公共就业服务需要。县（市）、乡镇基层人力资源服务机构尚未实行"一条龙"公办，将用工登记、求职登记、职业培训、职业介绍、政策落实、社会保险等各项服务功能纳入"一站式"服务。公益性就业和人力资源、人才服务机构职能定位不清晰，与市场、民营中介机构混同的问题尚未根本解决。其公共服务功能需完善，服务触角需进一步延伸。三是公共就业服务平台、设施、手段建设亟待加强，及时全面的就业信息服务需加强。覆盖城乡的就业创业公共就业信息服务网络建设需加快。四是公共就业服务功能和能力有待进一步完善提升，服务方式需创新，服务领域需拓宽，服务标准需规范，服务质量有待提高，尚不能完全做到为城乡劳动者提供全方位、便捷、高效的多种形式的公共就业服务，在就业服务的项目、功能、专业化、精细化方面需进一步加强、拓展和延伸。对新形势下就业困难群体急需专业的公共就业服务和帮扶等不够，对城镇下岗、待业、再就业人员、农民等开展专业的职业指导服务不够、培训不够。公共就业服务制度需进一步健全，政府购买就业服务的机制需完善。

（六）劳动收入、社会保障等问题对扩大就业和提高就业质量的制约分析

当前，实现党的十八大提出的更高质量的就业要求，在收入分配、社会保障、劳动关系等方面还存在不少问题。这些问题既制约就业质量和稳定性

的提高，也影响就业的扩大。如工资指导线制度、最低工作标准制度等在不少企业并未得到执行落实，企业工资正常增长机制不健全，企业工资支付保障制度不健全，企业克扣或拖欠工资的行为依然存在。社会保障体系、社会保险制度需进一步完善，社会保障覆盖面不全，许多民营企业、中小企业社会保障政策不落实，劳动者权益得不到维护。农民工等工资待遇普遍偏低，工资拖欠、劳动条件差、劳保待遇低，社保待遇低。企业用工不规范、集体协商和集体合同制度需全面落实，微小企业和农民工劳动合同签订率低和履约质量不高。一些企业劳资关系不和谐，调整劳动关系的法律法规尚不完善，劳动人事争议调解、仲裁和劳动保障监察体系建设相对滞后，调解仲裁体制机制需健全。劳动保障监察执法力度需加大，劳动者合法权益得不到全面保护。失业保险制度不健全，企业履行稳定就业的社会责任意识不强，裁员行为不规范，失业动态监控制度和机制不完善，失业预防预警和调控机制亟待加强。

三　河北省促进就业的路径与对策

（一）着力增强经济社会发展对就业的带动作用

1. 着力提高经济发展对就业的拉动力

第一，保持经济平稳增长，实现经济增长与就业增长的有机统一。统筹促进经济增长与就业增长，探索建立经济增长带动就业扩大，就业拉动内需、内需促进经济增长的良性循环长效机制和模式。要在我国经济发展进入新阶段，经济增速由高速转入中高速，经济下行压力加大的背景下，力争实现持续适度的经济增长与持续的就业增长相统一。在积极培育新经济增长点的同时培育新的就业增长点。将需确保的最低失业率作为确定经济增长速度的底线。第二，主动适应发展方式转变，在积极推进发展方式转变中实现就业扩大。探索转变经济发展方式与扩大就业协调互促的机制。统筹推进经济增长方式转变与就业增长方式转变，努力实现扩大就业与提高就业质量相结

合。一方面在推进发展方式转变中创造出更多新的就业机会和岗位，另一方面要通过人力资源开发为转变发展方式提供所需劳动力和人才。统筹协调转变发展方式与促进就业的政策。第三，在推进经济结构调整优化中促进就业矛盾的解决，实现就业扩大。要与经济结构调整和转型升级相适应，处理好调结构和促就业的关系，加快建立经济结构调整优化与就业扩大的协调互促机制。以产业结构的调整优化引导带动就业结构的调整优化，以就业结构调整优化促进和保证产业结构调整优化，实现两者互促互动、协调统一。要使就业政策与产业结构调整政策全面相衔接。积极有效地应对结构性就业矛盾，使结构性经济矛盾解决与结构性就业矛盾解决相结合，在推进经济结构调整优化中寻找选择解决结构性矛盾的路径和措施，使就业矛盾得到解决。要高度重视产业结构调整尤其是化解过剩产能带来的新挑战，积极研究新情况、解决新问题。化解过剩能过剩中，一是要做好下岗人员安置工作，努力实现其平稳转移就业，减少失业，将失业风险降到最低；二是要抓住结构调整、经济转型的时机，培育新的就业增长点，扩大就业规模。要顺应结构调整、经济转型趋势，加大政策支持力度，积极发展具有市场需求潜力前景和空间、吸纳就业能力较强的产业、企业和项目，主要包括劳动密集型产业、中小企业、微型企业和第三产业，以及既具有较高科技含量又具有较强吸纳就业能力的智力密集型、技术密集型产业。第四，发挥重大工程项目投资和建设对就业的带动作用。把工程建设与扩大就业结合起来。紧扣结构调整，加快推进一批"补短板"的重大工程建设。加大水利、新能源、电力、通信、交通、城乡基础设施建设力度；推进生态环保领域重大工程，建设好社会事业领域公益性工程项目建设，充分发挥以上工程建设对就业的带动作用。

2. 努力发挥社会事业发展和生态环境建设带动就业的作用

要将推进社会事业发展，加快文化建设、社会建设、生态文明建设，作为扩大就业的重要途径和好举措。统筹谋划和协调推进社会事业发展、生态环境建设与扩大就业，建立两者相互协调促进的机制。积极推进教育、科技、医疗卫生、计划生育、体育、文化等社会事业发展，全面深入地挖掘社会事业领域就业潜力和空间。积极推进社会事业结构（包括区域、城乡等结构）调整优化，在调整中增加就业、优化就业结构。积极发展社会服务业和社会福利业，加大政策扶持，使其更大地发挥带动就业作用。

3. 发挥"新三化"带动就业的强大引擎作用

加快推进"新三化"进程，进一步增强其就业带动力。健全新型农业现代化、工业化和城镇化与扩大就业的协调互促机制，使就业政策与"新三化"政策相协调。健全以人为核心、以就业为导向的"新三化"发展机制。加快现代农业发展，促进农民就地就近就业和向城镇转移就业。加快推进新型城镇化建设，依托城镇大力发展各产业，推进城镇基础设施建设、公用设施建设和各项事业发展，带动农民转移就业和城镇就业。在推进城乡一体化和城镇化中，使农民工成为新市民，从流动大军变成稳定的就业队伍。

4. 用好京津冀协同发展带动就业的战略机遇

研究探索京津冀协同发展中扩大就业的路径与措施。建立京津冀协同促进就业机制和就业一体化推进机制，积极推进京津冀就业政策、公共服务、市场等一体化。破除一切障碍，促进京津冀人力资源自由流动和优化配置。在推进京津冀协同发展中，统筹推进产业结构和布局优化与扩大就业。主动与京津对接协调，瞄准京津劳务需求，开展定向培训，扩大劳务输出，促进就业。积极承接京津产业转移和功能疏解带动就业。大力推进京津冀协同发展中的工程项目建设，如首都第二机场、断头路建设工程、生态保护工程、地铁工程等大型工程建设，统筹项目建设与促进就业。

（二）着力推动以创业带动就业

要充分认识创业对就业和经济发展的战略意义，将创业作为扩大就业的主要途径和方式，实现新常态下经济增长的重要举措，加大以创业带动就业方针的实施力度，鼓励城乡劳动者多形式、多领域、多渠道创办实体实业。进一步加大对毕业生、城镇失业人员、农村劳动力、退役军人等重点群体创业的政策扶持。一是完善落实税收优惠、小额担保贷款、财政担保和贴息、培训、社会保险等鼓励扶持创业的政策措施，进一步降低创业门槛和成本。

二是加强公共创业服务，健全创业服务体系，拓展创业服务功能，提高创业服务能力。加强公共创业服务平台建设，推进省、市、县三级创业服务体系建设。加强创业培训服务示范基地建设和创业者公共实训基地建设。实行"订单式""超市式"服务，为创业者提供项目信息、政策咨询、注册登记、融资服务、风险评估、创业培训、创业孵化等"一条龙"服务。三是加强创业教育和培训。进一步健全创业培训体系，完善创业培训政策，积极地为创业者提供不同层次、有针对性的创业培训，提供个性化和专业化的咨询、指导和服务。加强专门创业指导机构建设，鼓励高等学校和中等职业学校开设创业培训课程，开展大学生创业教育和创业实践活动。四是推进创业孵化基地建设，为创业者提供低成本的创业孵化服务。加快建设一批省级创业孵化示范基地、孵化园区和创业园区。五是继续实施"青年创业引领计划"、创业帮扶工程、就业创业服务进校园工程等。六是深入推进全民创业，促进大众创业、草根创业。七是加大资金扶持和金融信贷支持力度。八是加快转变政府职能，进一步简政放权，优化创业环境，加强创业宣传，营造鼓励创业良好氛围。

（三）着力围绕破解结构性就业矛盾以"开发"促就业

要把加大人力资源开发力度，提升劳动者就业能力作为扩大就业、提高就业质量、解决结构性就业矛盾的根本性举措，坚持围绕就业促开发，以开发促就业，使两者实现结合、互促与统一。一是推进教育发展、改革和结构调整，充分发挥教育在人力资源开发、促进就业中的主体和基础作用。不断地发展教育事业，推进各类各级教育发展，促进劳动者素质能力全面提升。大力发展职业技能教育，构建门类齐全、结构合理、以校企合作为基础的现代职业技能教育体系，以掌握和提高就业技能为导向，着力培养符合经济社会发展需要的各类技能劳动者和各层次技能人才。加快推进以就业为导向、以提高就业创业能力和创新能力为目的、人才培养与经济社会发展需要相协调的高等教育发展、教育体制改革和人才培养模式机制创新，建立起有利于就业创业的教育体系体制和机制。加快推进职业技能教育和高等教育结构调整,适应社会发展需要,调整人才培养供给结构,调整优化教育类别、层级、专业、学科、教师等结构,促进培养结构与需求结构对接、一致。二是充分发挥职业培训对促进就业创业的重要作用。健全面向城乡全体劳动者的职业培训制度,全面推动就业技能培训,鼓励企业开展职工岗位技能提升培训,加强创业培训,全面提升劳动者就业创业能力。加强劳动预备队伍的再就业培训,对未能升学的应届初高中毕业生等新成长劳动力普遍实行劳动预备制培训,开展职业指导、就业服务、技能培训和创业培训,提高其就业创业能力。重视对广大农民的各类专业技能培训,满足农村富余劳动力转移就业的需求。加强失业人员的分类培训。健全以提高就业技能为核心的职业培训网络。完善企业与职业院校的校企合作模式,积极开展订单式培训和定向培训。

(四)着力推进就业体制机制改革创新

要把全面深入推进就业体制机制改革创新,建立健全发挥市场决定性作用与更好发挥政府职能作用相结合的人力资源流动配置和就业体制机制,作为一项重大任务。坚持市场机制调节作用与政府促进作用相结合,健全用人单位自主用人和劳动者自主择业、市场调节就业、政府促进就业的就业体制机制。完善市场体系和机制,充分发挥市场机制在人力资源配置中的决定性作用。推进人力资源流动配置体制机制改革创新,简政放权还权,该下放市场的一律下放市场,彻底消除扩大就业的制度性、体制性障碍,保证劳动者择业自主权和用人单位用人自主权。推进与发挥市场决定作用相适应的政府就业管理服务体制机制改革。完善政府促进就业职能职责,加强各部门、机构、组织、团体职能协调与整合,充分发挥其职能作用。健全与市场机制作用相适应的就业调控体制机制,完善就业调控手段、方式和内容。统筹推进就业及其相关制度改革。协调推进深化就业、人力资源开发、社会保障等改革。积极稳妥地推进公共服务与经营性服务分离,加快政府所属人力资源服务机构改革,实现政企分开、政事分开、事企分开。健全公正平等就业制度,禁止各种就业歧视,保障劳动者平等就业。促进城乡劳动者公平就业,

保障残疾人等弱势群体合法就业权益，为所有劳动者提供公正、平等竞争的就业环境。

（五）着力完善就业政策体系

要进一步推进就业政策体系建设，创新完善就业政策，加大政策扶持力度，优化就业政策环境。一要进一步完善包括产业政策、科技政策、财政政策、税收政策、金融政策、对外贸易政策、城镇化政策等在内的促进就业综合政策体系。将就业政策与产业政策、财税金融政策、城镇化政策等进一步对接融合。进一步研究制定促进高校毕业生、农村转移劳动力、城镇就业困难人员就业等各类群体就业的具体政策措施，继续实施鼓励劳动者多渠道、多形式、灵活就业的扶持政策，完善就业援助制度和政策。统筹制定就业政策与发展方式转变、产业结构调整、转型升级、化解过剩产能等政策，使其紧密衔接、全面融合。根据新情况、新变化，对就业政策及时加以调整、改进和完善，研究出台一批新政策。做好政策系统设计，增强就业政策配套性、协同性。加强政策落实及其实施成效的监督检查。建立就业政策及经济社会政策对就业影响和效果评估机制。加强就业重大政策前瞻性研究。加强就业政策宣传。

（六）着力加强就业公共服务

要进一步把加强公共就业服务，健全服务机制，优化服务环境，以服务促就业，作为就业工作的重要措施。围绕促进就业，完善公共就业服务功能，丰富服务内容，拓宽服务范围，创新服务形式，完善服务手段，改进服务工作，提升服务能力，全面提高公共就业服务效率和水平。增强服务针对性、实效性，为劳动者提供便捷优质高效的公共就业服务。大力推进就业公共服务体系建设，形成覆盖城乡统一均等的公共就业服务体系。加快城乡基层公共就业服务机构和平台建设。整合公共就业和人才服务机构的公共管理服务职能。全面推进公共就业服务的专业化、标准化、均等化、规范化、科学化和信息化建设。健全城乡均等的公共就业服务制度，完善政府购买公共服务制度。有效地开展公共就业创业服务活动。加强就业综合信息服务体系建设，建立覆盖全省的就业信息公共服务平台，实现全省就业信息统一联网，为城乡劳动者提供全面及时准确的公共就业信息服务。

（七）着力强化人力资源市场服务

要围绕完善市场机制，充分发挥市场决定性作用，加快推进人力资源配置和就业体制机制改革创新，推进人力资源市场体系和功能建设。消除各种障碍，充分发挥市场对促进人力资源流动和优化配置的作用。进一步整合人才市场、劳动力市场，加快形成完善统一、开放、规范、灵活的人力资源市场。围绕城乡就业市场一体化，建立完善覆盖城乡的人力资源市场体系。积极培育发展专业性、行业性市场和区域性中心市场。推进人力资源市场信息网络建设，建立覆盖面广的市场供求信息共享平台，完善人力资源市场信息发布制度，促进信息资源共享。加强政策引导和扶持，促进人力资源服务业健康发展。加快推进人力资源服务专业化、信息化、产业化、国际化。推进人力资源服务业诚信体系建设。推动人力资源服务产业园区发展。打造一批人力资源服务品牌。推进人力资源服务创新，扩大服务供给，不断提升服务就业创业的能力和水平。进一步规范市场行为，完善人力资源市场监管制度和体系，建立健全统一规范的人力资源市场管理制度和运行机制。努力营造公平、有序、良好的就业市场服务环境。

（八）着力提高就业综合质量

要将提高就业质量和稳定性作为就业工作的一个重点和重要任务。坚持扩大与提高、数量与质量并重的促进就业方针，健全促进就业质量提高和稳定性增强的长效机制。除了提高劳动者素质、完善和落实就业相关政策等促进就业质量和稳定性提高的措施外，还要从调整收入分配格局、完善工资制度、改善劳动环境和员工福利，完善社会保障制度、规范企业用工、维护劳动者合法权益、构建和谐劳动关系、建设良好的企业文化、建立健全失业预警预防机制等方面，促进综合就业质量和稳定性提升。

B.18

城乡青年创业意愿调查与思考

——基于河北省的调研

李 茂*

摘　要：	十八大报告指出："就业是民生之本。要贯彻劳动者主动就业、市场调节就业、政府促进就业和鼓励创业的方针。促进创业带动就业。"本文依据大量的问卷调查，从不考虑创业、放弃创业、正在创业和创业成功4个层面，分类系统地对当下城乡青年的创业意愿的现状和形成根源进行了概括分析，对城乡青年创业情况进行了整体判断，并提出了改进意见。
关键词：	创业意愿　城乡青年

2014年4~6月，笔者为了更准确地把握河北城乡青年的创业意愿，以及影响他们做出具体选择的诸多因素，特会同团委、高校等有关部门和专家，从不考虑创业、放弃创业、正在创业和创业成功4个意愿层面，通过网络和现场随机发放问卷、座谈走访等方式，对全省11个地市的近3000名城乡青年进行了问卷调查；另对近1000名青年进行了走访，在20多个部门就青年创业意愿和环境进行了座谈讨论。最终，我们按照回收的有效问卷，并结合走访和座谈了解的实际情况，对做出不同创业意愿选择的4种情况分别进行了深入的分析研究，并对河北城乡青年的创业概括进行了分析概括。

---

* 李茂，河北省社会科学院社会发展研究所副研究员，研究方向为社会政策、社会保障。

一　调查总体概况

本次调查，我们以全省 176 个县（市、区）和 10 所省内高校为调查点，以 16 ~ 45 岁城乡青年为调查对象，通过问卷、走访和座谈等多种形式，对城乡青年的创业意愿进行细致调查。共下发问卷 3000 份，收回有效问卷 2141 份，并随机对近千名青年进行了访谈。

在有效问卷中，性别分布较为合理，男性占 62.7%，女性占 37.3%；年龄涵盖各个阶段的青年人，其中年龄 16 ~ 25 岁的占 38.3%，26 ~ 30 岁的占 30.6%，31 ~ 35 岁的占 14.5%，36 ~ 40 岁的占 7.3%，40 岁以上的占 9.3%；被访者城乡分布较为均匀，其中生活在农村的占 29.7%，生活在乡镇的占 10.9%，生活在县城的占 33.9%，生活在地级市以上城市的占 25.5%；被访者的学历主要集中在高中及以上，其中高中学历者占 10.6%，中专、职高、技校学历者共占 12.6%；大专学历者占 24%，本科学历者占 38.3%，研究生及以上学历者占 3.4%；不同创业意愿的被访者中，没有考虑过创业的占 35%，考虑过但放弃创业的占 30%，准备和正在创业的占 19%，创业成功的占 16%。

二　各种创业意愿分析

（一）没有考虑过创业的被访者分析

1. 没有考虑过创业被访者的基本情况

根据问卷分析结果，此次调查到的没有考虑过创业的被访者共 748 人，占全部被访者的 35%。被访者的年龄分布主要集中在 16 ~ 35 岁，占到了全部被访者的 94%；受教育程度如图 1 所示，主要集中在初中、高中、大学本科和专科学历者，占到全部被访者的 87%；工作状况如图 2 所示，主要集中在有固定工作、务农、流动打工这 3 种情况，占到全部被访者的 86%，

被调查者的居住地城乡分布较为均匀，农村、县城和大城市基本上都是各占30%。

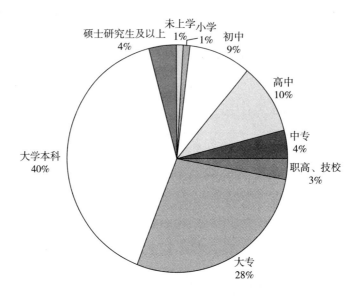

图1 不考虑创业者的受教育程度分布

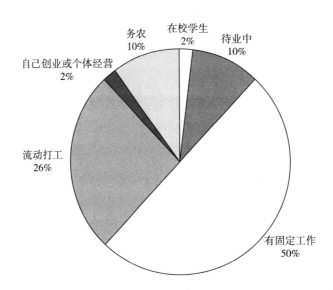

图2 不考虑创业被访者的工作状况分布

2. 被调查者不考虑创业的原因分析

根据问卷统计结果，不考虑创业的原因主要集中在"能力不够""向往稳定的工作和收入""对现在工作和生活较为满意"三方面，分别占到了36%、38%和20%，另有43人（6%）将"不了解什么是创业"作为不考虑创业的原因。以上的各种原因又有不同的表现和根源。

（1）能力不够主要体现在缺乏资金、头脑和社会关系三方面。

根据问卷数据，能力不够占到了不考虑创业原因的36%，但被访者认为自己能力不够的表现又是多方面的。如图3所示，主要表现是"没有创业的头脑""没有创业的资金"和"缺乏社会关系"，分别占到了总被访者的28%、37%和24%，这表现出不考虑创业者在资金筹措能力、开拓创新能力和社会交往能力存在明显不足。另外，还有占11%的被访者是因为"身体健康状况不允许"和"怕吃苦受累"才不考虑创业，这表明这些人对创业艰辛的理性预期和对自身健康状况的准确把握，另外也反映出少数人贪图安逸的心理倾向。总体而言，城乡青年不考虑创业的能力"瓶颈"虽然大多为资金和技术问题，但非资金和技术因素，尤其是社会关系因素极大地

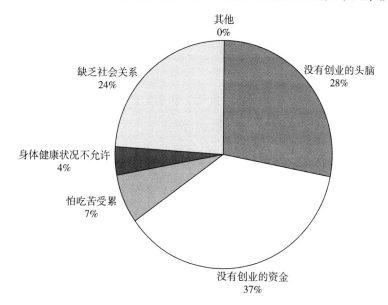

图3 能力不够的主要原因分布

影响着他们的创业意愿。

（2）现实的择业观让城乡青年更倾向于稳定工作而非创业。

第一，被访者自身的择业观更倾向于寻找稳定工作。依据数据，不考虑创业的被调查者中，有52.8%的人认为"有稳定工作和收入更幸福"，这预示着这部分人会更多地选择择业而非创业。第二，社会上存在着机关事业单位、好的国有和知名企业人士社会地位认可度高的隐性共识。被调查中，有37.7%的人认同上述共识，这成为引导就业的一种无形力量，限制了许多具备创业条件青年的创业选择。第三，家长图稳的择业观影响着青年的创业意愿。调查中，有19.4%的被访者因为父母反对创业，希望儿女稳定而选择不考虑创业，所以，家长对青年创业的影响非常大。

（3）知足常乐的生活态度令青年放弃创业想法。

调查中，满足于当下工作和生活现状而不考虑创业的被访者占到了总数的20%。根据进一步分析，被访者满足于当下的生活和工作状况主要是基于"收入稳定、家庭幸福，去创业没有必要"和"收入虽不高，但知足常乐"两个主要原因，分别占38%和42%；另外基于不忍放弃现有社会关系和受身边创业失败者负面影响的分别占8%和12%。

（4）少数城乡青年对何为创业仍不甚了解。

"不了解什么是创业"虽然在整个不考虑创业的原因中所占比重较低，仅为6%，但其中隐含着我们政策宣传、氛围营造乃至政策执行过程中的诸多问题。通过具体分析我们了解到，所有"不了解什么是创业"的原因中，因为学习和工作太忙而无暇考虑创业问题的占33%；根本不了解河北目前创业政策的占31%；现在的创业政策不足以鼓励创业的占20%；还有16%的人连创业的含义都不知道。这些数据迫使政府必须重新调整创业政策的宣传引导策略。

3. 当前不考虑创业被访者未来的意愿转换预期分析

（1）年龄与受教育程度是意愿转换的基础因素。

根据统计数据，目前不考虑创业的被访者有54.9%的人今后也不会考虑创业问题，而有45.1%的人今后会考虑创业。通过数据交叉分析可以看出，未来会转变意愿考虑创业的被访者年龄主要集中在 16～35 岁的青年，占总数的 95% 以上；受教育程度主要集中在大专及以上和初中文化学历，占总数的 89%；城乡之间的分布较为均匀，除去乡镇较低为 10% 外，其他农村、县城和大城市的分布基本上是 30% 左右。所以，决定不考虑创业被访者未来意愿变化的个人基础因素是年龄和受教育程度。

（2）创业意愿转换需要诸多外在条件配合。

影响被访者转换意愿，开始考虑创业的外部因素较多，但比较集中在未来周围的创业氛围浓厚、资金积累增多、专业培训引导、更方便地获取创业政策支持和创业扶持政策力度更大五方面，分别占 27%、19%、16%、10% 和 16%；另外当家庭出现重大变化和需要寻求资金保值增值途径的分别占 7% 和 6%，所占比例很低。概括而言，能够促使被访者转变观念的外部因素主要依靠周围创业氛围的增强、自身资金积累的增加、国家政策扶持力度的加大和便于申请以及个人能力信心的增强。

4. 对于"没有创业意愿"的综合评价

（1）诸多青年不考虑创业的重要原因是不"能"创业。"能"指的是能力，由于缺乏对创业的必要了解和基本能力导致青年创业意愿薄弱。从表面看，青年不考虑创业的原因涉及家庭影响、资金限制、自身技能和心态、社会关系、价值取向、政策了解、社会氛围等诸多因素，但最关键的因素是他们不具备创业的现实能力，即缺乏进行实际创业的诸多现实条件，例如资金、技术、社会化关系等必备因素，这部分人占了全部不考虑创业被访者的 36%。

（2）整个社会的就业观念滞后、创业氛围淡漠。从被访者对稳定工作的向往和对现在工作的满意程度不难看出，城乡青年的整体就业观念比较滞后，创业和拼搏意识较差，大多数受家庭和自身价值判断的影响，把工作的稳定、较高的社会认可、生活得舒适作为自己选择工作的优先条件。综合而言，全省尚未形成浓厚的创业氛围，青年的主动竞争、艰苦创业的观念滞后。

（3）创业政策的制定、宣传和执行上仍需改进和完善。从被访者不了解什么是创业到希望创业扶持政策不需要找关系，可以更快捷地执行和申请

的愿望，再到对未来创业扶持政策门槛更低、力度更大的热情期望，无不反映出全省创业扶持政策从制定到宣传引导，再到具体执行等各个环节的不尽如人意。所以，全省创业扶持政策应从加大扶持力度、提升宣传引导效果、便民快捷执行等各个方面扎扎实实地开始逐步完善。

（4）将不考虑创业者转变为现实创业者大有可为。从上面的分析可以看出，被访者创业意愿的转变除了与年龄和受教育程度这两个基本要素相关外，更多的是受外部因素变化的影响，所以这也是我们的可为之处。只要我们在营造社会创业氛围、改善创业扶持政策、加强专业创业培训、拓展融资渠道等方面工作到位，鼓励更多具备能力的城乡青年参与到创业行动之中是现实可行的。

（二）"考虑过但放弃创业"的情况分析

1."考虑过但放弃创业"被访者的基本情况

"考虑过但放弃创业"的调查对象共399人，其中男性占60.8%，女性占39.2%，性别比例基本平衡。从年龄结构看，被访对象主要是16~40岁的青年人，占总数的97.7%；从学历结构看，被访对象大部分为大专及以上学历，占总人数的69.7%，其中大学本科及以上学历195人，占总数的48.9%；从居住地结构看，农村、城市被访对象较为均衡，居住在农村的被访对象占29.2%，居住在乡镇的占9.1%，居住在县城的占35.5%，居住在设区市的占26.2%；从工作状况看，有固定工作人群和流动打工群体占较大比重，分别占了被访总数的38.7%和32.6%。从以上数据可以看出，选择"考虑过但放弃创业"的人群主要是高学历、有固定工作或经常流动打工的青年人，这些人有一定的生活阅历和综合素质，是创业发展的潜在群体。

2. 放弃创业的原因分析

（1）缺乏资金是制约创业的主要"瓶颈"。

在选择放弃创业的被访者中，有77%的人缺乏创业资金，在所有原因中所占比重最高。无疑，资金是制约创业意愿转为实际行动的主要"瓶颈"。深入分析发现，资金缺乏主要由两个原因造成：一是筹资方式保守。从调查情况看，城乡青年对创业资金的筹措方式相当保守，基本以家庭和亲友的现有资金储蓄为基础，这导致了81.5%的被访者认为放弃创业是因为自有家庭资金不足难以支撑创业。二是融资渠道狭窄。被调查的放弃创业者中，有23.5%的人不知道如何申请小额贷款，有24.8%的人没有找到第三方投资，有19.2%的人无法获得政府扶持资金，这些都体现着城乡青年创业融资渠道狭窄的严峻现实。

（2）缺乏好项目是影响有能力创业而放弃创业的直接原因。

好的项目是创业顺利开始的前提，也是影响创业以后顺利发展的关键。而调查数据显示，在放弃创业的原因中，选择"没有好项目"的占到了58.1%，即有超过一半的人因缺乏好项目令创业根本无法启动。缺乏好项目的根源主要是好项目的寻找难度大、缺乏专业的创业培训以及薄弱的社会关系。

第一，好项目难于寻觅。在商品供应饱和、市场竞争日趋激烈的当下，寻找一个投资收益较为理想的创业项目并非易事。调查中，认为竞争激烈、人才多、好项目越来越难找的被访者占39.3%；认为垄断严重、小企业发展空间受阻的被访者占14.8%，即有超过一半的受访者认同创业项目难找的严酷现实。

第二，缺乏专业的培训令创业者对项目选择处于迷茫状态。调查显示，因为缺乏必要而专业的创业培训，有47.2%的被访者根本不知道如何寻找好项目，并且有29.7%的被访者认为获得好项目的信息渠道少，信息真伪难辨，这令不少想创业者感到无所适从。

第三，薄弱的社会关系限制了创业者对好项目发掘的眼界。调查中，有46.7%的被访者认为社会关系少、阅历差，发现不了好项目。这部分人大多为刚毕业的大中专毕业生和农村流动打工人员，他们的社会经历单一、阅历浅薄、社会交往面狭窄，导致他们将社会关系作为发现好项目的主要途径；有44.1%的人更是放弃深入的市场调查。对社会关系的过于依赖和狭隘的眼界，严重制约着他们对好项目的寻找。

（3）风险意识令诸多被访者主动放弃创业。

调查中，有54.7%的被访者认为创业风险太大，自己无法承担。而这些风险主要集中在缺少经验、预期盈利空间小这两个方面。共有74.30%的人认为缺少经营经验，经验风险较大；共有62.40%的人认为各种成本攀升、预期盈利空间小，风险不可控；还有34.4%的人认为整个经济大环境不好，经济下行，创业风险变相增加（见图4）。这一方面表明，被调查者有理性分析能力和风险意识，对创业有诸多判断和预期；另一方面也存在准备创业者对风险预期估计过大的问题，对陌生领域望而却步，对未来市场的悲观态度，影响了他们对创业的进一步实施。

3. 考虑创业者进行创业行业目标选择的特点

对于多数考虑创业者来说，在哪个行业中进行创业还是比较明确的，74.9%的人在考虑创业时就定下了目标行业。占比较多的目标行业分布状况是：住宿、餐饮、娱乐业为23.1%，加工、制造业为12.7%，农、林、牧、副、渔业为12.3%，批发零售业为12.3%，网上开店为10.8%，文化、旅游业为8.2%，这几个行业在全部备选行业中占了79.4%。

考虑创业者对目标行业的选择揭示了三个特点：一是河北城乡青年创业者选择目标行业还是以传统行业居多，例如住宿、餐饮、娱乐业、加工制造业、批发零售业等。二是成本小的新兴行业进入了创业者的视野，例如文化、旅游业，网上开店、线上交易等。三是科技含量较高的高端行业几乎没有在河北青年创业者的考虑范围之内。

4. 对考虑过但放弃创业的综合评价

（1）考虑过创业的人是未来创业的潜在人群。

对考虑过创业的群体来说，他们更有意愿创业。这部分人富有理想，有实现自己人生价值的冲动，在创业中表现得较为积极，加之他们多为刚走出校门的大学生，面临寻找工作的压力，面临改变自己生活状况的压力，创业是他们进入社会众多选项中的重要一方面。

他们更有条件创业。这部分人多数是16～35岁的年轻人，具有年龄优势，经历旺盛、善于开拓、在困难面前有跌倒再爬起来的机会，无论创业成功与失败，对他们来说都是人生经历和宝贵财富；这部分人大多数具有大中专及以上的学历，有基本的知识积累和学习能力，社会适应性相对较好，这些都是创业者需要具备的基础条件。

（2）有过创业考虑的人在理想与现实之间徘徊。

有过创业考虑的人多为高学历的青年人，他们朝气蓬勃，容易接受新事物；他们有自己的同学或同事圈子，做事情容易联合起来；他们刚进入社会，希望展现自己的才华，有所作为。但同时他们也面临着许多现实制约，这些制约是实实在在的，在关键时刻极有可能终止他们的创业冲动，这主要集中在3个方面：一是创业资金的缺乏。对于没有任何资金积累而且融资渠道狭窄的年轻人来说，创业是困难的，这意味着他们很难迈出创业的第一步。二是家人反对。较小年龄段的计划创业者受家庭影响比较大，他们在家庭中处于依附地位，父母更愿意把仅有的家庭资源用在他们的择业上，在权衡博弈之后，他们大多会尊重家人的意见而放弃创业的想法。三是不乐观的创业环境。当前全省各地都有意无意地放慢了经济发展速度，各种成本普遍攀升，加之一些行业进入门槛又偏高。所以说，许多考虑创业的人，在没有迈出创业步伐的时候就因为方方面面的阻力而选择了放弃。

（3）经济大环境好转、抗风险能力增强是激发起创业者重启创业的关键。

调查中，在回答重启创业的原因时，43.1%的人选择了经济环境好转，各种成本降低；43.5%的人选择了个人或家的资金积累增多，抗风险能力增强；10.6%的人选择了个人或家庭储蓄资金过大，需要寻找保值增值的投资方式；13.7%的人选择了家人转变态度，支持创业；26.7%的人选择了专业的创业和职业培训后，开拓了思路，增长了技能；15.3%的人选择了创业扶持政策不需要找关系，可以更方便、快捷地执行和申请到的时候；16.5%的人选择了现有的创业扶持政策门槛更低、力度更大的时候；26.3%的人选择了通过各种渠道或市场调研，发现真正值得投资的好项目时；3.9%的人选择了当地社会治安状况好转，经济的不确定因素降低；24.3%的人选择了

各种社会关系和学识积累到一定程度。由此可见，创业者对其重启创业的原因认定并不是很统一，至少有 10 种原因影响着他们的行为选择，也不难看出其中的影响层次关系，其中，经济大环境好转、创业成本降低和个人或家庭的资金积累增多、抗风险能力增强属于第一层级；有专业的创业和职业培训、专业技能增长，通过市场调研发现好项目，各种社会关系和学识的积累属于第二层级；家庭资金需要增值保值投资、家人支持创业、创业政策更优惠、当地的社会治安状况良好属于第三层级。

（三）"准备和正在创业"的情况分析

1. "准备和正在创业"的被访者基本情况

本次的有效问卷中，将"准备和正在创业"作为意愿选择的被访者共有 643 人，占全部被访者的 30%，其中男性占 65.8%，女性占 34.2%；年龄也主要集中在 16～35 岁，占持此种意愿人数的 94%；学历绝大部分是初中以上受教育程度者，研究生及以上的高学历被访者不多，仅占 3%；他们选择城镇（县城或乡镇）进行创业的占 44%，选择在较大城市（省会或设区市）的占 27%，选择农村的占 21%；投资主要集中在 30 万元以下，其中投资 1 万～5 万元的占 28.7%，投资 5 万～10 万元的占 31.3%，投资 10 万～30 万元的占 19.6%。30 万元以上的投资者仅占全部准备和正在创业者的 20.4%。被调查者的工作情况如图 4 所示，自己创业或个体经营人员占 40%，流动打工人员占 17%，有固定工作人员占 21%，待业人员占 12%，务农人员占 8%，而在校学生仅占 2%。总体而言，开始创业行动的人员受教育程度较高，男性人数接近女性的 2 倍，年龄在 35 岁以下的特征非常明显，而创业地点的城乡选择几乎没有差异，投资额普遍偏低。

2. 准备和正在创业的综合状况分析

（1）创业原因可分为主动和被动。

创业是大部分人的主动选择。根据调查分析，被访者中有 74% 的人是由于内心冲动、他人成功激励、家庭和周围环境影响、创业扶持政策和媒体引导等因素主动做出的选择，这其中内心冲动和他人成功激励所占比重最

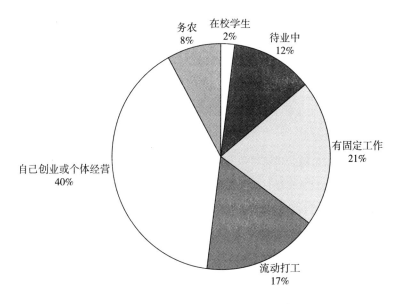

图4　准备和正在创业被访者的工作情况

大，分别为 26% 和 13%。

一些人是被动走上创业道路。调查数据显示，有 24% 的被访者是因为各种外界原因被动地开始创业之路。这些原因主要是"好工作难找、创业是不得已的选择"和"家庭开销大，通过创业增收"两种被迫式选择。

但无论主动与被动的创业选择，都体现了创业者内心向往美好生活的强大动力，另外也说明外界环境的变化对个体创业意愿的巨大影响。

（2）创业起步阶段的目的朴素而明确。

根据调查统计，绝大多数准备和正在创业者创业目的明确，主要集中在为家庭谋求物质收入和证明自身价值两方面，分别占到了创业目的总数的 45% 和 40%。这反映了创业起步阶段目的朴素而明确，表达了创业者内心的真实需要。

（3）创业者的行业选择特点。

第一，所选行业多元化。如图 5 所示，被访者选择的创业行业涉及第一、第二、第三产业的诸多领域，并且涵盖了创意设计、网上开店、管理咨询等诸多新型产业。可见当前创业者的行业选择非常广泛，这是市场需求多

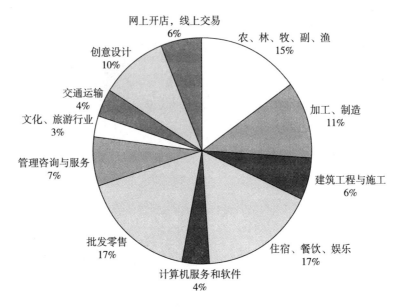

图5 创业行业分布

元化和个性选择多元化相结合的必然结果。

第二，所选行业低端化。从行业选择统计结果可以看出，创业者所选行业集中在批发零售、餐饮娱乐、农林牧副渔和加工制造4个传统行业，占全部所选行业的70%，这些行业全部为传统和低端行业，其特点是劳动力密集、投资额度偏低、同质化严重等。而对于创意设计、计算机软件和管理咨询这些行业的选择非常少，仅占全部被选行业的21%。

第三，所选行业分散化。从图5不难看出，被访者选择的创业行业涉及传统、现代和高新科技等各个领域，选择最多的5个行业所占比重分别为17%、17%、15%、11%和10%，行业并未过度集中，选择分散特点明显。这反映出城乡青年的创业选择较多，并且各行业的利润率趋同，某行业若想获得超额利润几乎不可能。

（4）创业选择行业遵循的特定规律。

第一，居住地和受教育程度是行业选择的基础性因素。通过交叉分析，我们了解到，被访者的居住地与所选行业有很强的相关性，例如选择农业项目的60%左右居住在农村，选择管理咨询与服务、创业设计行业的90%以上居住在县城及其以上的城市；被访者的受教育程度与所选行业也有极大的相关性，例如管理咨询、计算机软件与服务、文化旅游、创意设计等行业的参与者中，几乎没有高中以下学历的。所以，居住地和受教育程度是城乡青年选择创业项目的两个基础性因素。

第二，选择行业以兴趣和市场为导向。统计分析显示，兴趣和市场是决定创业者所选行业的首要因素，占到全部行业选择原因的57%。无疑，兴趣和市场是创业者选择行业的导向，是进入行业的初始原因。

第三，行业选择以资金和人脉资源为支撑。从数据分析结果看，被访者依据现有资金和人脉进行行业选择的占84%。这反映出创业者以资金和人脉作为选择行业的基础条件，也是他们能够真正开始创业的支撑。

第四，行业选择以政策扶持、丰厚利润和风险控制为补充。调查中，有27%的受访者因为控制风险、政策扶持和利润丰厚而选择创业行业。这反映出创业者选择行业主要是依据多方面条件做出的理性判断，而现有创业政策的引导作用还没得到广泛响应和充分发挥。

（5）创业准备很不充分。

创业准备也可看作创业活动得以启动的前提条件。通过数据分析汇总我们得出，正在创业的被访者中有62%的人取得了家庭的支持，仅有42%的人做了深入的市场调查，有33%的人做好了承受失败的心理准备，而只有25%的人资金已经到位，而其他如场地准备、团队、获取小额贷款、接受培训等的准备都未超过15%，所以总体而言，准备和正在创业者的准备并不是很充分。

（6）创业的突出困难和未来担忧事项。

第一，眼前诸多突出问题阻碍创业。根据分析，正在创业青年所面临的困难较多，也较为分散，但突出的困难主要是资金短缺、经营管理经验不足、社会关系欠缺、市场调研不深和专业培训的缺乏等几方面。在准备或正在创业的被访者中有43.7%的人缺乏资金；有32.6%的人管理经验不足；有30.3%的人社会关系欠缺；有29.1%的人对市场研判失误；有26.9%的

人没有接受过专业创业培训和指导。另外还有一些困难,被访者选择虽然不多,却不可忽视。例如有 17.5% 的人感觉缺乏好的创业团队,有 17.3% 的人心理准备不足,有 14.5% 的人无法获得小额贷款或其他政策支持,有 8.6% 的人缺乏创业场地等。

第二,未来担忧事项众多影响创业者信心。依据数据统计,在调查的正在创业者中有 31.1% 担心创业扶持政策不落实或取消;有 16.6% 担心社会治安差,无法正常生产经营;42.3% 担心原来的创业预期过于乐观;有 38.6% 担心经济大环境不好;有 32.9% 担心同行恶意竞争;有 27.4% 担心重大突发事件;有 12.9% 担心创业团队出现问题;有 10.9% 担心家庭对创业产生负面影响。

(7) 对政府的期望很高。

根据有效的问卷分析,准备和正在创业的被调查者中,有 56.8% 的人希望政府提高创业贷款标准、降低贷款难度;有 18.5% 的人希望政府整治社会治安,规范市场秩序;有 42.3% 的人希望政府在税收、注册等方面加大创业的政策扶持力度;有 46.6% 的人希望政府加快创业服务信息平台建设;有 33.8% 的人希望政府加强创业和技能培训;有 33.5% 的人希望政府确保扶持政策的真正落实;还有 30.1% 的人希望组织创业联系会,拓展人脉。总体而言,被调查者对政府在诸多工作方面都提出了希望,而且关注人数基本都相当,这也从侧面证明了政府在诸多方面工作的欠缺和不到位。

3. 对"准备和正在创业"的综合评价

(1) 城乡青年之间有相似的创业热情,城乡均有创业空间可为。

从上面的分析可以看出,城乡青年选择创业的人数基本相当,就创业而言城乡之间没有本质性的差异。因为有宽泛的行业选择,而一些行业随着社会的进步也基本不存在城乡差异,所以青年无论选择在城市还是乡村创业,都会有足够的创业空间。基于这种判断,未来创业扶持政策可考虑向农村青年延伸,并根据他们的特点与要求进行有针对性的引导,以适应十八届三中全会对农村经济发展提出的新要求。

(2) 新创业者面临诸多现实问题困扰,成功难度较大。

　　根据上面的信息可以看出，准备和正在创业的被访者面临的困难和担心的问题非常多，从资金、团队、社会关系、管理经验的个人因素，到社会治安、恶意竞争、经济环境、创业扶持政策等宏观经济社会因素。另外，问题和困难都非常分散，没有哪个因素所占比重特别突出，而每个问题都事关创业能否成功。再者被访者的准备也不是很充分，只有42%的人做了深入细致的市场调查，只有33%的人做好了承受失败的心理准备，甚至只有25%的人资金到位，其他如场地准备、团队、获取小额贷款、接受培训等的准备都未超过15%。所以面对如此多的困难和忧虑，而又如此不足的准备，想突围成功，其难度可想而知。

　　（3）青年对政府期望过高，政府的政策扶持引导不尽如人意。

　　从创业者面临的困难、未来的担忧和对政府的期待都能从背后折射出政府在创业扶持和引导工作的不到位。例如被访者中，有31.1%的人担心创业扶持政策不落实或取消；有42.3%的人希望政府在税收、注册等方面加大创业的政策扶持力度；有46.6%的人希望政府加快创业服务信息平台建设；更有56.8%的人希望政府提高创业贷款标准、降低贷款难度；还有16.6%的人担心社会治安差，等等。以上足以说明，青年对政府的期望过高，而政府在营造全省良好创业氛围，真正扶持引导城乡青年创业方面的工作仍有不足。

　　（4）创业者的范围在不断拓宽。

　　通过交叉分析我们了解到，准备和正在考虑创业的被访者中有超过21%的人有固定工作，有8%还在务农，有16%在流动打工。基于这些信息，充分说明当下的创业者来自诸多阶层和工作岗位，创业者的范围正在不断拓展。所以对一些传统创业的概念要进行新的理解和阐述，一些创业政策也应当依据新情况进行必要的调整和完善。

　　（5）创业者不会因为失败而轻易放弃创业行为。

　　根据统计结果，正在创业的被访者如果本次创业失败，未来会有41%的人表示会选择积累经验和资金，寻找下次创业机会；有39%的人会重整精神继续创业；有18%的人会选择冷静思考一段时间再说；仅有2%的人明

确表示如果失败将不再考虑继续创业。不难看出，城乡青年一旦开始创业，未来意愿转换的难度非常大，无论成功与失败，大部分创业者会在创业路上一直探索奋斗下去。

（6）一些创业忧虑必须予以特别重视。

值得特别关注的创业忧虑主要是"恶性竞争"和"治安状况"。数据显示，有32.9%的人担心创业后的恶性竞争，有16.6%的人担心创业后的治安状况影响正常经营。恶性竞争主要反映了市场自身的盲目和政府宏观引导的缺失，必须通过宏观产业政策引导和行会等组织有序规范，遏制当下一些行业存在的恶性竞争行为；而担忧社会治安背后反映的更多的是对菜霸、路霸、果霸等以各行业为牟利点的各样非法垄断组织或个人的惧怕和无奈。所以这些担忧不仅仅是经济问题，还是关乎民生的社会问题，必须予以高度重视，重点规范和打击。

（四）"创业成功"的情况分析

1. "创业成功"的被访者基本情况

本次创业成功人士的调查对象共351人，其中男性占78.1%，女性占16.5%，男性明显多于女性。从年龄结构看，被访对象主要是26~40岁的青年人，占了被访问总数的86.3%；从学历结构看，被访问对象主要集中在两个学历层次内，一是初高中学历（中专、技校）占了总人数的45.3%，二是大专及本科学历占了总人数的51.9%，高学历人数略高于低学历人数，但总体相当；从居住结构看，在农村居住的占31.9%，乡镇居住的占12.8%，县城居住的占43.9%，在设区市居住的占10.3%，从中可以明显看出，农村创业者和县城创业者占了较大比例；从工作状况看，这类群体基本上是自己创业、个体经营，占总人数的90.9%，也有少数人为兼职创业，占总人数的4.8%。从以上数据可以看出，创业成功人士与其他3类被访对象相比，在年龄上有偏大趋势，其中31~35岁居多，占6个年龄段的1/3强，在学历上似乎并没有显示出高学历者的创业优势，在居住地上呈现两极突出，即农村和县城居民创业者较多。

2. 创业成功者具备的条件分析

（1）创业成功者在创业之前准备充分。

绝大多数创业成功者在创业之初都有相对充分的准备，从资金准备到市场调研，从扩展社会关系到吃透政策精神，他们都做了许多扎实细致的工作。在资金准备上，他们并不仅限于单一的渠道，除了利用家庭储蓄和亲友借款，他们还选择向银行贷款、寻找第三方投资和申请政府帮扶资金等方式筹资，其中以银行贷款为多数，有37%的人有过银行贷款经历。多渠道的融资方式，使他们在资金准备上较为充分，奠定了创业基础。在市场观察上，他们有准确的判断，这主要来源于他们对市场的深入调研和在该领域的摸爬滚打，56.6%的创业成功者在创业之初有过深入的市场调查，使得他们在进入该行业后，目标明确、定位准确。另外，他们在拓展人脉关系和领会政策精神上也做了大量细致的工作，17.3%的人认为在经营过程中拓展自己的人脉关系很重要，22%的人争取到了政府创业政策的扶持，这些外部条件对创业者的行动起到了很好的促进作用。

（2）创业成功者多具备创业的现实条件。

创业成功者在创业时所拥有的现实条件是充分的，主要表现在三方面：一是对创业行业较为熟悉。创业成功者一般为对自己所进入的行业比较熟悉，或者在该行业工作过，或从事的工作与该行业有着千丝万缕的联系，以便于他们可以通过便利的市场调查了解该行业的市场前景；也可以说，他们可以根据自己的经验判断对市场前景做出准确预估，有36.5%的受访者认为自己对创业行业有深入的了解，可以驾轻就熟。二是对所从事行业充满兴趣。29.9%的受访者进入创业行业跟自己的兴趣爱好密切联系，有的是所学专业与本行业相通，有的是纯粹的兴趣爱好，有的是在本行业有一定的经历，认为自己的特长在此能够发挥。无论是哪种情况，兴趣使他们对创业行业比他人有更多的了解。三是在所选行业有其他基础。25.2%的被访者是因为在该行业人脉关系广、社会资源多才选择了在此行业创业。综合而言，创业成功者在创业中更注重现实条件，更注重实际需要，更注重为自己企业发展寻求便利。

（3）创业成功者多受过创业氛围熏陶。

创业成功者多是受到过创业氛围的熏陶而选择创业的，在创业氛围影响中，家庭影响是第一位的，31.1%的人是因为家庭的影响才走上了创业道路；周围创业氛围的影响，有11.9%的人是因为朋友创业成功的激励而开始创业的，10.1%的人是因为创业扶持政策的引导而选择了创业。可以看出，创业氛围的熏陶是创业者真正由考虑创业迈向创业行动的外部条件，他们的生活圈子给了他们积极的引导，如家人的支持、朋友或者熟悉人的创业成功，会进一步促使他们做出创业决定。另外，通过数据分析还可以看出，创业扶持政策虽然在创业氛围中的影响面不是太大，但还是在一定范围内起到了促进作用。

（4）创业成功者更重视利用政府的帮扶。

创业成功者能够充分利用有利于本企业发挥的社会资源，包括政府资源，他们更关注扶持政策对其创业带来的实际好处和便利，而很少受宣传倡导的影响。例如他们都非常重视政府提供的创业平台，43.5%的创业者表示他们在政府搭建的创业平台中受益，通过平台获取市场信息、交流经验、拓展人脉和扩大联系；另外，创业成功者更看中政府提供的创业技能培训，因为在创业的实践中，他们更能体会到知识的不足和能力的不及，有36.9%的创业成功者参加过政府举办的创业培训和技能培训并从中受益。

3. 创业成功者当前经营中的困难

创业成功者的经营困难突出表现在以下四方面：一是维持企业运营的成本增加。在当前和今后一段时间内，经济大环境不景气的状态会持续存在，房租、人工成本持续增加，给创业企业带来了压力。二是运营资金缺口。运营资金的困难也是他们遇到的主要问题，超过三成的创业者表示自己企业存在运营资金缺口，缺少新的资金注入，而银行贷款难，融资成本高，直接影响到企业的资金运转。三是管理经营落后。科学的管理方法和现代的经营方式是创业企业迫切需要解决的问题，37.7%的创业者表示自己企业的经营理念和管理方法仍需学习提高，这也说明了创业者对创办企业的现实需要和长远考虑有比较清晰的认识，越来越认可和重视经营管理软件要素。四是同行业恶性竞争严重。一些领域市场秩序混乱、同行业之间恶性竞争，直接影响了创业企业的健康发展，甚至是许多创业失败的重要原因。

4. 对创业成功的综合评价

（1）创业成功者有丰富的经验阅历，代表了河北创业发展的方向。

创业成功的群体在年龄上为 35 岁左右，比考虑创业和准备创业的人群的年龄稍大，但仍属于较为年轻的人，他们富有激情，有闯劲，观察事物较为实际，能抓住问题的关键，是河北创业发展不可或缺的中坚力量。较为丰富的社会经验和人生体验，使他们对创业的认识更加客观，他们的观点能够体现出对政策调整的要求，他们的经营困境更能反映出经济发展的大形势。在这类群体当中的年轻人，有干劲，有责任感，是一批不可缺少的中坚力量。

（2）河北创业者产生的 3 种背景。

创业者是怎么出现的，我们归纳为三大类："激"出来、"带"出来和"逼"出来。"激"出来的创业群体主要在发达地区，比如唐山，因为唐山经济发展较快，对外联系较多，所以唐山的创业者相对头脑灵活、视野开阔。许多年轻人在生产发展的选择中，不创业就意味着落伍，跟不上时代，所以唐山"激"出来的创业者较多。"带"出来的创业群体主要集中在某个产业集中发展的地区，例如邢台宁晋，当地的汽车配件和服装业较为发达，形成了一定的规模，在致富带头人的带动下，许多青年选择在上述行业创业，这部分创业群体可称是被"带"出来的。"逼"出来的创业群体主要在贫困地区，例如邢台的南宫市，因为南宫市有一些地区土地比较贫瘠，靠土地难以养活一家人，所以好多人出来谋生，做的时间长了，慢慢地开创了自己的事业。

（3）创业者对政府的建议非常中肯。

解决融资问题和税收倾斜是大部分创业者的呼声。数据显示，有55.5%的创业者希望降低贷款标准，降低贷款难度，控制融资成本；40.9%的人希望在税收等方面加大政策扶持力度。在融资方面，许多创业

企业因为管理水平低、信用缺失、抵押物不符合信贷要求和担保体系建设滞后等方面的原因融资困难，一些创业企业难以从正规金融机构获得贷款，转而向不规范的民间借贷高息融资，虽然一些中小金融服务机构开始建立，但针对创业企业融资的金融体系仍然很不完善。在税收方面，一般的创业企业除缴纳所得税外，还要缴纳城市建设附加费、教育附加费等多项行政性收费；另外，增值税、营业税、所得税起征点偏低，给人们造成了一种创业不如打工的认识。

三　对全省青年创业情况的整体判断

（一）创业有着雄厚的青年基础

综合 4 种创业意愿的分析结果看，城乡青年中大部分有创业动机和热情。填写考虑创业但放弃、准备和正在创业以及创业成功 3 种意愿的被访者本身就代表了具有创业的动机和热情，这部分就占到了此次全部被访者的65%。另外，即使是当下不考虑创业的被访者中，还有 45.1% 的人会因为各种条件的变化而燃起内心创业的火种。所以总体而言，大部分青年都具有创业的热情和动机，并且这一趋势会随着人们观念的转变、社会创业氛围的浓厚，以及就业难度的增大等原因而愈加明显，令创业的青年基础更加雄厚。

（二）创业扶持政策不足，效果不明显

从被调查者对创业的不了解，到多数人在创业决定中考虑扶持政策的偏低，再到创业者对政府提出的若干希望，这些都说明政府前期的创业扶持政策执行效果并不理想。这可能是政策自身的问题，也可能是宣传上出的问题，或者是执行中出现了偏差，总之效果并不明显，有必要用解剖麻雀的办法对这一问题进行深入剖析，以充分发挥政策的扶持引导作用。所以政府和社会在推动青年创业的过程中还有大量工作要做。

（三）创业氛围的营造要务实科学有序

虽然从数据分析上可以看出外部创业氛围与被访者做出创业决定有极大的影响，但基于创业的复杂性和较为困难的现实，在营造创业氛围的过程中必须科学有序。

1. 避免盲目引导

鼓励创业时首先要教育城乡青年不可盲目创业，整个创业活动涉及个人、家庭、资金、经济社会环境、社会关系、专业知识等诸多因素，盲目地启动创业成功的概率极低，对盲目创业者而言则意味着精神和财富的巨大损失。

2. 增强针对性，提升效果

创业引导的人群要更具针对性，不可再单一地针对待业青年和大学毕业生，应该更多地针对真正具备创业能力和条件的城乡青年，包括已有工作和正在务农的人员。

3. 选择科学的评判标准

鉴于他人创业经历对周围人影响的双重作用，即成功者的带动作用，而失败者是消极影响，所以通过专业的培训、完善政策引导和扶持培育出越来越多的成功创业者，是全省形成良好创业氛围的关键。而绝不能以参与创业人数作为创业氛围评判的标准，因为如果参与创业者中有大部分人失败，将是巨大的负面影响，无助于全省创业氛围的形成。

（四）营造适合创业的软环境

从数据分析的结果可以看出，宏观经济环境、社会治安状况和市场经济秩序这些外部因素直接影响着青年有何种创业意愿，并且与创业者未来是否能够成功也高度相关。调查者中有25%左右的被访者担心涉黑势力干扰正常经营，有超过30%的创业者担心恶性竞争，这些都反映了不少地区激烈的市场竞争环境，增加了创业的风险和复杂性。也警示我们，必须通过行政、司法、市场等多重手段努力营造良好的社会经济环境，并通过多种媒体

进行科学的宣传引导，营造适合创业的社会软环境。例如通过良好的社会治安、规范的市场秩序等软环境的构建和宣传，打消城乡青年创业的心理障碍，为真正创业者提高保障。

（五）应将"能创业"和"会创业"作为今后引导全省青年创业的重点工作

基于大部分城乡青年都具有创业动机和热情的情况，所以"想创业"的问题已经基本解决，今后的重点已经变成如何让青年"能创业"和"会创业"两个方面。一方面，多措并举令更多城乡青年具备创业能力。所谓"能创业"就是让青年具备多方面的创业能力，其重点是让更多的城乡青年具备创业头脑、资金和心理这3个关键能力，这些工作应当从学校（主要是职技和高校）教育阶段开始，并通过贴息贷款、专业培训等方式具体引导。另一方面，通过全程指导让青年掌握创业方法，提高创业成功率。所谓"会创业"就是让青年掌握创业方法，预防和克服创业阻力。就目前而言，"会创业"需要通过讲座、培训、具体指导等方式，让想创业并具备创业能力的人了解各种创业政策、把握各种行业特点、预防和化解创业中可能遇到的问题，这部分工作应当从青年决定创业之初开始切入，并伴随创业行动的整个初始阶段。

（六）筹资方式不断演进，应区别对待

通过数据分析可以看出，从准备创业到开始创业，再到创业成功，他们资金的筹措方式不断演进，准备阶段主要的资金筹集方式是以家庭自有和向亲朋好友借钱为主，几乎不考虑贷款融资问题；到了创业阶段，除了家庭和亲友资金外，合伙投资和银行贷款成了不可或缺的筹资方式；而到了创业稍具规模，较为成功的阶段，其资金筹措方式已基本依赖银行贷款。另外通过交叉分析可以发现，投资额度越大，自己来源对于银行贷款、合伙人投资和政府扶持的依赖度越高。例如30万~50万元投资的被访者中有46.3%的人将银行和合伙人投资作为资金来源，在100万元以上的投资者中这一比例则

高达 57% ，而 5 万 ~ 10 万元的创业投资者中这一比例仅为 24.6% 。所以，针对以上这些特点，创业政策在制定的过程中要分阶段区别对待：一是要区分创业者所处的阶段；二是要区分创业的投资额度。然后再有重点地对处于准备和起步阶段的创业者予以扶持，对投资额度较大且切实可行的项目予以帮助。

B.19

河北省大气环境治理中
社会协同状况与改善对策

王立源　张泗考*

摘　要： 在大气环境协同治理中，河北省通过政府、企业、行业协会、社会公众协同治理战略，统筹兼顾、标本兼治，收到了一定的效果，政府间实现了有效合作，行业协会积极参与，企业承担起了相应的社会责任，社会公众也开始介入其中。成效的背后也存在着亟须解决的问题，如顶层设计问题、执法机关协调配合问题、利益补偿问题、企业责任问题、公众参与问题、环保组织作用问题等。基于以上判断，笔者从政府、社会组织、企业、社会公众等四个主体层面，生态补偿机制、法律法规体系两个制度层面提出了改善对策。

关键词： 河北省　大气环境治理　社会协同　改善对策

　　河北省大气环境污染问题作为社会公共问题之一，需要政府、行业协会、企业、环境保护组织、社会公众等多元主体协同合作，形成整合力量推动大气环境综合治理；在构建大气环境协同治理的过程中，行业协会、企业、环境保护组织、社会公众应该明确自身的角色定位，各司其职、相互协调，以弥补政府在大气污染防控中出现的漏洞和缺陷；在落实大气环境协同治理的

* 王立源，河北省社会科学院社会发展研究所助理研究员；张泗考，河北师范大学法政学院博士，邢台学院社科部讲师。

举措中，各类社会主体应该明确自身的权利义务，承担责任、广泛合作，在市场机制的作用下，在法律法规的规范下，共同完成大气环境治理的重任。

一 河北省大气环境治理中社会协同状况

近两年，由于河北省工业耗能的增加和群众生活性能源消费的提升，由煤炭、石油等传统能源消耗带来的废气排放，已经超出了当地空气的承载能力，导致河北省大部分地区大气污染严重，雾霾天气接踵而来。大气是一种流动的、具有外部性的公共物品，这就决定了大气环境治理中社会协同的重要性和必要性。大气环境协同治理是一项运行机制复杂、涉及面很广的系统工程，虽然任务艰巨又无现成的模式可循，但是河北省还是开始探索通过协同治理，来改变目前糟糕的空气状况。在大气环境协同治理中，河北省通过政府、企业、行业协会、社会公众协同治理，统筹兼顾、突出重点、标本兼治、综合治理，收到了一定的效果。

（一）政府之间建立有效合作机制

政府是社会的管理者，是大气污染治理的主体，在大气治理中应起到主导作用，并且政府间横向合作和纵向合作都是非常必要的，需要建立有效的合作机制。基于此，河北省在政府间开展了多种形式的合作。

1. 建立政府间纵向合作机制

面对严重的大气污染，河北省统筹协调各省直部门，11 个设区市、2 个省直管县和 166 个县（市、区）统一行动，于 2013 年 9 月迅速成立了各级大气污染防治工作领导小组。在省级层面，大气污染防治工作领导小组由张庆伟省长挂帅，张杰辉副省长担任领导小组副组长，省政府相关部门、各设区市和省直管县（市）政府的主要负责人为领导小组成员。并在《河北省大气污染防治行动计划实施方案》中，对大气污染防治工作领导小组的主要职能和工作范围进行了明确，"统筹规划制定产业结构和布局调整、能源消费结构调整、淘汰落后产能、重点行业治理、清洁生产技术改造等重大政

策和措施；制定考核评估办法，指导、协调地方政府落实实施方案；统一部署全省联防联控工作。"① 领导小组下设包括环境保护厅、发改委、公安厅、农业厅、住房和城乡建设厅、财政厅、监察厅、省委组织部等 8 部门为牵头单位的 9 个工作组，领导小组办公室设在了环境保护厅。大气污染防治工作领导小组的设立，为全省统筹推进大气环境治理提供了强有力的组织保障。

大气污染防治工作领导小组制定颁布了《河北省空气重污染应急管理办法（暂行）》，从监测预警、信息发布、预案编制、应急响应等方面对河北省空气重污染应急管理做出了明确规定，同时制定出台了应对重污染天气的 20 条措施。紧接着河北省又发布了《河北省重污染天气应急预案》，将重污染天气应急响应纳入各级政府突发事件应急管理体系，实行行政一把手负责制。与大气环境治理相关的各厅局也各司其职、各负其责，协调联动、密切配合，从环保、产能、财政、金融、科技等领域完善相关配套政策，依法、依规、依章妥善处理涉及本职工作的环境保护事项。各设区市和省直管县（市）政府也对当地的大气环境治理负起了责任，根据国家和省里的总体部署，结合本地的经济社会发展情况和产业结构状况，完成了当地的大气污染防治的实施细则制定工作。在实施细则的指导下，各设区市和省直管县（市）加大了对当地大气污染治理的监管力度，完善了相关政策措施，取得了良好的社会效果。各级政府统一发力，形成大气环境治理的强大合力。

2. 建立政府间横向协同治理机制

河北省大气污染防治工作领导小组成立同时，国家组建了京津冀及周边地区大气污染防治协作小组（以下称京津冀协作小组），负责指导、协调和督促京津冀及周边地区的大气污染防治工作。根据《京津冀及周边地区落实大气污染防治行动计划实施细则》的要求，京津冀政府间制定了京津冀及周边地区大气污染防治协作制度，建立了京津冀环境监测数据及空气质量预测预警信息的共享机制，开展环境监测能力项目合作；并制定重污染天气的应急联动预案，加强区域应急响应会商、监测数据和治理经验共享、联合

---

① 《河北省大气污染防治行动计划实施方案》。

执法等方面的协作。津冀两地政府充分利用中国环境监测总站京津冀区域视频会商平台，在天气形势有较大转变时，与北京市环境保护监测中心进行视频会商，就污染现状和变化趋势及时沟通，共享预报预警信息。2014 年 7 月，河北省政府与北京市政府签署了《共同加快张承地区生态环境建设协议》，8 月，河北省政府与天津市政府签署了《加强生态环境建设合作框架协议》。通过建立统一有序的协调机制，在京津冀政府间、河北省政府部门间、市县政府间形成了协调一致的大气防治体系，此体系在大气治理中起到了中枢作用。

（二）行业协会积极支持大气环境治理

"行业协会是在某一行业中遵循自愿的原则，由独立的经营单位共同组成的一种社会中介组织。其宗旨是增进共同利益、达成共同目标和保护全体成员的合法权益。其任务是为成员提供沟通、咨询、协调等服务以及对成员的行为进行自律、监督、管理和促进构建公平、公正的行业环境。"[1] 行业协会属于社会组织，是政府与企业的桥梁和纽带。在大气治理中河北省行业协会充分发挥其应有的作用，尤其是省冶金行业协会、省电力行业协会、省轻工业协会、省水泥工业协会在环境治理方面做了大量的工作，充分发挥它们的引导、协调和监督职能，在本行业起到了行业自律和管理的作用。

一是行业协会协助政府督促各项环保措施的落实，把政府的环保控制指标作为行业的标准，严格督查和监督落实情况，对落实好的企业给予表彰和各项政策的支持，差的通报批评，限期整改，否则按照行业规则给予制裁。河北省电力行业协会、河北省冶金行业协会建立了企业"领跑者"制度，在本行业中筛选出能效好、排污低的先进企业给予鼓励。

二是充分发挥行业协会所掌握的技术优势，支持相关企业研发重型环保技术装备和产品和使用。同时，大力推广干法和半干法烟气脱硫、低氮燃烧、选择性催化还原和气煤伴烧氮氧化物控制、脱硫副产物综合利用、多种

---

① 《辞海》，上海辞书出版社，2010，第 705 页。

污染物协同控制、高效除尘等治污减排技术和投资少、去除率高、运行成本低的环保设备。河北省水泥工业协会在水泥行业推广在线仿真技术和低温余热发电技术，河北省轻工业协会在玻璃行业推广炉窑全保温、全氧或富氧燃烧、玻璃窑低温余热发电技术，河北省冶金行业协会在钢铁行业推广余热、余压等二次资源的回收利用，企业自发电量占总用电量比重提高到50%以上。行业协会的积极作为，确保了钢铁行业脱硫效率达到85%以上，水泥行业脱硝效率达到70%以上，电力行业脱硫效率达到90%以上、脱硝效率达到75%以上。①

（三）企业承担起了大气环境治理的社会责任

在政府的指导下，在行业协会的引导下，河北省各企业，特别是电力、钢铁、水泥、玻璃等大气重污染企业识大体、顾大局，积极承担企业的社会职责，响应政府号召，严格落实政府在大气环境治理中的各项规定，调整产业内结构，发展循环经济。钢铁企业作为能源资源消耗的大户，其污染治理直接关系到全省大气环境质量的改善。为此，钢铁企业主动淘汰落后产能，2014年仅河北钢铁集团金鼎重工股份有限公司就淘汰了228立方米高炉2座，涉及产能53万吨。② 其他钢铁企业也基本完成了关停、减产、脱硫、拆除旁路和节能技改等任务。电力企业对大气污染的"贡献率"也很高，电力企业加强节能减排技术改造势在必行。通过技术改造创新和节能措施落实，2013年河北省电力行业二氧化硫和氮氧化物排放量为27.53万吨和57.99万吨，分别占全省排放量的21.4%和35.1%，与2012年相比分别削减了14.6%和14.6%。③ 在广大企业的共同努力下，截至2013年底，河北省大气污染物二氧化硫、氮氧化物的排放量分别为128.47万吨和165.23万吨，与2012年相比，分别削减了4.20%和6.17%④，完成了年度目标任务。

---

① 《河北省钢铁水泥电力玻璃行业大气污染治理攻坚行动方案》。
② http：//finance.ifeng.com/a/20140723/12779007_ 0.shtml。
③ http：//zfxxgk.nea.gov.cn/auto92/201407/t20140701_ 1815.htm。
④ 《2013年河北省环境状况公报》。

（四）社会公众已经开始参与大气环境治理

雾霾威胁到每一个人的生命健康，需要大家共同参与治理。河北省积极发挥社会公众的作用，让每个人都成为大气环境治理的主人，自觉养成绿色环保的生活习惯和生活方式，并分发挥其社会监督作用。社会公众对尾气排放严重超标的车辆，对破坏环境的企业，对一切对生态环境有破坏的行为都有举报的权利。为了尊重社会公众的权益，充分发挥社会公众对生态环境保护的监督作用，河北省环保厅于2014年8月28日下发了《关于聘任"天蓝水净地绿我有责"——大气污染防治监督员的公示》，得到了各设区市、省直管县（市）和县（市、区）社会各界的积极响应，在一个月内就完成了全省10292名大气污染防治义务监督员的聘任工作。当年的9月20日，聘任的大气污染防治义务监督员全部上岗。监督员的人员组成有人大代表、政协委员、高校大学生和热心市民，他们都具有高度的社会责任心和社会服务意识；监督员的职责履行主要有两个，一是监督举报企业违规污染排放，二是监督环境保护执法人员是否严格文明执法；监督员的工作程序是发现污染事件后，通过畅通的渠道迅速将发现的问题反馈到当地的环境监察部门。为支持监督员工作，河北省环境保护厅明确要求，对监督员所举报的环境污染问题，各设区市和省直管县（市）的环境监察部门必须受理，并督促污染企业所在地的县（市、区）环境保护监察部门核实处理，在规定的期限内，向市一级环境监察部门汇报处理结果。此项措施有力地拓宽了社会公众参与大气环境治理的渠道。

二　河北省大气环境治理中社会协同存在的问题

当前河北省大气环境协同治理中，地方政府、企业、社会组织、社会公众在参与大气环境治理的过程中，仍然存在"条块"分割、力量难以集中的现象，协同效应难以整体实现。政府在大气环境治理中占了绝对主体地位，大部分企业参与大气环境治理的积极性不高，社会组织的参与度又相对

偏低，社会公众参与大气环境治理的形式还是政府指派，没有自觉地参与到治理当中。

（一）大气环境协同治理的顶层设计还不完善

《中共中央关于全面深化改革若干重大问题的决定》指出，要改革生态环境保护管理体制，建立污染防治区域联动机制。这就要求地方在生态环境治理中，各级各类执法主体要研究权责交叉问题，解决多头执法的力量薄弱问题，通力合作，形成相对集中的执法力量，建立起权力与责任相统一、权威与高效相结合的联合执法体系。2012年10月，国家《重点区域大气污染防治"十二五"规划》出台，该规划明确提出，"在全国环境保护部联席会议制度下，定期召开区域大气污染联防联控会议，统筹协调区域内污染防治工作。"环境保护部部长周生贤也在不同的场合强调，要"完善区域大气污染联防联控机制"。河北省在2012年1月17日发布的《河北省生态环境保护"十二五"规划》中对解决上述问题作出了回应，提出了"制定实施京津冀区域大气污染联防联控规划，落实京津冀城市群大气污染防治统一规划、统一监测、统一监管、统一评估、统一协调的总体要求"。到2013年，国家和河北省先后出台了《京津冀及周边地区落实大气污染防治行动计划实施细则》和《河北省大气污染防治行动计划实施方案》，河北省大气环境治理才步入制度化轨道。这两项制度解决了政府间的纵向和横向的协同问题，但没有把发动社会力量、调动社会协同治理纳入议题。大气环境协同治理的顶层设计，包括法律、法规、制度等措施还没有精确化、细致化，达到可操作程度。

（二）环境执法机关之间协调机制还不够畅通

从横向上来看，同一行政区划内的执法部门之间职能分工不明确，进而造成职能交叉重叠和空白缺位并存，部门之间争权诿过时有发生；不同地域的执法部门之间将环境监管人为地分片划区，分而治之，"马路警察各管一段"。从纵向上看，上下级环境监管机构之间只是业务上的指导和协调关系，地方环境监管机构受当地政府的直接领导，使得地方环境监管机构在履行行政监管的过程中，容易受到地方政府不作为和地方保护主义的影响。

（三）缺乏长期可行的协同治理利益补偿机制

大气环境治理中的社会协同具有综合性和复杂性的特征，利益协调是大气环境协同治理的关键。无规矩不成方圆，省域内协同治理缺乏统一的规章制度，没有共同的约束机制，没有明确的权利和义务划分，没有明确的利益和责任界定，阻碍了协同治理工作的开展，降低了工作效率。建立健全利益协调机制，明确各类社会主体的职责和在整个大气环境治理中的角色定位，是协同治理工作中必不可少的环节。

从大气环境协同治理的一般意义上说，同处于燕赵大地的各个行政区域，各级各类社会主体对本区域的大气环境质量改善都应担负起相应的责任。但是，各地的情况不一样，空气质量好的地区往往是经济发展水平低的地区，空气质量差的地区往往是经济发展水平高的地区。河北省各地市在产业布局和产业结构上存在较大差异，张承地区工业产业基础薄弱，但环境保护工作做得好；石家庄、唐山工业产业发达，但是污染物排放量大，因此形成了各地市对大气污染物制造和削减的不平等地位。如果不加快建立各地市间的利益协调机制和利益补偿机制，就会挫伤环境治理效果好的地区治理大气污染的积极性，难以促成各地市长期、稳定、有效的合作。

（四）大气环境协同治理中企业的社会责任难以实现

"企业是利益最大化的追求者，从另一方面来说他也是成本承担的最小化追求者，只有这样才能更好地保证自身利益最大化的根本目标，这也是企业内生的一种动力"。[1] 以上的论述道出了企业生产的一般规律，任何一个企业的生存首先考虑的是实现自身利益的最大化，在经济利益和道德操守中会选择前者。靠企业主动采取措施来节能减排多数是行不通的，能规避的成

---

[1] 周学荣、汪霞：《环境污染问题的协同治理研究》，《行政管理改革》2014 年第 6 期。

本企业会尽量规避。在河北省大气环境治理如此严格的情况下，还是有企业进行违规生产，2014年6月，河北省环保专项行动中就立案处罚了167家企业。企业敢冒天下之大不韪，将污染排放转嫁给社会、政府、家庭和个人，原因主要有两个，一个是企业的社会责任意识差，一个是治理污染的政策措施还不完善。从政策方面讲，政府把企业看成了污染排放的制造者、治理污染的对立面，在政策制定时对企业的诉求考虑不全面，对企业的利益补偿不到位。也可以说，现行的节能减排优惠政策还不足以让企业放弃污染生产，采用先进的治污设备和技术。最终，企业在大气环境治理中的社会责任就被打了折扣。

（五）大气环境协同治理中社会公众行动意识不高

经过多年的宣传教育，面对当前的大气污染形势，河北省社会公众的环境保护意识越来越强，但从环境保护意识向环境保护行动的迈进，还存在一道艰难的鸿沟。2014年8月，我们做的街头调查显示，90%的人认为河北省现在的大气污染严重；但是被问到您日常出行采用什么交通工具时，29%的人选择了自驾车，30%的人选择了公交车；当问到近两年您是否参加过植树活动时，多数人表示没有参加过。以上结果说明了一个现实的问题，就是社会公众已经认识到了大气污染对整个社会，乃至对其个人造成的危害，但是行动落后于认识，还没有一种从我做起，从小事做起，为大气承载力拿下最后一根稻草。

（六）公益性环保组织参与大气环境治理的影响力小

河北省社会组织随着社会发展的需要和登记注册门槛的降低，在数量、结构、规模上较以前有了很大发展，基本形成了比较完备的组织体系。但河北省公益环保组织数量、结构和规模与其他先进省市相比，还有一定差距；与本省的其他社会组织相比，也是处于较少的状态。目前，河北省环境类社会组织在整个社会组织行业结构中，仅占1%左右的比例。在省级层面，仅有市容环境卫生协会、环境科学学会、环境保护产业协会、环境保护联合会等几家社会组织，其主要职能局限在宣传引导、教育培训、评奖评比、智力支持等为政府服务领域，很少站在公众利益角度为社会公众提供社会服务。在我们的调查访谈中还发现，河北省环境类社会组织在专业性、资金、资源、运作管理方面都明显存在实力较弱的现象，尤其在人才方面，从业人员的强流动性影响了该类社会组织功能的发挥。同时，河北省环境保护类社会组织还处在发展的低级阶段，它们的会员人数少、固定从业人员少、资金来源面窄，在生存问题都无法有效解决的情况下，无力将自身做大做强，发挥更大社会功能，承担在大气环境治理中应有的责任。

三　河北省社会协同治理大气的改善对策

协同治理不能简单地理解为双向合作或者简单的协调，它是基于双向协调合作的基础，逐步向外联系，照顾到彼此利益关系协调，通过低层次的双向协调合作向高层次的多主体社会协同的升华，来激发不同社会主体的积极性，形成多元社会主体的集体行动。为此，河北省应强化政府的中枢地位，调动协调社会组织、企业、社会公众等多元主体协同治理大气环境，各个社会主体也应各负其责，各尽其能，形成大气环境治理的网络。

（一）强化政府在大气环境治理中的主导地位

河北省大气环境治理取得的积极效果，得益于各级政府主导作用的发挥，事实证明，这一治理模式是成功有效的。河北省应继续强化政府在大气环境治理中的主导地位，凝聚力量，全面推进。主要做好以下三方面工作：一是继续推进与京津两市在大气环境治理方面的协同合作。在现有合作的基础上，完善京津冀区域大气环境治理的联防联控体系，将这一体系推向细致化、深入化发展；以定期召开联席会议的形式，研究京津冀区域内大气环境治理的新形势、新情况、新问题，总结经验、吸取教训，解决一个地区不能解决的大气环境治理问题；组织专家学者提供智力支撑，鼓励京津冀专家学者联合攻克大气环境治理中的重点难点问题，召开研讨会推广智力成果；争

取京津两市的人才、资金、技术等方面的支持，通过人才联合培养、环境治理生态补偿、环境治理技术服务等形式，开发利用京津两市的优势资源。二是继续健全部门间联动执法机制。在2014年河北省"利剑斩污"的专项行动中，部门间联动执法已经在实践中得到了应用，接下来要做的是将这一机制建成常态化机制，并通过制度稳定下来。在大气环境治理的过程中，往往会遇到交叉问题，单靠一个部门可能无法解决，需要联合执法，果断处理在执法过程中，尤其要重视环保监察部门与公安、司法、新闻媒体等部门的有效衔接，该处理的企业马上立案侦查，通过新闻媒体曝光，形成事实，防治行政干预。三是继续强化政府的推动作用。单纯的部门联动，可能会造成部门间配合不畅的情况，所以大气环境治理要想强有力推进，还得实行各级政府"一把手"负责制。尤其是地方政府在进行大气环境治理执法中，应由政府统一组织、统一协调，将任务指标落实到各个责任单位。

（二）鼓励社会组织发挥政府的参谋助手作用

河北省的环境保护类社会组织先天发展不足，制约了其在大气环境治理中社会功能的发挥。河北省应该利用2013年民政厅实施的新政策，行业协会商会类、科技类、公益慈善类、城乡社区服务类等四类社会组织可以直接到民政部门登记的有利条件，积极培育壮大环境保护类社会组织。具体做法可有以下三种：一是通过提供办公场地、办公设施和活动场所，减免税、电、煤、气等费用，贴息贷款等非资金性支持；通过拨款、资助、补助、奖励的资金性支持；通过政府购买服务、法律法规、税收政策的间接支持，培育和发展环境类社会组织，使之在大气环境治理中起到独特的作用。在这一过程中，资金支持是难题，可以考虑在福利彩票年度公益金计划安排中新设立"向社会组织和企业购买环境保护服务机动专项经费"，来解决扶持环境类社会组织发展的经费不足问题。二是拓宽环境类社会组织社会服务功能，社会组织工作重点应由主要服务于政府向主要服务于社会转变，切实发挥起大气环境治理中社会组织的特有优势。三是组建机关事业单位环境志愿者队伍。在环境类社会组织还没有壮大之前，河北省应重视开发机关事业单位环境志愿者队伍。目前，河北省多数单位都对职工进行了志愿者服务登记，其中志愿服务环境保护的志愿者占相当比例，应设立专门机构将这些志愿者联合起来，在周末或节假日开展大气环境治理志愿服务活动。

（三）引导企业承担大气环境治理的社会责任

企业是河北省大气环境治理的重点，提高企业治理大气污染的积极性，可以减少政府的很大压力。要想引导企业承担大气环境治理的社会责任，要从"罚""扶""奖"三方面入手。在"罚"的方面，应与企业签订排污标准责任书，让企业明白在大气环境治理中担负的责任；定期对企业的生产排污情况进行检查督导，发现违法违规行为对照责任书严格处罚，并将其列入"黑名单"在政府相关网站上向社会公布；对因为违规排污责令关停的企业法人、负责人，在以后登记注册企业时予以限制。在"扶"的方面，继续执行对使用专用设备、技术节能减排和建设环境保护项目的企业，实行企业所得税优惠，并协调银行等金融机构给予信贷支持；重点做好企业与税务部门、金融机构的协调工作，税务部门和金融机构应简化报批手续，提高办事效能，使企业能享受到优惠政策的"阳光"。同时，应通过政府采购环保企业产品，鼓励社会公众使用环保企业产品，来扩大环保企业产品的市场份额，提高利润，降低因节能减排投入的成本。在"奖"的方面，应落实好"以奖代补"政策，在上年的政府预算中，科学预算因"以奖代补"政策带来的资金缺口，加大资金投入，提供资金保障，逐步扩大"以奖代补"支持项目的覆盖面。同时，可以考虑设置"河北省环境保护支持基金"，年度评比出社会责任意识强、废气排放控制好的企业，给予精神鼓励和资金奖励。

（四）吸纳社会公众参与大气环境治理

在现有的主题宣传、言论宣传、公益宣传、网络宣传、社会宣传的基础上，采用社会公众喜闻乐见、生动活泼的方式，针对不同场合、不同内容进行广泛宣传。如在单位和社区可通过海报形式，宣传节约用电、节能环保的

常识和具体做法；在街道 LED 大屏幕、出租车显示屏、公交车身上宣传绿色出行方式；在街道广告牌、公园等公共场合宣传大气污染现象举报电话，引导社会公众积极参与环境保护监督。通过"小手拉大手"，对中小学生进行环保意识和环保行为教育，由学生影响家长选择节能环保行为；通过在市民中发放公交卡，来倡导绿色出行；通过"环保日""无车日""节能家电补贴"，来倡导社会公众选择文明、节约、绿色的生活习惯和消费方式，可以考虑把河北重点区域大气污染爆表日，定为河北省的"环保日"，在全社会树立起"同呼吸、共奋斗"的行为标准，营造社会公众广泛参与大气环境治理的良好氛围。

（五）建立大气环境治理生态补偿机制

在大气环境协同治理中，河北省可以考虑在省级层面设立"项目支持基金"，制定项目奖励办法，将原有的大气环境污染治理资金有效整合，并列出项目支持计划，转移到被补偿的地区或企业。"项目支持基金"的主要目标是解决因为削减产能而附带的社会问题，如因此失业的人员再就业问题；落实对污染排放少或无污染排放的新兴产业的资金补贴；鼓励 11 个设区市、2 个省直管县、166 个县（市、区）重点发展生态产业，尤其是要弥补张家口、承德地区因保护生态环境、因产业选择受限而带来的经济发展和财政收入损失；通过有力的项目资金支持，促进经济欠发达地区由外部辅助发展向自我积累、自我发展、自我创新转变。京津两市和河北省已经有了对张承地区生态补偿的初步探索，应该逐步扩大生态补偿范围，提升生态补偿额度，并以制度机制形式确定下来，按照"谁保护，谁收益""谁受益，谁付费"的原则，建立起有区域特色的大气环境治理生态补偿机制。

（六）健全大气环境治理法律法规体系

在大气环境协同治理中，法律法规起着决定性的规范约束作用，省人大应尽快修订《河北省环境保护条例》和《河北省大气污染防治条例》，重点解决"违法成本低、守法成本高"等突出问题；推动环境保护行政执法和刑事司法的有效衔接，建立起由行政执法人员、律师、技术专家组成的三位一体执法队伍，将行政、法律、技术有机结合，防治违法对象欺骗、隐瞒、弄虚作假行为，保障执法的权威性。

参考文献

余敏江：《论区域生态环境协同治理的制度基础》，《理论探讨》2013 年第 2 期。

杨琨：《京津冀大气污染将联防联控》，《燕赵晚报》2012 年 2 月 27 日。

周学荣、汪霞：《环境污染问题的协同治理研究》，《行政管理改革》2014 年第 6 期。

韩晶、王赟：《京津冀地区治理大气污染的战略选择》，《中国国情国力》2014 年第 5 期。

案 例 篇

Reports of Case Studies

B.20

韩国文化产业发展的成功
经验与重要启示

李海飞 *

摘 要： 河北文化产业近年来发展较快，但总体水平仍然较低，与其
文化资源大省的身份很不相称。自20世纪90年代崛起的韩
国文化产业近年来发展迅猛，不断创造业界奇迹，现已颇具
世界影响力，其背后的成功经验值得我们学习和借鉴。韩国
对河北提供的重要启示是，自己的文化产业要想实现跨越式
发展，促成规模提升和结构升级，应该在摆正政府职能定
位、按市场规律推进产业科学发展、完善相关支撑体系等方
面予以重点关注，争取早日实现实质性突破。

关键词： 河北 韩国文化 产业经验

* 李海飞，经济学博士，河北省社会科学院经济研究所助理研究员，主要从事政治经济学基础
理论和河北省区域经济发展研究。

2011 年 10 月 18 日，中国共产党第十七届中央委员会第六次全体会议通过《中共中央关于深化文化体制改革，推动社会主义文化大发展大繁荣若干重大问题的决定》，提出了加快发展文化产业、推动文化产业成为国民经济支柱性产业的决定。近年来，河北省文化产业发展较快，据有关资料统计，2005 ~ 2012 年河北省文化产业增加值平均增速达 16.7%，比全省 GDP 平均增速高出 4.9 个百分点，对经济增长的贡献率达到 2.7%①。但另一方面，河北省文化资源保护与开发不利，文化产业整体规模还较小，发展方式相对保守、亟待转型，需要积极学习与借鉴其他国家与地区发展文化产业的成功经验，来帮助自己实现产业结构的调整和发展速度的提升。

韩国文化产业自 20 世纪末开始迅猛增长，"韩流"影响力伴随着"江南 style"和骑马舞已波及世界。作为一个与我们文化传统相似的国家，努力总结其文化产业发展的主要做法和成功经验，对发展河北省文化产业来讲显然具有重要价值。

一 河北省文化产业加速发展的重要意

（一）文化产业化发展是新时期增强文化自觉的基本要求

文化，作为一个种群、民族之形成、发展和成熟的记录，都有一个历史演变的过程；它标志着人类繁衍不止、创造不息的脚步，编筑着我们梦想追忆之家、精神力量之源。

进入文化消费大众化的今天，文化记忆与脉系的保存与文化创新的实现，开始有了一条完全不同以往的道路，那就是产业化；产业化了的文化携五颜六色之商品的巨大诱惑和经济资本的霸权势力，开始了在国际上和民族间新一轮的文化较量与侵占。一个民族或一个区域的文化，尤其是历史上的

---

① 杨杰：《提升河北文化产业核心竞争力的路径思考》，《河北软件职业技术学院学报》2013 年第 6 期。

文化,能否顺利产业化并借此获得力量和生机,不仅仅会为本国或本区域的经济在新的产业升级竞争中独占鳌头、为其创造新的战略产业支撑和带来巨大的经济利益做出重大贡献,更重要的是,这将成为其自身能否生存,从而其民族能否立根的关键。因此,不断增强我们文化的自觉性,大力促进自己历史文化脉络的发掘与产业化,就成为一个非常重要的问题。

"文化自觉"这个概念,最早是由我国著名社会学与人类学家费孝通先生于1997年提出的。它的原始含义是,生活在一定文化中的人要对其文化有"自知之明",明白它的来历、形成的过程,以及所具有的特色和它的发展趋向;这种自知之明,是为了加强对文化转型的自主能力,取得决定适应新环境、新时代文化选择的自主地位。费老的这一概念,实际上是自19世纪中西文化碰撞与失势以来,"中西文化之辩"在现今经济全球化时代的继续和发展;而费老的主张是,文化转型是当前人类共同面对的问题,也是一个异常复杂的问题,它不仅是"除旧布新",还是"推陈出新""温故知新"。而具体怎么实现"推陈出新"和"温故知新",却没有下文。实际上,在"文化经济"已经在全球肆虐的今天,民族文化的不同脉系以产业化之剑在全球进行生存空间的扩展,以市场竞争力为文化竞争力劈开道路,并在获得自省、赢得自立的同时与其他文化展开对话与交流,才是其生存与创新的基本支点。

(二)河北文化产业发展还有很大潜力

河北省有着悠远的文化渊源、独特的文化传统和深厚的文化积淀,在历史文化的产业化方面有着得天独厚的资源条件。概括起来,河北省的文化脉络与基础主要包括以下几项:一是泥河湾文化。泥河湾位于河北省张家口市阳原县,是世界上旧石器文化序列最为完整的地区,是世界上古人类遗址分布最为密集的地区,享有"东亚地区的奥杜维峡谷""东方古人类文化摇篮""东方早期人类的故乡"等美誉,为"东方人类从这里走来"的人类"多地区进化说"提供了一定的依据。二是磁山文化。磁山文化遗址,位于武安市西南20千米、磁山村东南部,是我国新石器时期人类种植、饲养、手工、定居生活的最早记录;它的发现,把新石器仰韶文化考古年代上溯了

1000 多年，并与河南的裴李岗出土文化一起，填补了中国早期新石器时代文化的重要缺环。三是人文三祖文化，主要指以黄帝、炎帝与蚩尤为代表在今河北省张家口市涿鹿县一带共同创造的灿烂文化。人文三祖文化，标志着以统一、团结、和谐为本质精神的"合符文化"或"龙派文化"宣告诞生，在此精神的感召下，中华民族历千辛而不散、经万难而不衰；此外，三祖时期还是中华民族由蒙昧时代进入文明时代的转折点，华夏文明开始以农业文明的全面展开而奠基。四是燕赵文化。燕赵文化产生于战国时期，以慷慨悲歌、融合创新精神为核心的燕赵文化，是河北历史上产生的第一个具有鲜明地域特征和人文个性的文化类型，是对中华文化丰富发展的一项重大贡献。因为它的巨大影响，至今河北尚以被称为"燕赵"为荣。五是京畿文化，对应的主要是元明清三朝定都北京时期。此时期河北文化的主要特征是，皇权文化与京都文化开始渗透进河北并绽放异彩；受益于京都文化的包容性和典雅性，河北的民间文化艺术开始有了更大的发展与升华，比如元曲艺术在河北大地的异常繁盛、河北梆子与剪纸等艺术形式的诞生、太极八卦与行意等三大内家武术派别在河北的衍生与发展等。六是西柏坡红色文化。西柏坡，是中国红色文化的圣地；西柏坡革命文化，代表着善良、勤劳、勇敢的河北人民在百年的近代史中反帝反封的抗争与探索；西柏坡精神，是与井冈山精神、长征精神、延安精神一脉相承而又继往开来的革命精神的典范。

另一方面，河北的文化资源保护与开发不利，文化产业发展相对滞后，总体规模较小，内在观念、机制和结构存在一些问题，发展经验不足，需要革故鼎新，实现进一步跨越式发展，以为全省发展方式转型和产业结构升级做出更大贡献。2012 年，全省文化产业增加值为 726.3 亿元，比上年增加 188.8 亿元，增长 35.1%，增速比上年提高 4.3 个百分点；文化产业增加值占 GDP 的比重为 2.73%，比上年提高 0.54 个百分点，比 2010 年提高 0.72 个百分点。[①] 但比较来看，2012 年，全国文化产业法人单位实现增

---

① 河北省统计局：《2012 年全省文化产业发展状况分析》，http：//www.hetj.gov.cn/hetj/tjfx/sjfx/101382689579184.html。

加值 18071 亿元，增加值与 GDP 的比值为 3.48%，比河北高出 0.75 个百分点。①

二　韩国文化产业发展的现状与成就

（一）发展较快，已形成较大规模

韩国文化产业以上世纪 90 年代末为界，基本可以划分为前后两个时期。在此之前，20 世纪 70 年代以前韩国主要是一个农业国，70 年代至 90 年代，韩国则集中发展工业为主，在此期间基本实现了自己的工业化和城镇化，涌现出了浦项钢铁、大宇造船、现代汽车等一些世界一流工业企业，而文化产业此时基本还处于边缘和缓慢发展阶段；20 世纪 90 年代金融危机以后，韩国将文化产业列为战略性支撑产业来予以重点扶持，从此文化产业开始进入发展快车道，实现了爆发式增长，现在已发展成为名副其实的文化产业大国。

据相关资料显示，1999 年，韩国文化产业规模是 21 万亿韩元，2010 年增长为 72.58 万亿韩元（约合 650 亿美元）；2013 年，韩国文化内容产业产值达到 91.53 万亿韩元（约合 855 亿美元）。② 在近年来经济危机肆虐、经济环境并不景气的环境下，韩国文化产业的销售额在 2008～2012 年间平均增长率也达到了 8.2% 这一较高水平。当前，韩国文化产业产值占当年韩国 GDP 的比重已稳定在 6% 以上，这一比例比中国高出近 3 个百分点，比河北省则高出约 4 个百分点。

从结构上来看，出版、游戏、电视等行业在韩国文化产业中占有重要位置。2012 年韩国文化产业总销售额比 2011 年增加 5.2%，其中电影增长

---

① 《我国文化产业法人单位增加值去年增长 16.5%》，http://news.xinhuanet.com/fortune/2013-08/26/c_117091879.htm。

② 孙冰：《韩流背后》，《中国品牌》2013 年第 1 期；《新"韩流"中的"星星经济学"》，《中国经济导报》2014 年 3 月 13 日，第 5 版。

16.7%、广播电视增长 11.2%、游戏增长 10.8%，是增长势头较为强劲的几个领域。2012 年，韩国出版销售额高达 21.0973 万亿韩元，在内容产业中名列榜首，电视节目和广告分别列第二和第三名，其次为游戏和知识信息等。①

从就业看，2012 年韩国文化产业从业人数达 61.1437 万人，其中，从事出版、漫画、动漫工作的人数有所减少，广播电视（6.3%）、广告（5.1%）领域从业人数增幅最大。②

（二）竞争力强，文化产品出口增长强劲

韩国文化产业竞争力较强，这突出体现在其产品的出口能力上，主要表现为发展较快，出口规模较大，且结构较为均衡。

2003 年，韩国文化产品出口总额为 6.3 亿美元，只占文化产业销售额的 1.7%；2007 年的出口总额为 15.6 亿美元，成为继汽车产业之后的第二大出口产业，同时，韩国也跻身世界十大文化产业强国之列。据韩国文化体育观光部统计，2008 至 2011 年间，韩国文化产业出口规模以年均 22.5% 的速度飞速增长。2012 年韩国文化产业出口额比 2011 年增加 7.2%，达 46.1 万亿韩元；进口额比 2011 年减少 9.4%，为 6.7 亿美元，贸易顺差达 29.4 亿美元③。

从出口产品结构上来看，2012 年，韩国电影、音乐、游戏增长幅度最大，分别增长 27.5%、19.9% 和 11%④；韩国游戏在产业出口额中占比最大，2012 年以 24.7 亿美元的总额占总出口额的 50.8%；互联网信息传播占

---

① 《韩流影响内容韩国内容产业销售额 5 年增幅 8.2%》，http：//ocm. wenweipo. com/newsdb/news - 01 - 24/15216. html。
② 《韩国文化产业呈全面增长势头销售额增 5.2% 出口额增 7.2%》，http：//www. ccdy. cn/wenhuabao/jb/201402/t20140207_ 862547. htm。
③ 《韩国文化产业呈全面增长势头销售额增 5.2% 出口额增 7.2%》，http：//www. ccdy. cn/wenhuabao/jb/201402/t20140207_ 862547. htm。
④ 《韩国：文化出口势头强劲发展特点值得借鉴》，http：//www. ccmedu. com/bbs54_ 233542. html。

10%；音乐和形象设计分别占9%；出版占7%；广播电视占5%；其他约占9%。从出口地域看，日本和中国占比最大，分别为30%和27%[①]，加起来超过一半，是韩国文化产品的主要输出地。

（三）产生众多明星产品和艺人，"韩流"逐渐具有世界影响力

"韩流"一词最早出现于20世纪末的中国，由中国媒体界发明，用以描述和形容以韩国电视剧、K-POP音乐（韩国流行音乐）、韩国游戏等为代表的韩国文化产品在中国的普遍接受、超高人气和广泛影响。自1978年中国改革开放以来，国门打开，世界各地的优秀与强势文化轮番在中国上演，如20世纪80年代的日本影视剧（如《血疑》《追捕》《圣斗士》等）、90年代的港台影视剧和流行音乐（如港台武侠电影、邓丽君和"四大天王"的流行歌曲等），以及90年代中后期开始盛行的美国"大片"等。而崛起于20世纪90年末的"韩流"文化，在中国受追捧也已有15年之久，至今尚未显颓势，显示出其旺盛的活力和持久的生命力。

韩国文化产业的繁荣，集中体现在其不断生产出的众多受人喜爱的明星产品和艺人上。游戏产品如《天堂》；电视剧如《蓝色生死恋》（2000）、《冬季恋歌》与《人鱼公主》（2002）、《大长今》（2003）、《浪漫满屋》（2004）、《加油！金顺》（2005）、《来自星星的你》（2013）等；电影如《我的野蛮女友》（2001）、汉江怪物（2005）等；流行音乐如Wonder girl的《Nobody》和鸟叔的《江南Style》等。而裴勇俊、全智贤、PSY、金秀贤、宋慧乔等明星，也随之拥有了大量粉丝，发挥着增强韩国文化的凝聚力和影响力的作用，以一种别样的说服力和感召力，提升着韩国的国际形象和世界对其文化行为和价值观的认同感。

近年来，随着品质的不断提升和信誉积累，"韩流"已风靡东南亚并开始波及世界，逐渐发展成为一种全球文化现象，《江南Style》在全世界的疯

---

① 《2017年韩文化产业出口额破百亿美元》，http：//www. ccdy. cn/wenhuabao/shib/201310/t20131008_ 771150. htm。

狂流行就是一个典型代表。2012 年 7 月，韩国歌手 PSY 在互联网上发表了自己的一首 MV《江南 Style》，在短短不到 3 个月时间里，其在世界著名视频网站 Youtube 上的点击次数就超过 3 亿次，创下了 Youtube 有史以来最快的纪录而被纳入吉尼斯世界纪录；在美国，这首流行歌曲 MV 一度获得了美国权威乐坛 Billboard 排行榜下载量第一名（30.1 万次）、Youtube 百大音乐的第一名；一些国际明星甚至潘基文和奥巴马也都受到《江南 Style》的影响，模仿学起了"骑马舞"。

三 韩国文化产业发展的成功做法和经验

（一）政府充分发挥引导与支持推动作用

文化具有较为强烈的意识形态功能，又具有广泛的外部性，因此在一定程度上来说，政府在文化领域必然会发挥重要作用；另外，考虑到文化产业发展的经济性，政府在其中如何定位，又应该如何充分考虑资源配置优化的一般性要求，就成为一个非常重要的议题。其中的度如何拿捏，是一个颇为复杂而又困难的事情。韩国政府在促进本国文化产业发展过程中，充分发挥了引导与支持推动作用，取得了良好的效果，值得我们参考借鉴。

具体来说，韩国政府发挥的作用主要体现在以下几方面。首先，将发展文化产业上升到国家战略的高度来予以引导和推动。1998 年金大中总统上任后，认为"21 世纪韩国的立国之本，是高新技术和文化产业"，因此提出"文化立国"的战略方针，将文化产业作为 21 世纪韩国经济社会发展的战略性支撑产业而予以优先发展。新一届朴槿惠政府也提出了发展"创造经济"的目标，文化创意产业是其中的一项重要内容。其次，颁布法律与政策文件对文化产业进行保驾护航。1998 年以后，韩国先后颁布了《文化产业发展五年计划》《文化产业前景》《文化产业发展推进计划》《文化产业促进法》《电影产业振兴综合计划》等一系列法律政策，并对《著作权法》等不断进行修订，从而明确了文化产业发展的长期战略和计划，并通过法律

和政策予以保障。再次，调整和设立相应机构，支持文化产业发展。其中最重要的，是 2001 年文化产业振兴院的成立，它每年都会获得政府约 5000 万美元的全额拨款，以用于对民间文化产品的孵化、风险投资和拓展国际市场，以及提供平台和支持中小企业发展等。2013 年 7 月 25 日，由朴槿惠直接领导的"韩国文化隆盛委员会"也正式成立。最后，政府还使用各种财税政策来支持文化产业发展。比如，减免文化企业税收、将支持文化产业发展的财政预算提高到 1% 以上、设立文化企业振兴基金、积极加大文化产业人才培养投入、设立相应奖项进行鼓励等。

（二）坚持以市场化的运作机制为主旋律

一是营造充分宽松的市场环境。文化产业是一种创意产业，需要减少桎梏，为创造者提供充分宽松的求新、创新氛围，才能保证产业发展的持续活力和竞争力。韩国在这方面做得十分到位。比如，政府职能更多定位于引导和服务而非限制，政府对产业具体事物的干预也更多的是通过韩国文化产业振兴院这种介于政府和企业之间的专门机构来间接实现的。此外，政府还实行电影分级制度，给创作者以创意自由；设立"原稿库"，使用财政资金预先订购作家手稿等。这些措施，使文化创意人才创作空间得到保障，身份得到认同，成果得到尊重，能够极大地激发文化产业从业者的创作积极性和灵感。

二是开放市场鼓励竞争。例如韩国已取消了电影配额制，鼓励本国电影企业与欧美大片积极竞争。还例如在电视剧行业，韩国除了韩国广播公司电视台（KBS）、韩国文化广播公司电视台（MBC）、首尔广播公司电视台（SBS）这三大电视台以外，还有很多其他有线和地方电视台，并且这些电视台在市场竞争中处于完全平等的地位，因而保证了竞争的公平性和有效性。此外，受限于先天条件，韩国本国国内市场相对狭小，因而韩国文化产业工作者一般都会具有较为强烈的市场危机意识，同时也具有不断努力提高自身能力、积极开拓海外市场、与国外文化企业展开竞争的内在动力。这样的市场环境，逐渐形成了韩国文化企业积极上进、敢担风险、勇于创新的精神面貌和竞争意识，极大地推动着韩国文化产业的持续、快速发展。

三是充分借助社会资金发展文化产业。目前，在韩国运营的大的文化产业投资基金主要有 3 只，即 Global Contents Korea 基金、威风堂堂基金（Contents Korea Fund）和文化账户内容基金，这 3 只基金都是以政府和民间共同出资的形式进行募集，比例基本各占 50%，并通过公平竞标的形式选择民间的基金管理公司进行管理，完全市场化运作。①

（三）强调"内容为王"和品牌营销

在具体创作和产品销售方面，韩国文化产业也有自己相对成熟的经验可供借鉴。

首先，韩国文化产业创作力求紧跟市场变化和观众需求，以此来保障自己产品的定制性和市场认可、接受性。例如，为了更多地考虑观众的口味，很多韩国电视剧在开播前并没有预先设定的成熟确定的剧本，而是采取边制作边播放的形式（韩国电视剧没有事前审批的制度），以随时观察市场和社会的反应，并根据观众的意见反馈随时调整剧本内容和制作方向，甚至直接中断不受欢迎的项目。

其次，在创作主题上，韩国文化产业创作者一般都追求传统与现代、经典与时尚、民族与世界的和谐与统一。韩国文化属于亚洲儒家文化圈成员，礼、孝等世俗伦理在社会价值秩序系统中占有重要地位，韩国影视剧等文化产品并没有将这些丢弃掉，而是将之作为一项重要内容而予以保留、呈现和推崇。同时，韩国文化产品在形式上又是流行和时尚的，比如它的音乐曲风、舞蹈编排、衣装设计、生活用具等，无不是时尚悦目、紧跟甚至开一代风潮的。此外，韩国文化创作还十分注重用亲情、友情、爱情等普世主题来打动人，用跌宕的情节、幽默的故事、精美的形象等艺术加工来感染人。以上这些要素紧密而完美地相互融合，互相借力，形成了如今韩国文化产品清

---

① 《"韩流"推手：文化基金撬动万亿市场》，http://finance.sina.com.cn/roll/20140317/025618523152.shtml。

新自然、婉约时尚、具有民族旨趣同时又普适动人的艺术特质。

最后，韩国文化产业十分注重品牌效应和品牌塑造，注重借助品牌的强大吸引力、号召力和影响力，来推动市场对其文化产品的喜爱和消费。在这方面，韩国众多的靓男美女明星们，正是推广韩国文化产品的排头兵。韩国外交通商部公共外交大使马宁三就曾明言："随着外国人越来越关注这些歌手，他们会渐渐喜欢上韩国……如果他们喜欢韩国，他们就会购买更多的韩国商品。这就是我们正试图推动的。"①

（四）注重产业融合共生和集群化发展

韩国文化企业十分注重对文化产品的综合开发。从宏观方面来讲，韩国游戏、电视剧、电影、流行音乐近些年在世界各地大行其道，同时也打开了韩式服装、餐饮、美容、旅游等文化相关产业的市场，促进了这些产业的共生共荣。从微观方面来看，在创造一件文化产品时，如在影视剧作品中，韩国文化工作者往往会在其中融入一些其他方面的文化内容，比如民族服饰、韩式烧烤、地方名胜等；而如果一件文化创意产品成功和风行，韩国企业往往会紧跟此产品创造出一系列衍生产品，以最大化其市场价值。例如，《蓝色生死恋》使韩国济州岛成为世界旅游名胜，《大长今》的热播则使韩国美食风行世界等等。

韩国电影演员协会中国区首席代表韩曙永在接受中国记者采访时曾说："韩国影视衍生产品的研发不是在影视剧制作后，而是早在剧本的策划阶段就开始同步进行。只有这样，才能把未来要销售的衍生产品自然而巧妙地融在剧情中，使这些产品和剧中主人公产生联系，从而使粉丝爱屋及乌，实现事后的购买冲动。"② 注重产业融合共生和集群化发展，显然是韩国文化产业发展的一个基本战略和一项重要成功秘诀。

---

① 《〈江南 Style〉"擦亮"韩国品牌》，http：//finance. qq. com/a/20121010/003810. htm。
② 赵超霖：《新"韩流"中的"星星经济学"》，《中国经济导报》2014 年 3 月 13 日，第 5 版。

四　韩国经验对河北发展文化产业的重要启示

（一）摆正政府职能定位，继续推进文化体制改革

首先，在区分事业与产业的基础上，一手抓公益性宣传事业，一手抓经营性文化产业，积极探索宣传与经营相分离，推进文化产业相关体制改革。具体来讲，包括区分文化事业和文化产业；对政府的文化管理体制进行改革，实行政企分离、政事分离、管办分离，并在此基础上解决文化产业现在面临的行政分割、地域分割、行业分割等问题；允许私人、个体等社会资金进入文化产业领域，改善文化产业资本结构；对文化企业进行现代企业制度改革；优化市场结构，建立文化产业集团；等等。比如，对电视剧制作，一方面可在制播分离的基础上，采取成立经营性股份公司的形式，将非新闻类节目内容制作打包交给其经营，并积极推动其上市（如湖南广电的电广传媒和天娱传媒）；另一方面，在频道专业化的基础上，可进一步将影视频道（率）、娱乐频道（率）等主要不承担意识形态任务的频道（率）股分化，国家以频道、人员、器材等资源入股并控股，引入社会资本，探索实行合作经营。

其次，强化政府的政策服务功能。韩国文化观光部文化产业局局长李普京说："无论在文化产业发展的初期，还是以后的阶段，政府的作用都是十分重要的。要想发展文化产业，政府必须对文化产业的作用有足够清醒的认识，然后制定一系列政策、法规，并在财政、政策等方面给予支持。"[1] 我们作为一个文化产业后起和现在实力相对较弱的省份，政府更应该在这方面提供更多的扶持。比如，尽快制定并出台扶持文化产业的相关政策，包括产业组织政策、投资融资政策、财政税收政策、分配激励政策、用地政策和文化资源保护、开发利用政策等，形成健全的、有利于文化产业发展的政策法

---

[1]　伊志友：《文化部门要推动人们意识的转变》，《中国文化报》2004年6月22日，第2版。

规体系，为文化产业创造最佳的发展环境。

此外，相关法规建设也刻不容缓，防止充分市场化以后文化市场管理不善导致的竞争无序、经营混乱等局面，例如盗版、侵权、假冒产品屡禁不止，迷信、色情、暴力文化商品和服务肆虐等，保证文化市场的健康发展。

（二）遵循市场运行规律，促进产业科学持续发展

一要树立精品意识，以主题上融合传统与现代、内容上提升文化品质和制作上升级技术形式的方法，努力在生产过程中打造好的文化产品，尽量提高其吸引力和增加值。首先文化产品的生产要面向市场，生产适销对路的产品；产品不符合消费者的消费意愿，没人买，文化要实现自己的交易增值功能就只能是一句空话。其次，要提高文化产品的文化内涵和艺术品质。比如，河北省的旅游业，应注意以旅游景区为载体，弘扬科学精神，展示其丰富、深厚的文化内涵，以高质量、高品位来满足人们不断提高的娱乐性、审美性与趣味性的旅游需求；而不是在解说词中仅讲些因果报应、天堂地狱之类的东西，甚至把一些以讹传讹甚至是肆意杜撰的所谓"神话传说"乃至于一些格调低下的内容津津有味地介绍给游客。最后，还要依靠现代先进的技术，尤其是数字、多媒体与网络技术，来提升我们的制作水平，生产出形式多样、制作精良、更具震撼力和影响力的文化产品。

二要树立营销观念，以品牌战略与建立现代营销体系为突破口，大力促进建立在文化资源开发基础上的文化产品的顺利和高回报实现。现在是传媒时代，过去那种"酒香不怕巷子深"的时代已经一去不复返了，每天面对如此多的信息轰炸，人们的注意力已经变成了一种稀缺品；要想在这样一个充满炒作和喧嚣的时代胜出，首先应迎合需求，但更重要的是创造需求。这就要求我们一方面要适当增加营销投入，加大广告投入力度，建立一套科学、高效的分销与售后服务体系；另一方面，还要充分利用品牌和明星效应，综合使用各种传媒形式，吸引人们的注意，提升我们文化产品的吸引力和影响力。

三要推行集群化战略，延伸和扩大产业链条。一个完整而成熟的产业，

必然有丰满、匀称的主干和枝节，即它的主要产业和配套辅助产业。文化产业也不例外。文化产业包容性强，产业关联度也大，因此，发展文化产业，无论是从哪个方面切入，都要考虑到其规模化和相关产业链。也就是说，要把文化产品的开发系列化，以拉长产业链；并使这些文化产品集中展示，发挥它们之间的正外部性影响和规模欣赏、消费效应；同时，积极提高相关配套和支持产业之产品的质量和效能，如在旅游业中要改善和提高餐饮、运输、住宿等的接待能力和服务质量等。河北省当前的文化产业存在很多问题，比如文化旅游主要靠门票，新闻广电主要靠广告，文化产品单一；且各种产品之间结构松散，规模经济、集体效率难以发挥。所以，我们今后要在此方面多做文章。

（三）完善相关支撑体系，提升相关要素保障能力

首先是专业化人才培养体系。文化行业是一个特殊的高知识经济型行业，因此也常被称为创意产业、内容产业。文化资源要想转化为具有文化和科技高附加值的产品，实现资本增加值，需要有具备创新精神、具有较高专业技术能力同时又有较高文化素养的生产和经营人才。人才需求能否得到满足已成为能否实现文化资源经济潜能的关键。当前，要围绕河北省现代文化产业发展的重点领域，加快培养能适应数字技术环境中多种产业需求的文化资本人才、数字艺术软件开发人才和媒体产业经营管理人才，形成一支能够担当产业发展重任的世界水平的人才队伍。现在起码要做到：吸引和聘用海外高级人才，鼓励支持国家文化产业创新与发展研究基地以及有条件的综合性大学，参与文化产业人才的培养、培训工作，为文化产业可持续发展积蓄人力资本；同时，完善人才激励机制，拓宽人才选拔途径，创造优秀人才脱颖而出的环境；实施引得进、留得住、用得活的人才战略。

其次是多元化资金投入体系。以建立专项文化产业基金、放手发展民营企业等形式，尽力增加河北省对文化产业的投入。根据相关统计数据，2012年河北全行业固定资产投资196612832万元，其中文化、体育和娱乐业投资

2138004 万元，后者仅为前者的 1.09%，这一比例比全国平均水平低了 0.05
个百分点。①

参考文献

姜锡、赵五星、陆地：《韩国文化产业》，外语教学与研究出版社，2009，第 1 版。

秦朝森：《韩国文化产业创意支持模式研究》，山东大学硕士学位论文，2011。

王丹：《我国文化产业政策及其体系构建研究》，东北师范大学博士学位论文，
2013。

耿毓泽：《河北省文化产业投融资效率分析》，河北经贸大学硕士学位论文，2014。

东兴证券：《取经韩国》，《资本市场》2013 年第 8 期。

毛俊玉：《开放的市场与本土文化自信》，《中国文化报》2014 年 4 月 19 日第 4 版。

郭平建、方海霞：《韩国文化产业链建设对我国文化产业发展的启示》，《装饰》
2011 年第 4 期。

---

① 根据《中国统计年鉴 2013》中的数据计算而得。

B.21

传承弘扬农耕文化
发展县域特色文化产业

——河北威县土布文化产业创意发展思路

宋东升*

摘　要：　土布文化是我国农耕文化的典型代表。近年来，随着新消费时尚的兴起，土布行业开始迎来新的发展机遇，土布文化产业开始成为农村县域特色文化产业发展的新亮点。河北威县拥有得天独厚的土布文化资源，其土布文化产业的发展对传承弘扬农耕文化、发展河北县域特色文化产业具有重要的启示与借鉴意义。本文从对河北威县土布文化资源优势和产业发展现状的分析出发，针对土布文化产品生产经营的产业特性，对河北威县土布文化产业创意发展思路进行了初步探索，提出了创意融合发展的总体思路及具体路径。

关键词：　土布文化资源　土布文化产业　文化创意　创意融合

土布又称"老粗布""手织布"，是用原始的木制纺车、木制织布机精心织成的纯棉手工纺织品，具有浓郁的乡土气息和深厚的文化底蕴，是我国农耕文化的典型代表，生动形象地承载着我国地方乡土民俗、民风和对美好

---

* 宋东升，硕士，河北省社会科学院经济研究所副研究员，主要研究方向为产业经济，曾主持或参与10多项产业集群、文化产业发展方面的课题，是"河北省文化产业形势分析与预测"创意策划篇的主要撰写人之一。

生活的朴素愿景。从文化产品角度来看，土布纺织有着复杂的工艺流程，从采棉、纺线到织布等共有 70 余道手工工序，能以二十几种本色线融合变换出千余种绚丽多彩的图案，包括方格布、汉字布、花鸟鱼虫布等，具有独特的传统民间文化艺术魅力。从生活用品角度来看，与现代机器纺织品相比，土布也有冬暖夏凉、柔软、透气、吸汗、抗静电、改善睡眠、疏通经络、持久耐用等诸多优点，是绿色天然、环保健康的生态纺织品，有"人类第二肌肤"之称。

土布在我国有着几千年的悠久历史，在近代机械纺织技术传入我国之前一直是日常家居、衣着的主要用品。随着现代纺织工业的飞速发展，土布纺织这一我国传统民间工艺逐步让位于先进的纺织工业技术，土布制品基本被现代纺织制品取代。近年来，随着绿色天然、健康环保、返璞归真的新消费时尚的兴起，长期以来已基本退出市场舞台的土布又重新走进人们的视野，其绿色、健康、环保、舒适、手工工艺的传统优势开始重新为市场关注，土布老手艺开始焕发新风采，土布老行业开始成为现代新产业，土布行业开始迎来新的发展机遇。土布行业不仅成为纺织业的生力军，也越来越成为农村县域特色文化产业发展的新亮点。

一 河北威县土布文化资源优势与产业发展现状

河北省是产棉大省和冀、鲁、豫、新四大棉区之一，棉花种植和棉纺业在全国占有重要的地位。威县是河北省第一产棉大县和河北省对外出口棉基地县，连续二十几年棉花种植面积和产量位居全省第一，素有"冀南棉海"之誉，也是全国十大优质棉基地县之一。依托得天独厚的棉花资源优势，威县土布纺织在当地有广泛而深厚的群众基础，当地农村也一直保留着自织自用土布的传统习惯。威县土布纺织既秉承传统手工纺织的自然纯朴，又蕴含自身独特的地域文化特色，工艺独特，花样繁多，集纺织品和工艺品于一体，因而作为民间传统技艺列入河北省省级非物质文化遗产且认定了土布纺织技艺传承人，以传承和弘扬土布这一独具魅力的民间工艺文化。威县土布文化产业自 2007 年开始起步，经数年的快速发展已崛起为当地经济的新增长点、农民增收的新途径和县域特色文化产业的新亮点，通过千家万户"当户织"变"棉"为"布"，已发展为数千纺织农户、亿元级规模的新兴文化产业，正从传统的产棉大县发展成为土布文化产业特色县。

在产业发展的同时，威县土布文化的影响力也在不断扩大。2010 年，在农业部、文化部等联合主办的旨在保护农耕文化、开发传统民间艺术资源、促进农村文化产业化发展的首届中国农民艺术节上，威县土布作为河北省土布文化的唯一代表参加了农业非物质文化遗产及"一村一品"展览、展演活动，在全国土布纺织技艺表演仅有的 4 个席位中占据一席。威县土布纺织技艺民间绝活表演大获成功，参演的"威县土布织造技艺"被农业部、文化部评为中国优秀农业非物质文化遗产优秀项目，其捐赠的木制织机和土布工艺品也被农业博物馆收藏。2012 年，在文化部主办、中国非物质文化遗产保护中心承办的首届中国非物质文化遗产传统技艺展上，威县土布画民间艺术作品"脸谱"获银奖，威县土布纺织技艺仍是唯一代表河北土布文化参展的项目。此外，近年来，由于威县土布在各类非物质文化遗产节、民间艺术展演等活动中的成功展演，也吸引了中央、省市等各级新闻媒体越来越多的关注，由此提升了威县土布的文化价值和市场价值。

二 河北威县土布文化产业创意发展思路

（一）总体思路

顺应现代消费需求特点，依托当地土布生产资源，以文化产业与制造业、传统文化与现代产业、实用性与艺术性、古朴与时尚、保护与发展的创意融合为基本理念，以产品形式、生产体系、生产工艺、生产布局、营销方式、品牌建设、产业链条的创意发展为具体路径，遵循文化创意产业运营规律，引进现代纺织业的产业运营规则，深入挖掘土布产业的文化价值，提高土布产品的文化附加值，扩大土布文化产业的生产规模，转变土布文化产业

的发展方式，推动土布文化产业的转型升级，使土布这一传统的农家庭院产品真正成长壮大为具有很强的市场竞争力和可持续发展能力的农村县域特色文化产业，在现代产业发展与市场消费的时代背景下传承弘扬我国历史悠久的传统"女织"文化。

（二）基本理念

一是文化产业与制造业的创意融合。土布产业既是传统民间文化产业，又是纺织工业的一个特殊类别。为此，土布产业既要遵循文化产业创意发展的核心理念，又要借鉴引进现代制造业的规模化生产、高效率生产等产业发展规则。

二是传统工艺与现代产业的创意融合。土布文化产业的核心内涵是其传统手工工艺，在保持其传统工艺的基础上可与现代产业发展模式相融合，如产品开发上与营销理念的融合、生产体系上与现代工艺、标准化生产、质量控制、集中生产的融合、产业链的延伸拓展等，实现现代产业对传统手工业的改造与提升。

三是实用性与艺术性的创意融合。土布产品既是传统纺织品，又是民间手工艺品。顺应现代消费需求特点，在升级其天然、健康、绿色、环保这一实用性的同时，要通过深入挖掘其传统文化内涵并融合现代文化内容升级其艺术性，从而在全面升级其实用性和艺术性的基础上实现现代产业发展框架下的创意融合。

四是古朴与时尚的创意融合。土布产品是自然古朴的原生态品，为顺应现代消费者的时尚化需求，可在保持工艺古朴性的基础上开发时尚化的花色品种，实现古朴工艺与时尚产品的创意融合，既蕴含传统的农耕人文气息，又融入丰富多样的现代流行色彩与风格，使土布文化在现代消费社会焕发新的生机。

五是保护与发展的创意融合。对土布传统技艺进行生产性保护和创意性开发，在保护土布传统手工工艺核心内涵的前提下推动土布产品的产业化发展，并通过土布产品的产业化发展创造性地传承和弘扬传统的土布文化。

（三）具体路径

1. 以文化创意设计理念丰富和拓展土布的产品线和产品组合

由于农村从业者知识水平和市场意识的局限性，传统的土布产品大多花色单调、款式陈旧、品种单一，缺乏时尚感与温馨感，差异化不明显，市场局限性较强，种类、款式和档次不能适应现代消费市场的时尚需求。为此，要以文化创意设计理念进行土布产品的创意开发，顺应现代市场消费需求特点大力开发新产品、新款式、新规格、新包装，丰富和拓展土布的产品线和产品组合。

（1）产品线的丰富和拓展。

产品线是相同类别的产品系列，是具有相同使用功能、不同规格、型号、花色的同类产品项目的集合。土布产品线的丰富和拓展是指在细化土布产品市场的基础上增加同类土布产品的花色、款式、规格等，扩充和延长同类土布产品的产品系列，从而有针对性地满足不同消费者群体的需求。比如，花色设计上可将土布产品在同一产品线内划分为民俗系列、都市系列两大类，民俗系列大致等同于传统土布产品，花色上要以民间吉祥图案为主，充分表现农耕文化的古朴风韵，都市系列要顺应现代消费时尚潮流，尝试丰富多彩的时尚图案，设计开发色调高雅、外观新潮的土布文化新品；产品档次上要形成高中低档的合理组合，既要面向一般需求的大众市场，也要面向高端需求的小众市场，使土布产品摆脱以往粗糙陈旧的传统形象，尽可能地扩大土布产品的市场受众面。

（2）产品组合的丰富和拓展。

产品组合是若干产品线的集合，产品组合的宽度是所包含的产品线的数量。土布产品组合的丰富和拓展是指在不断挖掘土布产品用途的基础上增加土布产品线或产品系列的数量，从而满足更多的土布产品细分市场的需求，为土布产品开拓更广阔的市场空间。土布产品在现代消费市场上的最初形态是床单、床罩、被罩、枕套、被毯、浴衣、睡衣、凉席等床上用品，床品系列是土布产品组合内的基础产品。在此基础上，土布产品组合要向以下几个

方向拓展：一是土布沙发罩、窗帘、坐垫、杯垫、桌布、壁挂、台布、车饰等系列家居用品；二是土布衬衣、休闲服、领带、围巾、披肩、帽子、挎包、拖鞋、布鞋、鞋垫、凉鞋等鞋服系列产品；三是土布系列手工艺品，如卡通人物（布老虎、布小象等）等儿童用品。此外，为全方位地开拓土布产品市场，还可进一步开发园艺绿化、旅游休闲等土布文化产品，使土布产品能出现在更多的市场消费领域。

2. 建立以标准化生产和质量控制为核心的现代企业生产体系

威县土布产业大多为家庭作坊式生产，生产管理手段落后，技术、工艺水平参差不齐，质量意识、品牌意识欠缺，行业规范缺位。从土布纺织技术来看，技术传承大多源于从业人员之间的传帮带，缺乏整体而系统的标准化培训，基本都是家庭妇女依据各自的经验自主加工，从业人员的技艺水平高低不齐；从土布生产的组织管理来看，土布产品以农户家庭式加工为主，集约化生产程度较低，质量管理难度远大于车间式加工，对加工户疏于管理会造成产品质量的参差不齐和无法达标；从土布生产的原料来看，有时土布生产可能不用传统的手工家纺线，而使用市场上的机制棉纱线，这样不仅减少了土布产品的传统文化含量，且因这些机制棉纱线在等级档次和价格上差别较大，一般消费者又难以自主识别其中优劣，很容易因原料来源不同产生质量问题；从土布行业标准来看，国家只对机织纺织品有统一的行业质量标准，而对作为手工纺织品的土布在质量要求上尚无明确的行业标准，导致土布材质、工艺、质量等混乱无序，很难在市场上形成产品优胜劣汰的机制。因此，土布生产有必要借鉴现代工业管理模式，建立以标准化生产和质量控制为核心的现代企业生产体系。

（1）实施标准化生产。

土布产品生产工序繁杂，从原材料采购一直到生产出成品要经过纺线、牵机、刷机、穿杼、上机、织布、缝制、熨烫、包装等70多道工序，若无统一的生产标准很容易由工艺问题造成产品问题，因而土布产品必须实施企业化的标准化生产。首先，要对从原材料采购到成品生产的每个工序制定统一的工艺标准，对纺线、浆线、织布三大系列工序进行全覆盖，将分散的农户家庭式土布加工纳入标准化生产轨道，比如，为使棉线粗细均匀一致，可对所有的纺车安装相同的锭子。其次，要建立专门的优质棉种植基地，把田间作为土布生产的"第一车间"，从种子选购到棉花采摘实施统一的田间管理和技术指导，通过标准化生产前移保证原材料质量，进而在源头上保证土布产品质量。同时，要对土布纺织人员进行统一的技术培训和指导，以解决广大家庭纺织户技术水平参差不齐的问题。

（2）加强质量控制。

天然环保是土布的产品优势。为此，企业可借鉴农产品质量控制模式建立严格的土布产品质控体系，比如，可为每件土布产品随带产品责任追溯牌，标注织布者姓名、织布机号等信息，以做到每件产品均可查询追溯。

从整个县域土布行业的角度来看，在目前国家尚无统一的产品标准的情况下，应制定土布产品的当地质量标准，根据使用的原材料、棉纤维成分和含量、内外在质量等标定产品等级，建立当地的质量认证体系。同时，依托自身土布产业优势设立专门的土布行业标准研究机构，为参与土布行业标准制定做好准备。

3. 在传承传统工艺精髓的前提下引入现代工艺进行工艺创新

土布传统生产工艺和设备虽是土布文化的重要载体，但其传统陈旧的特征又与现代产业生产效率及现代市场需求的多样化相冲突，使土布产品的产出数量、规格、花色品种等有很大的局限性。比如，土布老织机因宽度问题不能织出幅宽较大的土布，这样不仅产出效率较低，且幅宽小也影响土布织造图案的多样变化，进而制约了土布产品品种开发。为此，在传承土布传统工艺的同时，要引入现代技术和工艺进行工艺融合和创新，通过嫁接现代纺织工艺改造提升传统工艺和设备，以提高土布产出效率和产品质量、促进新产品设计与开发。

（1）改造传统织机。

可对土布传统织机进行改造，广泛使用新型宽幅织机，加大土布生产幅宽，以突破传统土布幅面窄的局限，将土布生产提升为"宽幅手织"，以提高土布生产效率。同时，将两叶织机改造为三、四叶或六叶织机，打破以往

河北蓝皮书

单一的平纹织造限制，以丰富土布的花色图案。此外，为提高传统纺织设备的耐用性，还可将现有的传统木质织机、纺车改造成钢木结合的材质。

（2）改进传统工艺。

顺应自然、环保、健康的市场要求，用现代工艺对传统的浆线、染色等进行改进，增强土布产品的柔软性。同时，采用刺绣、编结、蜡染、提花等装饰手法增强土布产品的观赏性，并进一步突出其民俗感。此外，还可引进电脑制图等现代工艺，以提高土布产品设计水平和生产效率。

4. 打造土布文化企业品牌和威县土布文化区域品牌

威县土布不仅整体产业规模不大，土布企业生产规模也普遍偏小，区域品牌和企业品牌意识较弱，有一定品牌知名度的只有"老纺车"和"巧媳妇"两个品牌。威县土布文化产业要做大做强，就必须注重品牌建设，不仅要打造土布文化企业品牌，也要打造土布文化区域品牌。

（1）打造土布文化企业品牌。

要培育与壮大土布生产龙头企业，推动土布生产企业的规模化发展，提高产业集中度，依托土布龙头企业的规模与实力打造土布文化企业品牌，同时对当地现有的品牌企业要进一步提升其品牌的市场影响力。从提升企业品牌质量或价值的角度来看，还要通过提高土布产品的技术和文化含量来提升土布产品的附加值和产品品位，从而增强当地企业土布文化品牌的美誉度。

（2）打造土布文化区域品牌。

地理标志商标产品是相同地域里的同类产品因长期的质量与市场优势积累而形成的区域品牌，这些区域特色品牌产品因受到市场的广泛认可不仅具有很高的商业价值，且其地理标志保护注册还成为区域内所有同类产品走向国内外市场的"通行证"。我国有一些在市场上享有盛誉的地理标志商标产品，如"安吉白茶"获得欧盟的地理标志保护注册，在欧盟市场上受法律保护，从而大大增强了"安吉白茶"的国际市场竞争力。威县土布文化产业要有区域产业整体竞争意识，突出区域土布文化产业特色，打造在国内外市场有知名度和美誉度的"威县土布"品牌，从而使本地土布产业成为在全国同行业中有影响力的区域特色文化产业。为此，要从统一宣传推介、标

328

准化生产管理两方面推动土布文化区域品牌建设。

①统一宣传推介。进行整体产业形象的包装策划，以"威县土布"名义统一对外宣传推介，打造区域整体产业品牌。一是利用各类媒体和传播渠道加大宣传力度，如联系电视台、报刊等媒体对当地土布产业进行专题报道、制作土布文化纪录片和轻松有趣的土布技能大赛等专题节目等；二是走出去参加农业会展、民间文化艺术展、特色文化产品展销会、非物质文化遗产展、文博会、小商品博览会、经贸洽谈会等各类展会，在这些展会上可现场展示传统织机、土布产品、手工纺织技艺、组织土布服装模特队现场展演、土布文化服饰风情舞蹈展演等。

②标准化生产管理。要打造区域产业品牌，就必须以统一的、标准化的产品为依托。"赣南脐橙"是国家地理标志注册商标，其实施的标准化生产管理体系对稳定、提升产品品质、塑造区域品牌形象提供了重要保障，由此推动赣州市发展为种植面积世界第一、产量世界第三、全国最大的脐橙产区。威县要打造土布文化产业区域品牌，首先要以企业品牌所依托的标准化生产管理体系为基础，而后通过筛选、整合进而扩展应用到整个县域的土布文化企业，形成适合整个区域产业的标准化生产管理体系，从而为打造土布文化产业区域品牌提供支撑。

5. 发展适合土布产品特点的高效营销方式和营销平台

（1）从短期来看，要选择适合土布产品特点的高效营销方式。

土布营销既是特殊纺织品的营销，也是特定文化商品的营销。目前，土布文化产业尚在市场开拓与产业成长初期，正处于被消费市场所了解与认知的阶段，客户大多为消费意识较超前的消费人群，高端消费、礼品消费等占有很大的比例，所以要选择适合土布产品特点和市场阶段的针对性较强的营销方式。

①专卖店、连锁店、联营店。在大中城市建立土布特色文化展示与土布产品销售一体化的专卖店，将营造生态环保的新型生活方式与土布文化体验融为一体，同时发展与中式家具店、手工艺品店、旅游景点等特色销售渠道的联营销售。

②集团客户网络。通过土布作为特殊文化产品适合点对点销售形成的口碑传播效应，通过个性化的批量定制、贴牌定制等方式在企业、社会团体、旅游景点等发展固定的集团客户源，建立面对集团客户目标市场的精准营销网络。

（2）从长期来看，要建立适合纺织品共性的高效营销平台。

随着土布产业和市场规模的进一步扩张，尤其是土布开始成为大众化消费商品，将来条件成熟时要在当地建立专门的土布产品批发市场，作为土布产品批量交易为主、涵盖面向大众和小众市场的各个层次的土布产品、兼具产业信息交流与合作等功能的高效营销平台。此外，从发展的角度来看，这一土布产品批发市场还要成为辐射华北乃至全国市场的土布产品购销集散中心，最终发展成为具有类似"中国·柯桥纺织指数"市场影响力的全国土布纺织产品指数行情形成中心。

6. 形成分散与统一、农户与园区相结合的土布生产布局

（1）分散与统一的结合。

分散的农户家庭式生产加工是威县土布生产布局的基本特征，其中几个有规模、有品牌的土布企业通过"企业＋农户"模式实现了对分散的农村纺织技工资源的整合，即土布企业与周边乡村有手工织布技能的农户签订生产加工和收购合同，企业为合同农户提供原材料、技术指导与收购承诺，农户按企业要求按时保质保量地向企业上缴加工好的土布产品。这一统分结合模式实现了小生产与大市场的有机结合，有的企业甚至还构建了前伸至棉花种植的土布全产业链。威县土布要全面强化与深化这一分散与统一相结合的生产布局，通过规模企业、品牌企业与更多家庭作坊生产的"联姻"形成分散生产和统一经营管理的网络化、链条化布局，提高土布生产的组织化程度，扩大现代企业生产体系对全县土布生产加工的覆盖面，以现代企业的体制机制优势带动整个行业的发展与进步，将规模企业、品牌企业作为行业资源整合、有序发展、转型升级的重要平台。

（2）农户与园区的结合。

在保持和规范分散的农户家庭式生产加工主体作用的同时，还应按照现

代产业发展的一般规律进行集中的园区化生产，通过集中的园区化生产促进土布现代企业的生成与发展并形成土布文化产业发展的集群效应，从而在要素配置、资源共享、生产效率、质量控制、创新驱动等方面促进土布文化产业的转型升级。园区化生产具体分为两个层面：一是产业意义上的园区化发展，即打造土布纺织文化产业园，土布生产企业集中到园区生产经营；二是企业意义上的园区化发展，即土布规模企业、品牌企业在将农户作为生产加工"车间"的同时也进驻园区投资建设自己独立的手工加工厂（总厂），形成集总部架构、高端土布产品生产加工、产品研发、展示展销、技能培训等为一体的土布产品综合生产与运营中心。

7. 构建服务于土布文化产业转型升级的创意与人才支撑体系

创意是文化创意产业的核心支撑要素。威县土布文化产业是民间传统工艺业，产品设计创意主要源于农村传统民间智慧，缺乏现代审美意识和时尚创意，作为核心支撑的创意要素是天生的短板。此外，土布文化产业虽在当地有一些手工纺织技工资源，但也存在手工技能水平规范、提升及技工人才可持续供给等问题，因而有必要构建服务于土布产业成长和转型升级的创意与人才支撑体系。

（1）全力借助外部的创意资源。

与工艺美术学院及相关研究、设计单位建立合作关系，通过联合开发、委托开发、建立土布研发中心、研究实习基地等产学研合作形式进行土布新产品的设计开发。除与外部专业机构的合作外，还可外聘优秀的设计人员来企业进行土布产品设计开发，建立和壮大企业内部的创意设计人才队伍。

（2）系统培养本地的技工人才。

要建立服务于土布文化产业可持续发展的本地技工人才培养体系，以重点解决传统民间技工人才后续力量不足的问题，如成立土布手工纺织学校，建立在职培训体系，发展走出去、请进来的开放式培训等。

8. 充分利用土布文化价值和区域文化环境拓展产业链条

土布文化价值不仅在于土布产品本身，而且体现在土布生产工艺、过程、工具设备、人文历史等方面。土布文化产业也不只是土布产品的生产加

工，还包括土布生产工艺、过程、人文历史等的观赏与体验。因此，在土布产品生产加工的基础上，也应开发土布民俗文化旅游项目，拓展土布文化产业链条，充分利用土布文化价值实现产业价值的最大化。同时，要将土布民俗文化旅游融入由当地红色文化、义和团文化等特色文化主题旅游品牌构成的旅游大框架中。

（1）土布文化展示体验馆。

依托土布纺织文化产业园建设土布文化展示体验馆，分为土布老产品、老织机、老纺车展示、新产品展示、土布历史、民俗文化展示、织布工艺演示体验、土布文化旅游品销售等专区，全面展示土布文化的历史渊源、发展历程、文化内涵、产品价值等。以此为核心，土布文化展示体验馆内还可延伸附加当地其他民俗文化、北方农耕文化等的展示，以充实拓展展示体验馆的民俗文化旅游内容。

（2）土布文化农家乐、土布坊。

在土布文化展示体验馆的基础上，还要结合当地的旅游布局，选择一些土布生产加工户、村、乡镇等开发分散的土布文化观赏体验农家乐、土布坊项目，比如在保持手工织布过程本真的同时可通过特殊设计安排增强其观赏性、让游客亲自动手体验手工织布过程等。空间布局上要艺术化地设置土布文化农家乐、土布坊景点，营造独特浓厚的土布文化氛围，使土布成为当地的特色文化符号。

（3）土布文化主题节庆会展。

威县不仅有"土布文化"，更有"棉文化"。当地的棉花资源优势不仅衍生了"土布文化"，而且自然更是"棉文化"的天然载体，"棉文化"的源头支撑可增强土布文化的影响力。为此，可依托这两种自然连接的特色文化举办"土布文化暨棉文化"主题节庆活动，具体内容包括土布文化技艺现场展演、土布产品设计比赛、传统民间手工艺文化讲座、高端论坛等。随着当地土布文化影响力的扩大，时机成熟时可举办区域性或全国性的土布产品展会，并努力将其发展为集文化展示、产品交易、信息交流于一体的行业盛会。此外，同样需要注意的是，主题节庆会展活动本身也是当地土布文化区域品牌宣传的一种重要形式。

9. 建立有利于威县土布文化产业做大做强的政策保障体系

明确土布文化产业在县域文化产业和经济发展格局中的重要地位，通过制定明确的产业政策为其发展创造宽松的外部环境，从而为当地土布文化产业的规模扩张和转型升级提供坚实的政策保障。

（1）政策扶持。

在地方财政预算中建立土布文化产业发展专项扶持资金，主要用于土布织机购置、技术改造、土布新工艺、新品种研发、人员培训等的补贴。金融机构要安排土布文化产业专项贷款，开发适合土布文化产业需求特点的个性化金融产品，包括为小微企业提供小额担保贷款等，通过政府搭建平台、银企合作等建立有利于土布文化产业发展的融资体系。宣传部门要积极利用上级部门的各项文化产业扶持政策，争取将当地土布文化龙头企业、亮点项目申报为省级以上文化产业示范基地。人力资源和社会保障部门要充分利用国家的职业培训政策和资金，壮大提升当地土布文化手工艺人才队伍。从政策扶持对象来看，要重点扶持规模企业、品牌企业及科技含量和附加值较高的创新型企业，以引导土布文化企业做大做强，同时相关部门要协调一致、形成扶持合力。

（2）监管规范。

质量监督、工商管理等部门要加强行业监管，建立适合土布行业特点的行业监管体系，规范当地土布文化产业发展的市场竞争环境，并为土布文化产业转型升级提供重要保障，从而促进当地土布文化产业的健康发展和可持续发展。

（3）文化保护。

在做好一般意义上的生产性保护的同时，还要做好土布传统技艺非物质文化遗产传承的非生产性文化保护，包括建立土布传统技艺非物质文化遗产传承人津贴制度、手工艺名人、老艺人的技能定级和荣誉授予制度、进一步申报土布技艺国家级非物质文化遗产等。

✤ 皮书起源 ✤

"皮书"起源于十七、十八世纪的英国，主要指官方或社会组织正式发表的重要文件或报告，多以"白皮书"命名。在中国，"皮书"这一概念被社会广泛接受，并被成功运作、发展成为一种全新的出版型态，则源于中国社会科学院社会科学文献出版社。

✤ 皮书定义 ✤

皮书是对中国与世界发展状况和热点问题进行年度监测，以专业的角度、专家的视野和实证研究方法，针对某一领域或区域现状与发展态势展开分析和预测，具备权威性、前沿性、原创性、实证性、时效性等特点的连续性公开出版物，由一系列权威研究报告组成。皮书系列是社会科学文献出版社编辑出版的蓝皮书、绿皮书、黄皮书等的统称。

✤ 皮书作者 ✤

皮书系列的作者以中国社会科学院、著名高校、地方社会科学院的研究人员为主，多为国内一流研究机构的权威专家学者，他们的看法和观点代表了学界对中国与世界的现实和未来最高水平的解读与分析。

✤ 皮书荣誉 ✤

皮书系列已成为社会科学文献出版社的著名图书品牌和中国社会科学院的知名学术品牌。2011 年，皮书系列正式列入"十二五"国家重点图书出版规划项目；2012~2014 年，重点皮书列入中国社会科学院承担的国家哲学社会科学创新工程项目；2015 年，41 种院外皮书使用"中国社会科学院创新工程学术出版项目"标识。

中国皮书网

www.pishu.cn

发布皮书研创资讯，传播皮书精彩内容
引领皮书出版潮流，打造皮书服务平台

栏目设置：

☐ 资讯：皮书动态、皮书观点、皮书数据、
　　　　皮书报道、皮书发布、电子期刊

☐ 标准：皮书评价、皮书研究、皮书规范

☐ 服务：最新皮书、皮书目、重点推荐、在线购书

☐ 链接：皮书数据库、皮书博客、皮书微博、在线书城

☐ 搜索：资讯、图书、研究动态、皮书专家、研创团队

中国皮书网依托皮书系列"权威、前沿、原创"的优质内容资源，通过文字、图片、音频、视频等多种元素，在皮书研创者、使用者之间搭建了一个成果展示、资源共享的互动平台。

自 2005 年 12 月正式上线以来，中国皮书网的 IP 访问量、PV 浏览量与日俱增，受到海内外研究者、公务人员、商务人士以及专业读者的广泛关注。

2008 年、2011 年中国皮书网均在全国新闻出版业网站荣誉评选中获得"最具商业价值网站"称号；2012 年，获得"出版业网站百强"称号。

2014 年，中国皮书网与皮书数据库实现资源共享，端口合一，将提供更丰富的内容，更全面的服务。

法 律 声 明

権威報告・热点资讯・特色资源

皮书数据库

ANNUAL REPORT(YEARBOOK) DATABASE

当代中国与世界发展高端智库平台

WWW.PISHU.COM.CN

S 子库介绍
ub-Database Introduction

中国经济发展数据库

涵盖宏观经济、农业经济、工业经济、产业经济、财政金融、交通旅游、商业贸易、劳动经济、企业经济、房地产经济、城市经济、区域经济等领域，为用户实时了解经济运行态势、把握经济发展规律、洞察经济形势、做出经济决策提供参考和依据。

中国社会发展数据库

全面整合国内外有关中国社会发展的统计数据、深度分析报告、专家解读和热点资讯构建而成的专业学术数据库。涉及宗教、社会、人口、政治、外交、法律、文化、教育、体育、文学艺术、医药卫生、资源环境等多个领域。

中国行业发展数据库

以中国国民经济行业分类为依据，跟踪分析国民经济各行业市场运行状况和政策导向，提供行业发展最前沿的资讯，为用户投资、从业及各种经济决策提供理论基础和实践指导。内容涵盖农业，能源与矿产业，交通运输业，制造业，金融业，房地产业，租赁和商务服务业，科学研究，环境和公共设施管理，居民服务业，教育，卫生和社会保障，文化、体育和娱乐业等 100 余个行业。

中国区域发展数据库

以特定区域内的经济、社会、文化、法治、资源环境等领域的现状与发展情况进行分析和预测。涵盖中部、西部、东北、西北等地区，长三角、珠三角、黄三角、京津冀、环渤海、合肥经济圈、长株潭城市群、关中一天水经济区、海峡经济区等区域经济体和城市圈，北京、上海、浙江、河南、陕西等 34 个省份及中国台湾地区。

中国文化传媒数据库

包括文化事业、文化产业、宗教、群众文化、图书馆事业、博物馆事业、档案事业、语言文字、文学、历史地理、新闻传播、广播电视、出版事业、艺术、电影、娱乐等多个子库。

世界经济与国际政治数据库

以皮书系列中涉及世界经济与国际政治的研究成果为基础，全面整合国内外有关世界经济与国际政治的统计数据、深度分析报告、专家解读和热点资讯构建而成的专业学术数据库。包括世界经济、世界政治、世界文化、国际社会、国际关系、国际组织、区域发展、国别发展等多个子库。